梁启超的翰墨世界

王伟林　编著

苏州大学出版社

图书在版编目(CIP)数据

梁启超的翰墨世界 / 王伟林编著. -- 苏州 : 苏州大学出版社, 2024.8. -- ISBN 978-7-5672-4923-3

Ⅰ. B259.15

中国国家版本馆 CIP 数据核字第 202403LM62 号

书　　名: 梁启超的翰墨世界
LIANGQICHAO DE HANMO SHIJIE

编　　著: 王伟林
策划编辑: 刘　海
责任编辑: 刘　海
装帧设计: 吴　钰

出版发行: 苏州大学出版社(Soochow University Press)
社　　址: 苏州市十梓街 1 号　邮编: 215006
印　　刷: 苏州工业园区美柯乐制版印务有限责任公司
网　　址: http://www.sudapress.com
E-mail: Liuwang@suda.edu.cn　QQ: 64826224
邮购热线: 0512-67480030
销售热线: 0512-67481020

开　　本: 889 mm×1 194 mm　1/16　印张: 13.5　字数: 202 千
版　　次: 2024 年 8 月第 1 版
印　　次: 2024 年 8 月第 1 次印刷
书　　号: ISBN 978-7-5672-4923-3
定　　价: 108.00 元

目录

上编　梁启超书法论

关于近代学者梁启超（图 1）的书法，目前学术界似已形成定评：他的书法充其量是学者字、文人字，尚未形成个人风格，更没有进入化境。代表性论著及观念如下。

李义兴《梁启超书法创作思想寻绎》：“梁启超存世墨迹中有不少精彩之作。但无庸讳言，与邓石如、吴昌硕、康有为、张裕钊、沈曾植、李瑞清等人相比，他的个人风格似乎不那么突出和鲜明。也就是说，那种属于书家个人所独有的、从技法到意韵都打上自己深刻印记的一整套的表现手法，对于梁氏来说还没有最后完成。”①

图 1　1915 年梁启超在饮冰室

于茂阳、郑培亮、刘宗超在《二十世纪中国书法史》中认为，梁启超的书法还未臻完善，少鲜明的个性，没有独立成派，他的艺术追求远未实现。②

上述观点，笔者实难苟同。正如吴宓所说，“梁先生为中国近代政治文化史上影响最大之人物”③。面对这样一位历史上的风云人物，后人做出任何评价都应从事实出发，采取慎重的态度。

尽管就梁启超一生的政治、学术、文化生涯而言，书法仅为余事，但他“颇复驰情柔翰，遍临群碑”④，“对于书法，很有趣味”⑤，每每“书兴大发”⑥，“嗜写特甚”⑦，“终日

① 李义兴. 梁启超书法创作思想寻绎[J]. 中国书法，1993（5）：15.
② 于茂阳，郑培亮，刘宗超. 二十世纪中国书法史[M]. 郑州：河南美术出版社，1998：328.
③ 吴宓. 空轩诗话（节选）[M]//会通派如是说：吴宓集. 上海：上海文艺出版社，1998：333.
④ 见 1911 年 9 月梁启超跋自临《张猛龙碑》。
⑤ 梁启超. 书法指导[J]. 清华周刊，1926（9）：709.
⑥ 见 1913 年 2 月 3 日梁启超《与娴儿书》。梁启超. 梁启超家书校注本[M]. 胡跃生，校注. 桂林：漓江出版社，2017：353.
⑦ 见 1913 年 3 月 5 日梁启超《与娴儿书》。梁启超. 梁启超家书校注本[M]. 胡跃生，校注. 桂林：漓江出版社，2017：372.

孜孜，而无劳倦”①，以至“成绩盈簏……被人劫尽矣”②。其时，“士大夫爱其语言笔札之妙，争礼下之。自通都大邑下至僻壤穷陬，无不知有新会梁氏者”③。显然，梁启超是认认真真把书法视为一项事业或人生“第一等的娱乐”④。纵观梁启超的一生，他在书法领域有良好的师承、广泛的交游、深厚的根底、自觉的追求，最终形成了鲜明的风格。不仅如此，梁启超在书学研究方面融会中西，兼取众家，取得了开拓性的成就，形成了独特的书法美学思想。因此，在清末民初书坛，梁启超是一位不容忽视的人物，这也正是笔者写作本书的缘起。

一、梁启超的书法实践

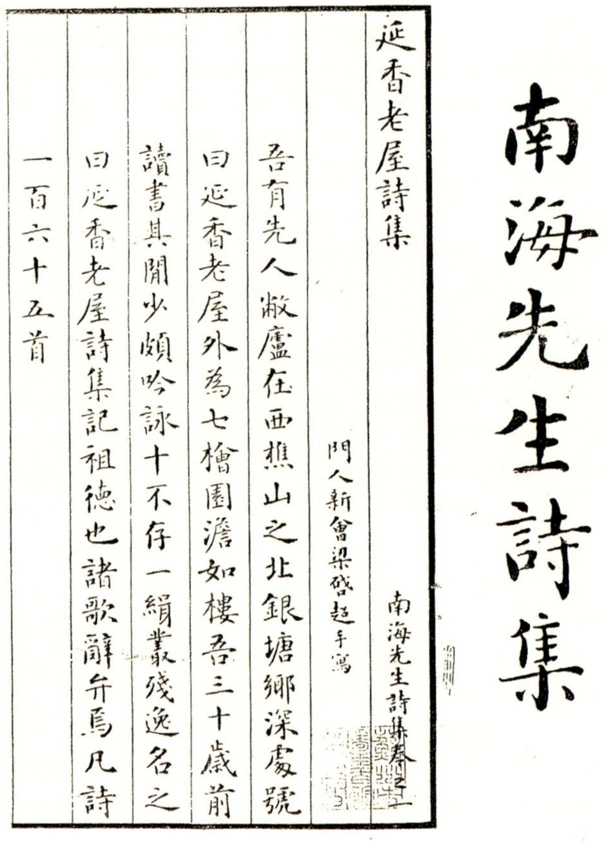
南海先生詩集

延香老屋詩集

南海先生詩集卷上

門人新會梁啓超手寫

吾有先人敝廬在西樵山之北銀塘鄉深處號曰延香老屋外為七檜園澹如樓吾三十歲前讀書其間少頗吟詠十不存一緝叢殘逸名之曰延香老屋詩集記祖德也諸歌辭弁焉凡詩一百六十五首

图 2　梁启超书《南海先生诗集》手迹（1898 年前）

梁启超英年早逝，仅生活了 57 个春秋。然而令人惊异的是，他短暂的一生奏响了不朽的生命乐章。他一生与笔墨打交道，从政、为学、习书构成了他生活的全部内容。从《梁启超书法事迹编年》（约 25000 字，限于篇幅，收入本书时从略）、《梁启超书迹举要》（共编选梁启超不同阶段书作 60 幅，本书仅精选了其中的一部分，图 2—图 9）、《饮冰室藏金石拓本数量统计》等不难看出梁启超对于书法的执着和痴迷，且沉淫其间多年，临池不辍，此中甘苦又岂是“学者字”一语所能涵盖？

（一）梁启超书法发展的三个阶段

1. 第一阶段：1911 年前（发蒙初试期）——“高秀渊雅”⑤“生幽逸韵”⑥

梁启超，1873 年生，幼时在其祖父

---

① 见 1916 年 2 月 8 日梁启超《与娴儿、成儿、永儿书》。梁启超．梁启超家书校注本[M]．胡跃生，校注．桂林：漓江出版社，2017：493．

② 梁启勋，吴其昌．我的兄长梁启超[M]．合肥：黄山书社，2019：253．

③ 胡思敬．党人列传・追忆梁启超[M]//夏晓虹．追忆梁启超．增订本．北京：生活・读书・新知三联书店，2009：35．

④ 梁启超．书法指导[J]．清华周刊，1926（9）：711．

⑤ 见 1902 年 11 月 30 日黄遵宪《致梁启超函》。龙扬志．黄遵宪集[M]．广州：广东人民出版社，2018：129．

⑥ 见 1910 年前后康有为题梁启超《雪舫中年得一子甫逾周晬而殇为诗以塞其哀》。梁启超．梁任公诗稿手迹[M]．康有为，评．上海：古典文学出版社，1957．

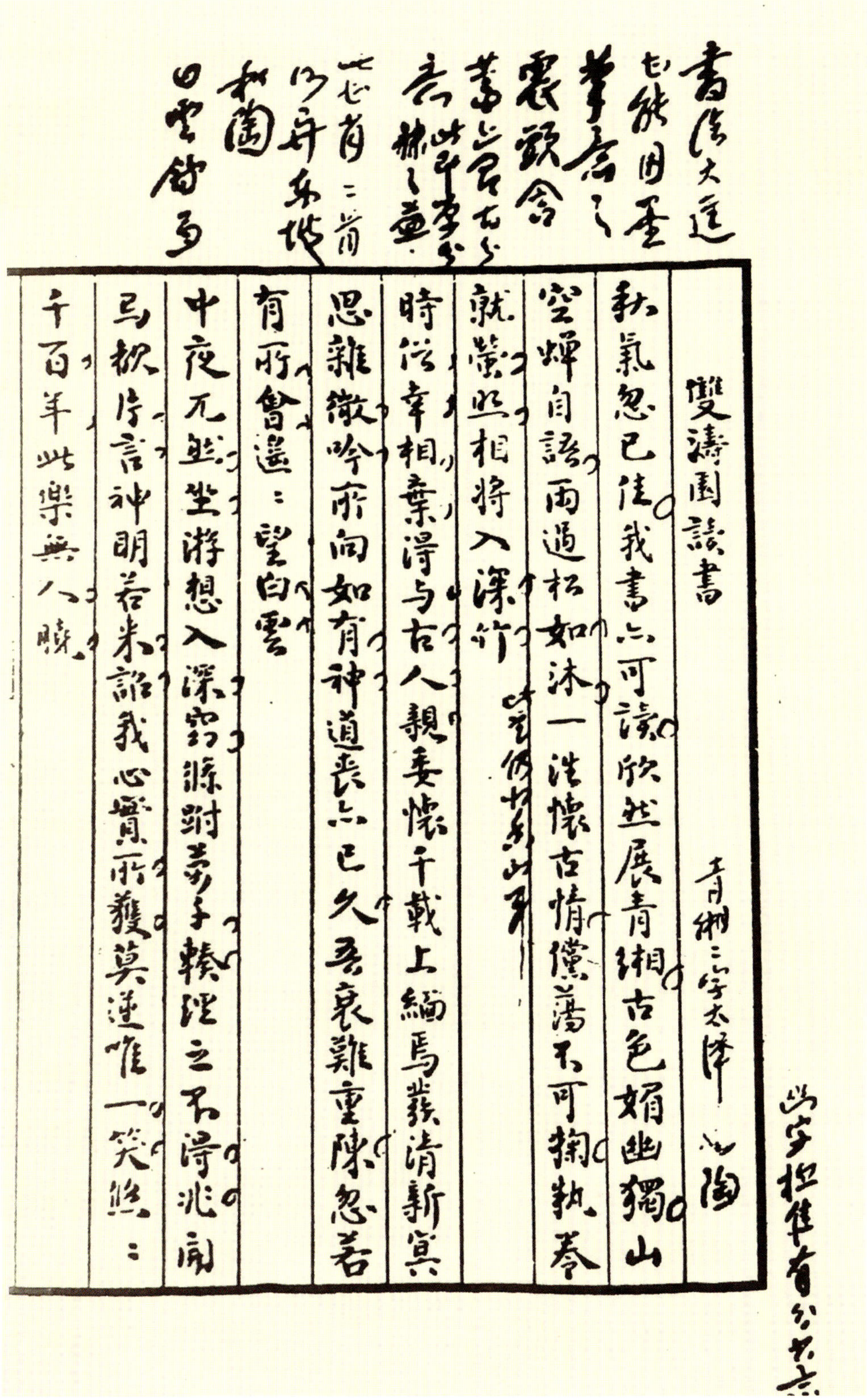

图 3 《梁任公诗稿手迹》（梁启超著，康有为评，作于 1910 年，古典文学出版社 1957 年 10 月第一版）

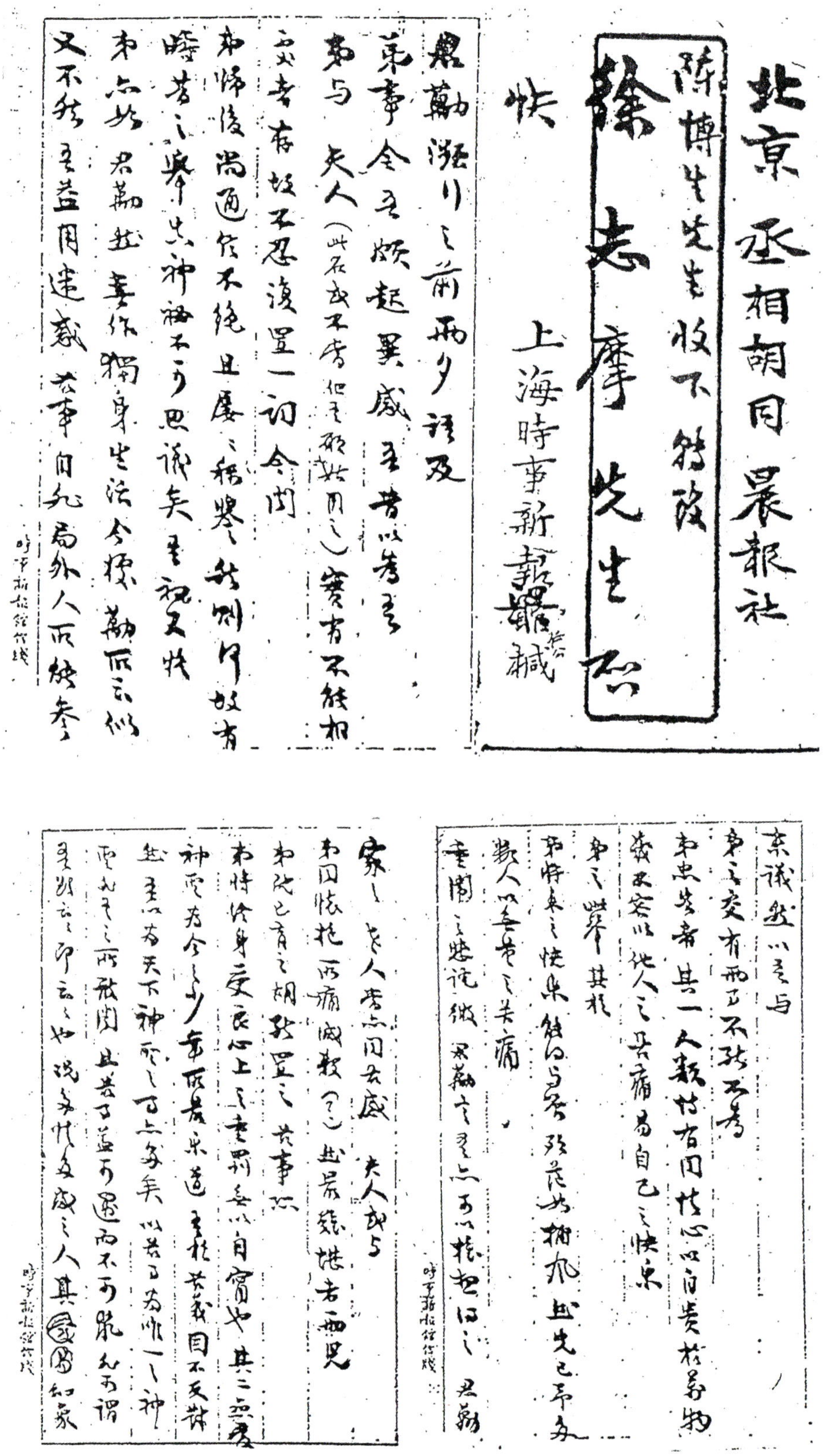

北京丞相胡同晨报社
陈博生先生收下转交
徐志摩先生启
上海时事新报馆缄
快

君劢濒行之前两夕语及
弟事，令吾惊起異感。吾昔以为吾
弟与夫人（此名或不当，但吾姑用之）实有不能相
处者，故不忍复置一词。今闻
弟归后尚通信不绝，且屡屡称誉，然则何故有
畸苦之举？真神秘不可思议矣。吾视文快
弟亦如君劢然，真作独身生活，今据君劢所云似
又不然，吾益困迷惑。此事自非局外人所能参

末议，然以吾与
弟之交，有所不能已於言者。
弟忠厚者，其一，人类所有同情心以自贵於万物，
故不容以他人之苦痛易自己之快乐。
弟之此举，其於
弟将来之快乐能得与否，殊茫如捕风，然先已予多
数人以无量之苦痛。
重闱之悲惋，微君劢言之亦可想见。君劢

家之老人当亦同此感。夫人或与
弟同怀抱，而痛感彼此景况者，不可见，
弟既已育之，胡能置之？其事不
弟将於良心上之责罚无以自宽也。其二，恋爱
神圣为今之少年所最乐道，吾於此义固不反对，
然吾以为天下神圣之事亦多矣，以若干为此一神
圣之物而牺牲，且若干益可遂而不可能，不可谓
[illegible]之人，其[illegible]知家

图4　梁启超《致徐志摩书》（1926年）

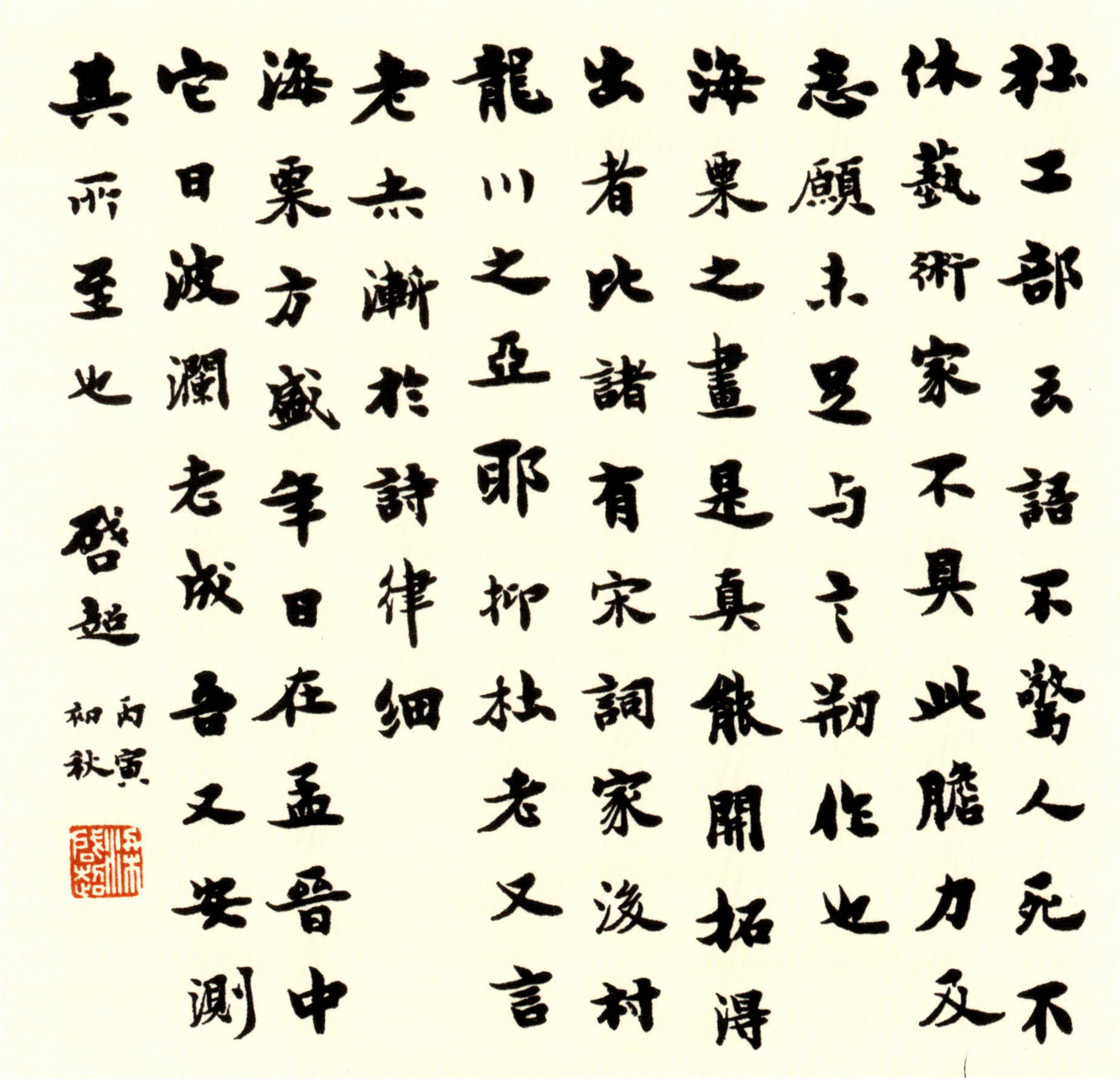

图 5　梁启超题《海粟近作》（1926 年）

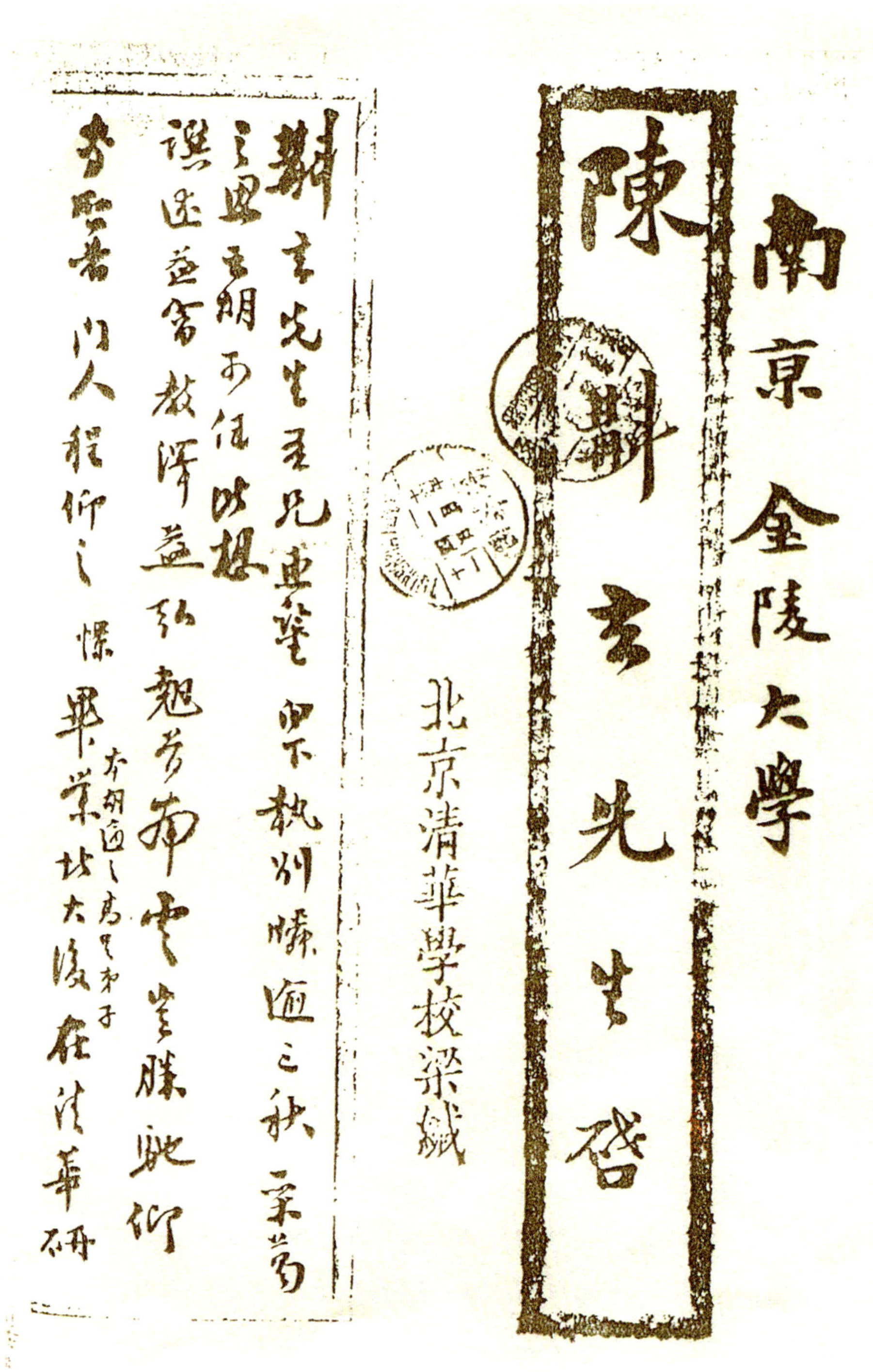

图6　梁启超《致陈中凡书》(1927年)

梁维清的影响下，以唐人楷书为临写对象，其目的是应付日后的科举考试。1925 年他在《唐颜鲁公书李玄靖碑》中追忆道：“吾少年喜临《家庙》及《臧怀恪》。”1926 年，他在为清华学校教职员书法研究会作的《书法指导》讲演中也谈到：“我年轻时候，想得翰林，也学过些时候的翰林字，到现在，总不脱大卷子的气味。”[①] 梁启超真正萌生学书之兴的时间在 1885 年前后，其时他十二三岁，正受学于广州，因在粤秀山三君祠见陶濬宣书联，“目夺魂摇不能去，学书之兴自此”[②]，这可看作梁启超书法生涯的起点，也是他接触汉魏书风的起点。

今人石建邦先生在《梁启超书法研究三题》[③] 一文中将梁启超力追汉魏一路书风概括成“四大契机”是有见地的。契机之一：心仪陶心云（1885 年）；契机之二：追慕阮芸台（1887 年）；契机之三：拜师康南海（1890 年）；契机之四：神交赵尧生（1910 年）。除上述外，这一阶段梁启超还结识了同时代名流张謇、李文田、谭嗣同、沈曾植、章太炎、江建霞、黄遵宪、杨度、郑孝胥、罗瘿公、费念慈等，他们对梁启超书法的学习、学问的砥砺均产生了积极的影响。

值得注意的是，梁启超留心碑刻拓本的收藏正始于这一阶段，这不啻是个巧合！

这一阶段梁启超的书迹多为行书，看得出得益于《集王圣教》甚多。

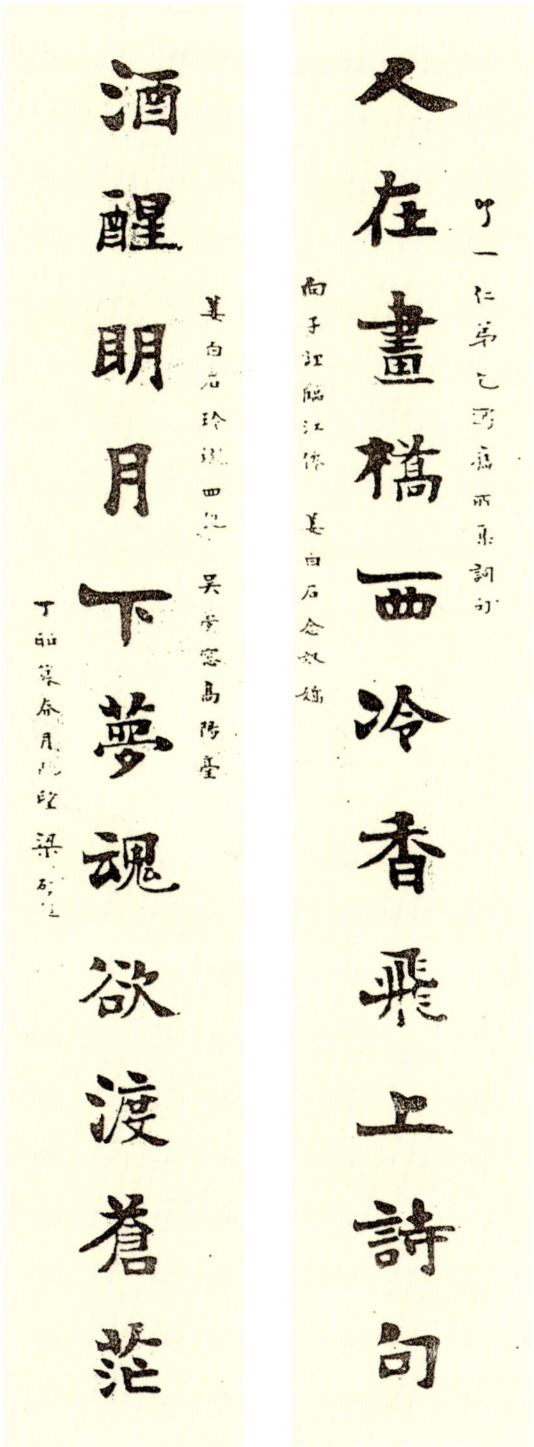

图 7　梁启超为王力书联（1927 年）

① 梁启超. 书法指导[J]. 清华周刊，1926（9）：718.

② 见 1923 年夏梁启超《〈稷山论书诗〉序》一文。梁启超. 最美生活[M]. 北京：中国画报出版社，2021：275.

③ 石建邦. 梁启超书法研究三题[J]. 书法之友，1994（3）：7-10.

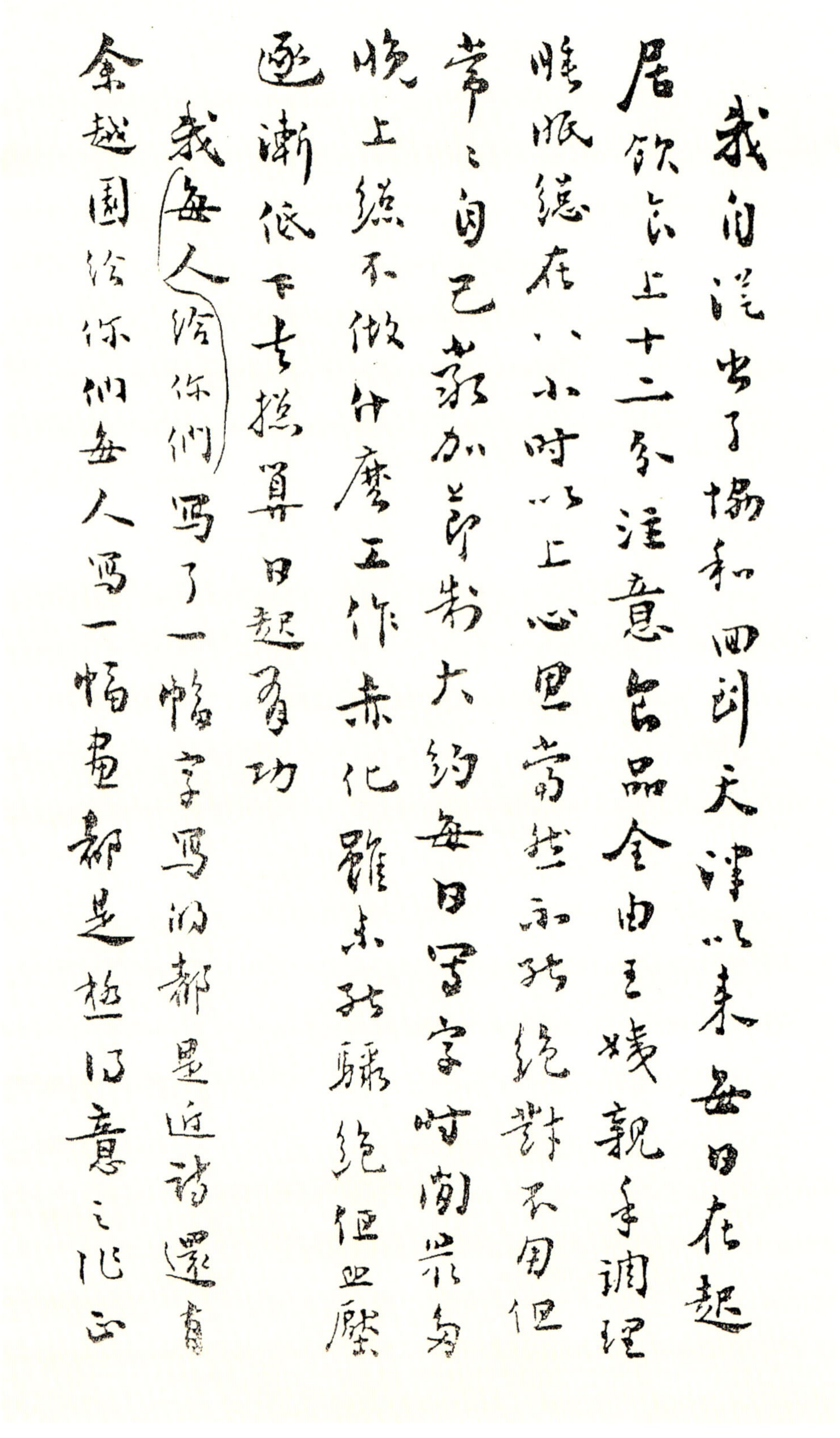
我自从出了协和回到天津以来每日在起居饮食上十二分注意食品全由王姨亲手调理睡眠总在八小时以上心里坦然和舒绝对不用但常常自己极加节制大约每日写字时间最多晚上总不做什么工作赤化虽未能断绝但经历逐渐低下去总算日起有功

我每人给你们写了一幅字写的都是近诗还有余越园给你们每人写一幅画都是极得意之作

图 8　梁启超《致孩子们的书》（1927 年）

图 9　梁启超题扇（1928 年）

2. 第二阶段：1911—1920 年（积累探索期）——“兴会淋漓”①“高逸骏拔”②

1911 年，辛亥革命爆发，这一影响中国历史进程的重大事件同样给梁启超的人生带来了转机。从此，他结束了长达十多年的海外流亡生活，重新投入火热的斗争，施展自己救国救民的宏图大志。

一旦走出精神生活的黑夜，梁启超便以极大的热情拥抱来之不易的黎明。在书法上，他倾注了大量的心血，用他自己的话说，就是“书兴大发”，“爱不忍释”③。当然，他也得到了应有的回报。这一阶段，他更多地将自己置身于传统的海洋，“驰情柔翰”，“遍临群碑”，“终日孜孜，而无劳倦”，因此，其时梁启超留给世人的作品中有大量的临古之作和碑帖题跋，书体多为楷、隶，很明显是追宗汉魏的结果（图 10—图 17）。

这一阶段有几件事值得关注。

（1）1911 年，梁启超在流亡日本的最后一日（辛亥九月望）自临《张猛龙碑》并题跋。跋曰：

居日本十四年，咄咄无俚。庚戌、辛亥间，颇复驰情柔翰，遍临群碑，所作殆成一囊。今兹乌头报白，竟言归矣。世务方殷，度不复有闲情暇日，以从事雕虫之技。辄拔万冗，

---

① 见 1926 年 10 月 7 日梁启超《致孩子们》。梁启超. 梁启超家书[M]. 天津：百花文艺出版社，2017：35.

② 见 1917 年《不忍》杂志第九十册合刊本梁启超书《南海先生诗集》的广告词。

③ 见 1912 年 12 月 18 日梁启超《致思顺》。梁启超. 梁启超家书：1898—1928[M]. 陈利红，编. 武汉：华中科技大学出版社，2017：34.

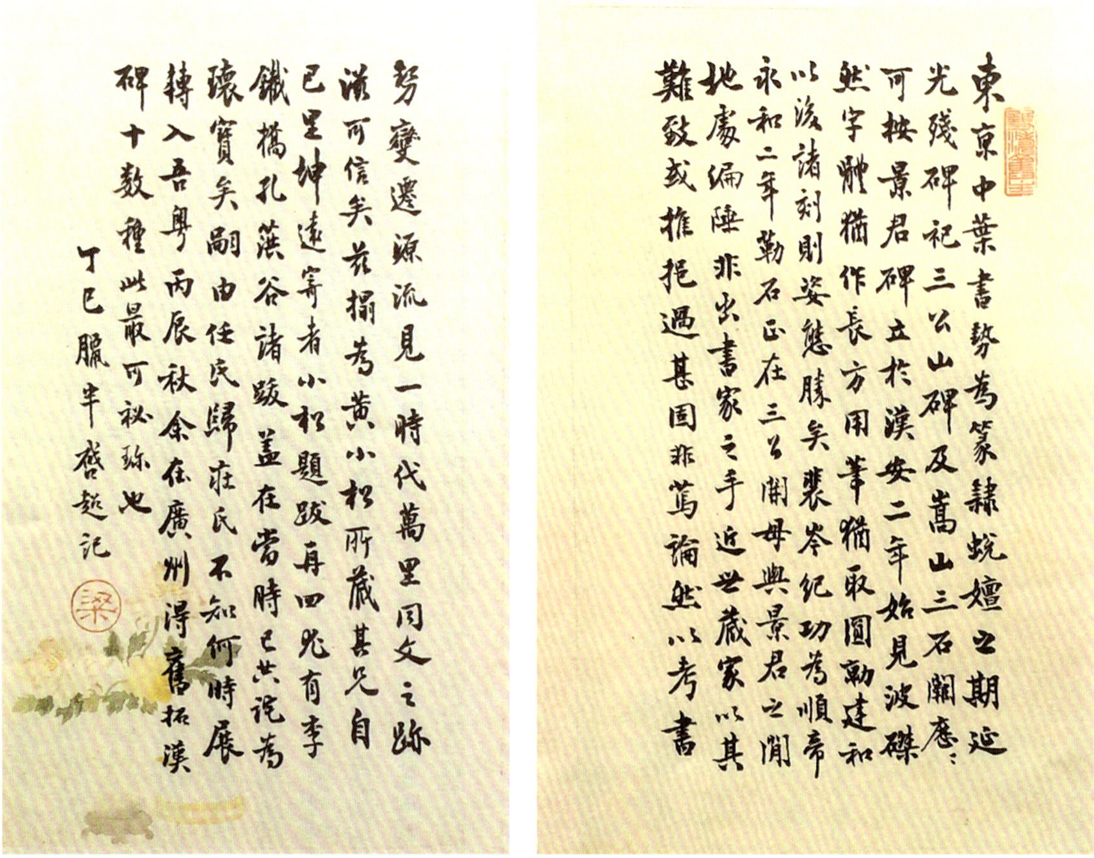

图 10　梁启超《裴岑纪功碑》跋（1917 年）

写成兹卷。其末四纸，则濒行前一夕醉后作也。①

（2）1912 年 12 月 18 日，梁启超在《致思顺》中道：“日来频见魏铁丈魏馘，大快，彼言将用册页写《圣教序》一本赠汝也（彼近年专写《张猛龙》《圣教序》《郑文公》，欲合三者自成一家，正与我同）。……”② 这是目前所见较早的梁启超阐明自己书法追求的重要资料。

（3）1913 年 4 月 9 日（旧历三月三日），梁启超邀集一时名士四十余人修禊于京西万牲园吟诗作画，梁自称“兰亭以后，此为第一佳话矣”③。他在次日给梁思顺的信中说：

今年太岁在癸丑，与兰亭修禊之年同甲子，人生只能一遇耳。吾昨日在百忙中忽起逸兴，召集一时名士于万牲园续禊赋诗，到者四十余人（有一老画师为我绘图），老宿咸集矣（尚有二十年前名伶能弹琵琶者，吾作七言长古一篇，颇得意，归国后第一次作诗也）。

① 梁启超．饮冰室文集：第六集[M]．吴松，等点校．昆明：云南教育出版社，2001：3718.

② 见 1912 年 12 月 18 日梁启超《致思顺》。梁启超．梁启超家书：1898—1928[M]．陈利红，编．武汉：华中科技大学出版社，2017：34.

③ 见 1913 年 4 月 12 日梁启超《致思顺》。梁启超．梁启超家书：1898—1928[M]．陈利红，编．武汉：华中科技大学出版社，2017：64.

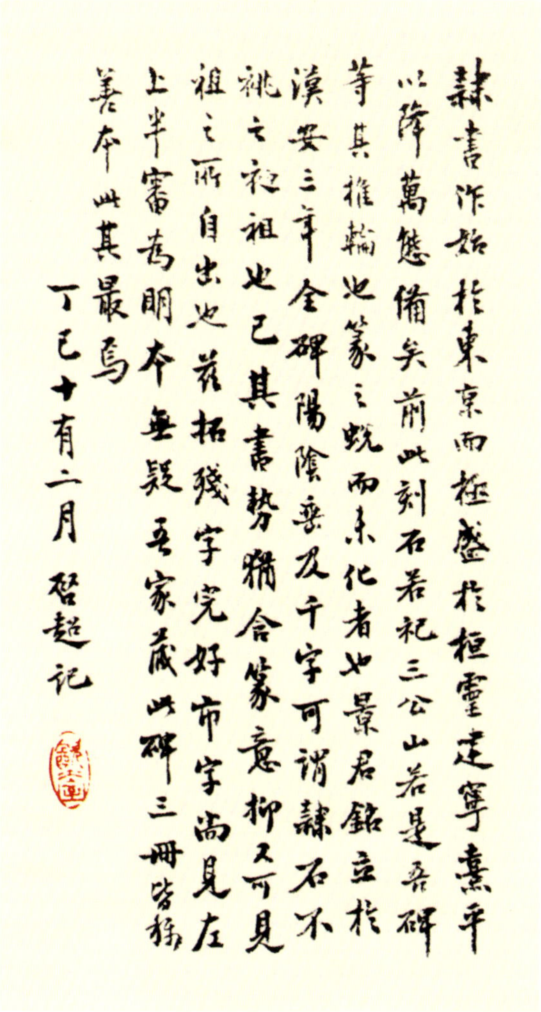

图 11 梁启超《景君碑》跋（1917 年）

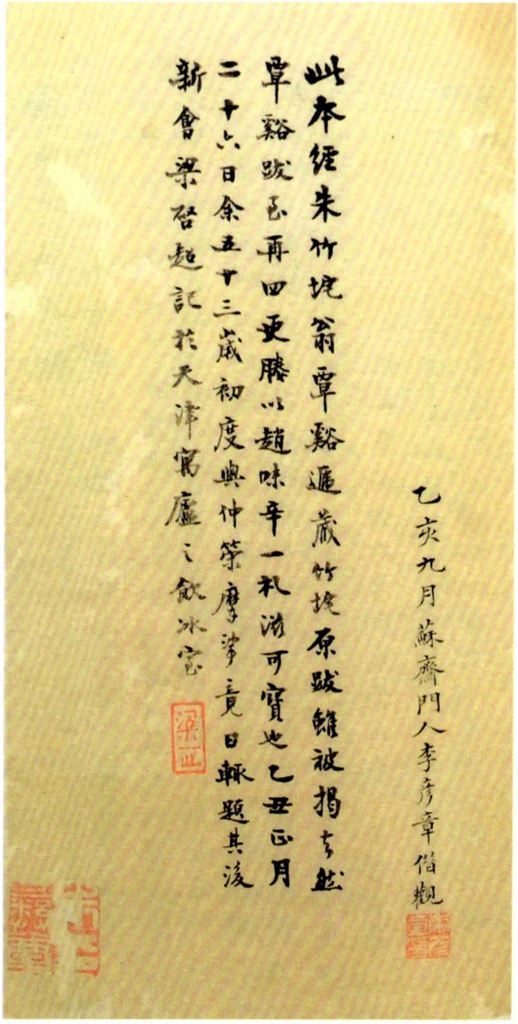

图 12 梁启超《曹全碑》跋（一）（1925 年）

竟日游宴，一涤尘襟，归国来第一次乐事。①

（4）1918 年正月二十七日，梁启超购得叶昌炽《语石》一书，“穷一日之力读竟”，并题跋曰：“此书专博不及诸家，而颇萃诸家之成，独出己意，有近世科学之精神，可以名世矣。”② 这则题跋不仅表明梁启超其时已对金石学著作有过深入研究，而且由于他接受了西方新的文化，因此能从新的角度来对金石学著作加以审视。

同年，梁启超还作了大量的碑帖和书籍题跋。

（5）1918 年 12 月至 1920 年 3 月，梁启超游历欧洲，其间虽很少接触书法，但这段特殊的经历对他的一生产生了重大影响。他去欧洲考察了西方文明，进而反思中国传统文化的生存与发展。由此我们不难理解仅过 6 年，梁启超便以新的方法、从新的视角提出了“书

① 见 1913 年 4 月 10 日梁启超《致思顺》。梁启超. 梁启超家书：1898—1928［M］. 陈利红，编. 武汉：华中科技大学出版社，2017：63.

② 梁启超. 梁启超书话［M］. 绿林书房，辑校. 杭州：浙江人民出版社，1998：3.

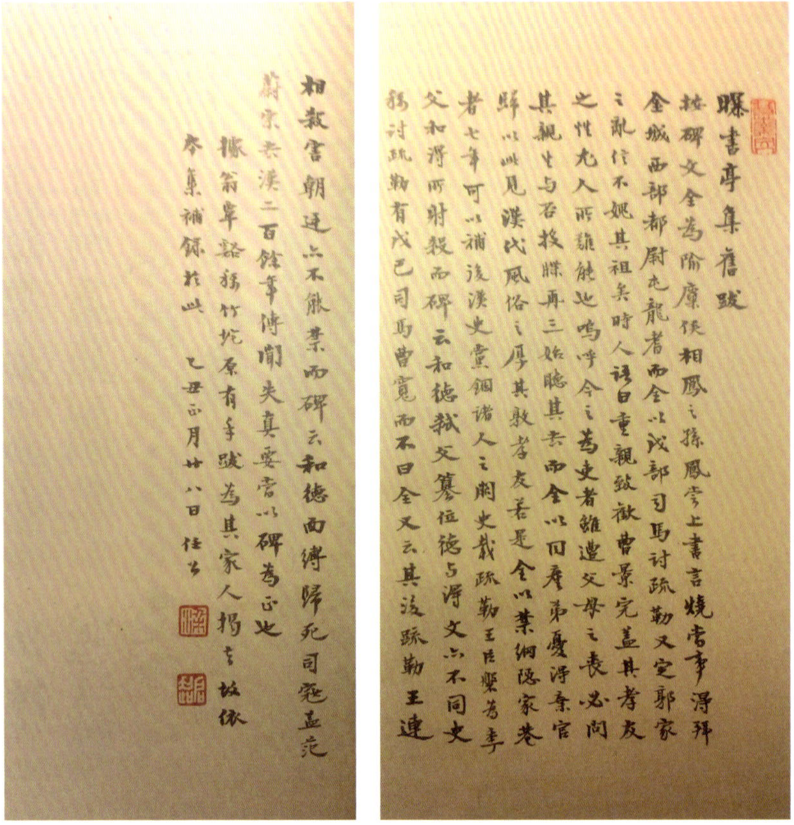

图 13　梁启超《曹全碑》跋（二）（1925 年）

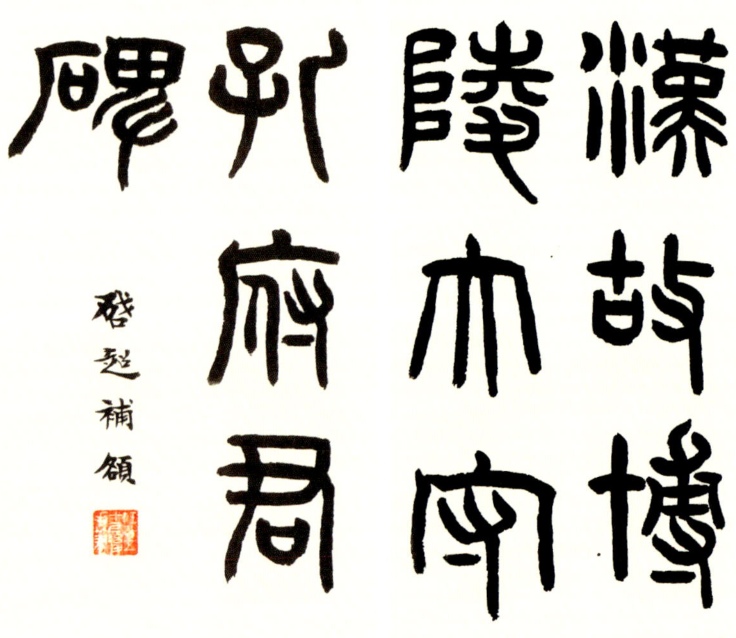

图 14　梁启超《孔彪碑》题额

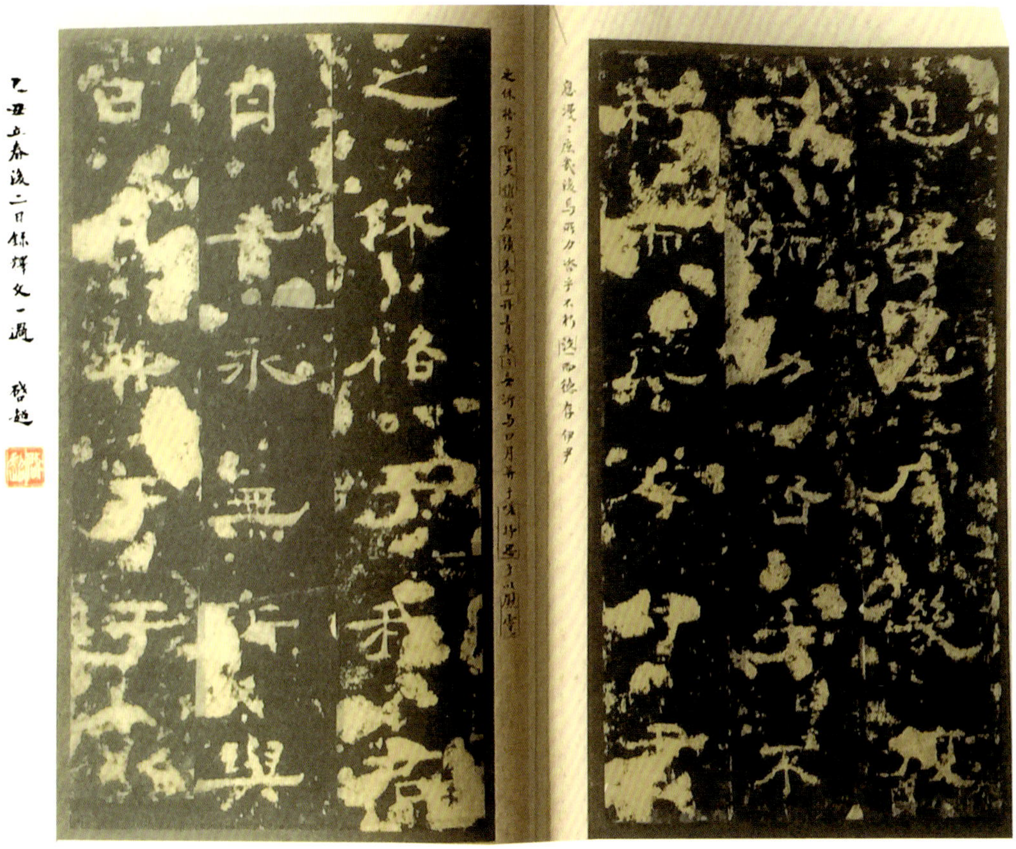

图 15　梁启超《孔彪碑》跋（1925 年）

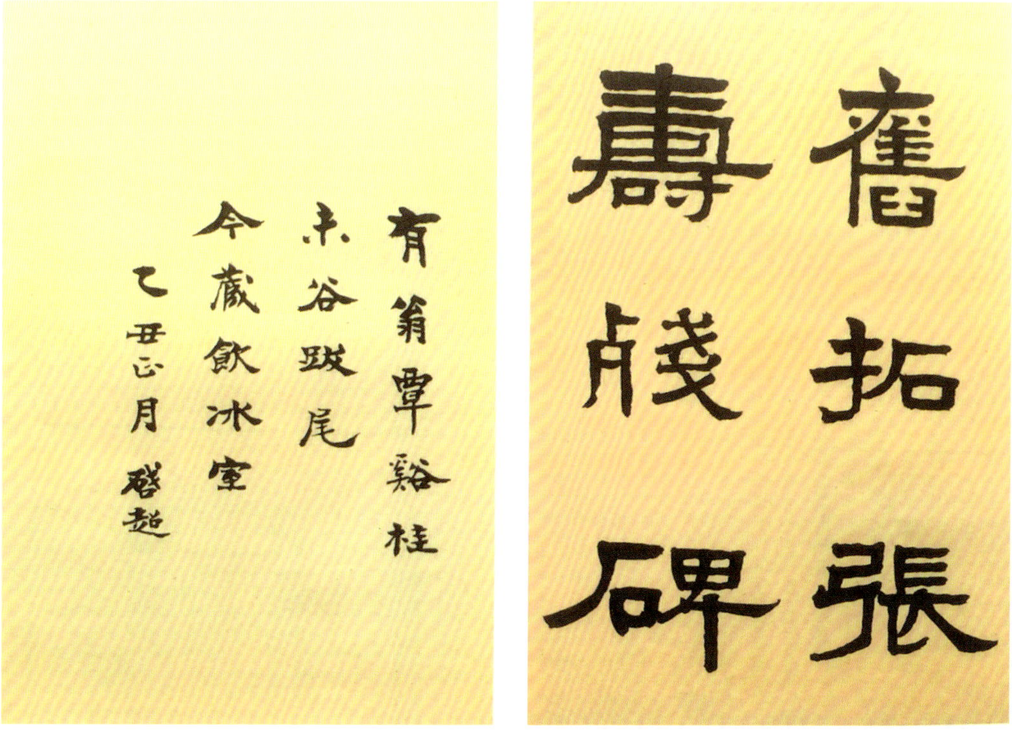

图 16　梁启超《张寿碑》题名、跋（一）（1925 年）

法四美”的理论，成为“讨论书法美的近代第一人”。[①]

3. 第三阶段：1921—1929年（风格成熟期）——“搜妙创真”[②]“遒健流媚”

游欧回来的梁启超潜心学术研究和文化活动，自然，书法成为他的主攻目标之一，即使晚年病魔缠身，他对书法艺术的追求也仍乐此不疲。[③] 这一阶段他不仅创作了大量的书法艺术精品，还诞生了划时代的书论经典。更令人欣慰的是，经过多年的砥砺、积累，他的书法面目发生了突变，从而形成了其独特的艺术风格——“丰容而有骨，遒健而流媚”[④]。以书体而言，梁启超的隶、楷、草、行均有可观，而尤以楷、行特立于书坛。

这一时期，梁启超有关书法的活动中有下列几件事值得关注。

（1）1923年夏，独居京西翠微山，每晨作书课一小时许以为常。其间作《〈稷山论书诗〉序》，专论书法。

（2）1924年12月3日作《苦痛中的小玩意儿》，文载其卧病读词，集联达两三百副之多。从存世作品看，他的书法内容大多是写于这一时期的集联。

（3）1925年正月前后，梁启超以惊人的才情题写了大量的碑帖跋，其中大部分为北魏墓志和碑版。其内容之丰富、书艺之精湛令人赏心悦目，连他自己在《与仲弟书》中也不无自信地称“一月之后，请弟拭目观我楷书之突飞也”[⑤]。

（4）1926年，梁启超在清华学校教职员书法研究会作题为“书法指导”的讲演，集中阐述了自己的书法美学思想。

（二）梁启超的碑帖收藏、临摹情况及其他

1. 梁启超缘何收藏碑帖？

在梁启超一生的书法实践活动中，收藏碑帖并作题跋、临摹是相当重要的一部分内容。关于碑帖收藏，今人刘涛先生尝云：“自古以来，士大夫文人的生活少不了用这类余事来调剂，尤其是清朝乾嘉以来，收藏金石拓本，题跋并转相赠售，在文人官僚圈中蔚为风气。”“收藏历代碑刻拓本，在梁启超生活的那个时代，是许多稍有财力的文人乐而为之的‘文化行为’。如果由宋朝欧阳修、赵明诚算起，这种风尚已经流行了九百余年。”[⑥] 而华人德先生更从碑学兴起的角度揭示了这一现象的深层动因。他说：“清初，顾炎武首倡以金石证经订史，学术影响有清一代。乾、嘉时金石、考据之学大盛，学者纷纷搜访著录

---

① 陈振濂. 现代中国书法史[M]. 郑州：河南美术出版社，1993：109.

② 见1927年仲冬梁启超为《艺林旬刊》创刊题词，此四字为荆浩画语。

③ 见1925年正月十八日梁启超跋《张寿残碑》。梁启超. 梁启超题跋墨迹书法集[M]. 冀亚平，等编. 北京：荣宝斋出版社，1995：204.

④ 1926年3月，梁启超因尿血入北京协和医院。3月10日，他在《致孩子们》中写道：“我这封信写得最有趣，是坐在病床上用医院吃饭用的盘当桌子写的。我发明这项工具，过几天可以在病床上临帖了。”（梁启超. 梁启超家书：1898—1928[M]. 陈利红，编. 武汉：华中科技大学出版社，2017：205.）其乐观至此。

⑤ 梁启勋，吴其昌. 我的兄长梁启超[M]. 合肥：黄山书社，2019：257.

⑥ 刘涛. 梁启超的拓本收藏、题跋及书法[M]//梁启超. 梁启超题跋墨迹书法集. 冀亚平，等编. 北京：荣宝斋出版社，1995：2.

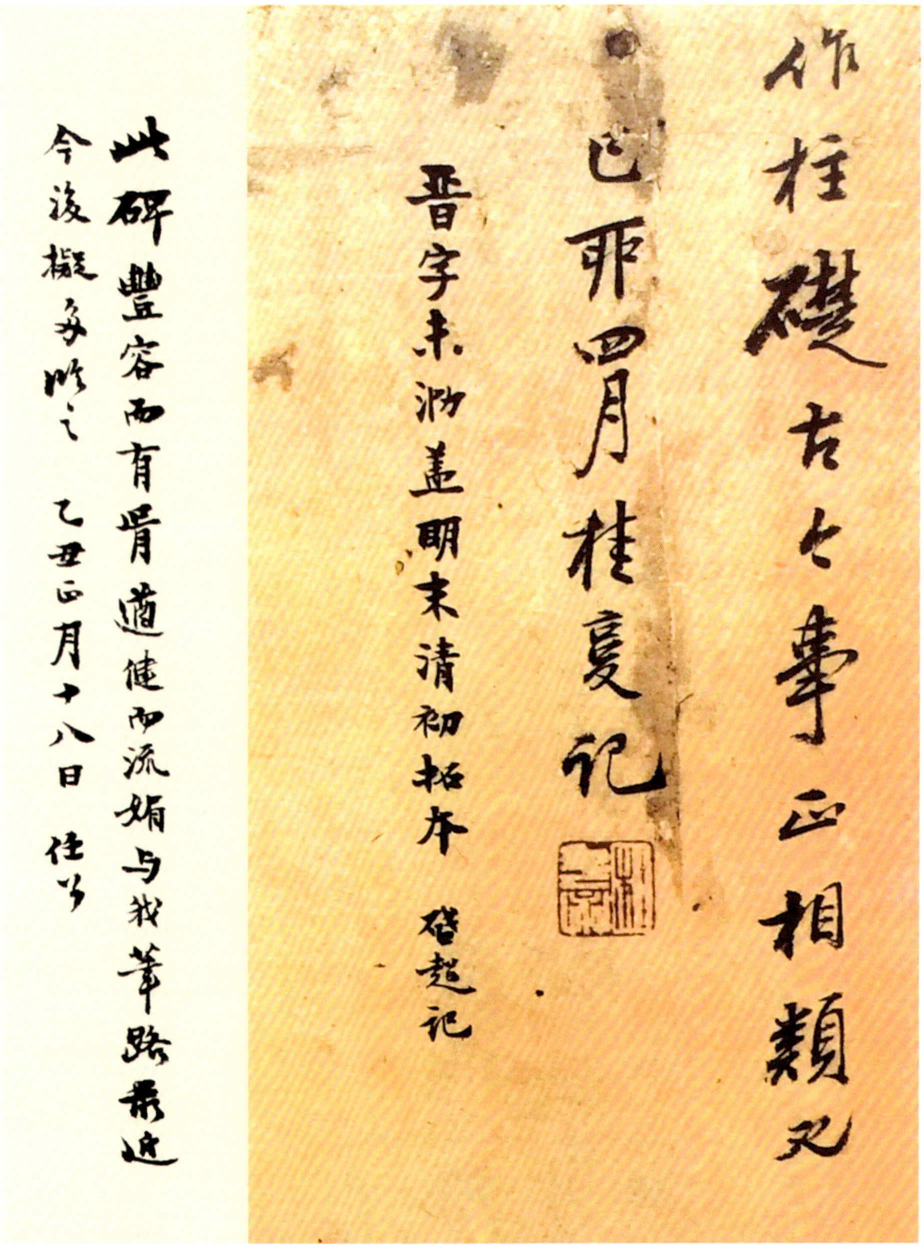

图 17　梁启超《张寿碑》跋（二）（1925 年）

碑刻，流风所及，书家开始注意并重视汉魏六朝碑志书法，逐渐产生一种新的审美观念，以及相应之技法。既有钱大昕、桂馥、邓石如、黄易辈实践在前，又有阮元、包世臣等继理论于后，于是形成碑学书派，举世字宗汉魏，风靡了一百余年。”① 梁启超收藏碑帖一方面是受了时风影响，另一方面，更主要的是为他的书法临摹、创作、研究服务。考察梁启超所藏金石拓本数量可看出，他收藏的碑刻主要属汉、魏和隋、唐时期，这跟他主攻汉魏的创作追求有极大关系，同时也和他不废唐碑，折中南北的书法观念相吻合。关于这一点，下文“梁启超的书学思想”将做进一步探讨。

2. 梁启超何时开始留意收藏碑帖？

关于这个问题，梁启超本人在其著述中未置一词，刘涛先生和石建邦先生分别著文提出了1909年说和1915年说。

刘文指出：“1909年（己酉，宣统元年）。《李壁墓志跋》：‘碑以宣统元年出土，余方在日本，何澄一寄我一拓本。欢喜累日。’……如果没有别的资料提出，就可以断定，梁启超留心碑刻拓本的收藏，保守地说，不会晚于1909年。”②

石文指出：“梁启超对碑帖墨迹收藏的兴趣大约来自一九一五年前后。此时他对书法艺术有了一定的认识，自身有一种欲深入堂奥的愿望。一九一五年五月，他有机会游镇江焦山，得到寺僧鹤洲零拓的《瘗鹤铭》拓本，堪称铭石出水后第一精本。梁启超由于这一机缘，遂引发了其收藏历代碑帖墨迹的兴趣。”③

据笔者掌握的材料，刘文的判断更符合实际情况。

3. 梁启超临摹情况

从梁启超存世的书法作品、碑帖题跋及有关书论著作的记载可知，他一生用心临写的碑帖不下30种，其中如《张迁碑》《张猛龙碑》《张黑女墓志》《怀仁集王羲之圣教序》等几种更是反反复复临摹，有的临摹超过100遍，从而达到了形神兼备的程度。这一切说明梁启超学习书法注重传统，强调基本功。他明确提出：“学所有一切艺术，模仿都是好的”，“宁肯学许多家，不肯专学一家”，“以模仿为过渡，再到创作”，“先学许多家，最后以一家为主，这算最妥当的法子了”。④ 具体而言，梁启超临过的主要碑帖见表1。

---

① 华人德．评帖学与碑学[M]∥华人德．华人德书学文集，北京：荣宝斋出版社，2008：216．

② 刘涛．梁启超的拓本收藏、题跋及书法[M]∥梁启超．梁启超题跋墨迹书法集．冀亚平，等编．北京：荣宝斋出版社，1995：3．

③ 石建邦．梁启超书法研究三题[J]．书法之友，1994（3）：9．

④ 梁启超．书法指导[J]．清华周刊，1926（9）：709-725．

表 1　梁启超临过的主要碑帖

篆书	秦诏版、秦权量、汉碑额
隶书	《礼器碑》《张迁碑》《西岳华山庙碑》《孔庙碑》《张表碑》《孔宙碑》《孔谦碑》《张寿碑》《范式碑》《西狭颂》《武梁祠阙铭》《景君碑》《武荣碑》《魏孔羡碑》
楷书	《张猛龙碑》《张黑女墓志》《司马景和妻墓志》《穆绍墓志》《齐郡王墓志》《郑文公碑》《龙门二十品》《李超墓志》《韩显宗志》《隋张府君夫人萧氏墓志》《龙藏寺碑》《道因法师碑》《家庙碑》《臧怀恪碑》
行书	《兰亭序》《怀仁集王羲之圣教序》《洛神赋》
草书	《十七帖》《月仪帖》、智永《千字文》

4. 梁启超的用印

书家用印与碑帖收藏及临池创作密切相关，它既是作品的有机组成部分，又是后人借以研究的重要依据。据不完全统计，梁启超使用过的印章不下 60 方，包括姓名印、鉴藏印、闲章等。这些印都用在其创作或藏品的题跋中。从这些印章可以看出，梁启超用印非常考究，其藏品的题记处绝大部分都有钤印 1~3 方不等；在临摹和创作的作品中，梁氏也会根据需要合理钤印。这些印朱白相间，大小得宜，形制各异，且不乏名家佳构。目前能够确认作者的有 5 方，分别是：白文印“新会梁启超印①”“启超长寿”“任公四十五岁以后所作②”，系陈师曾刻；白文印“梁启超印”两方，系齐白石刻③。

除陈、齐两人为梁启超刻过印外，另据记载，尚有一位朱某（名不详）为其治印。1913 年 8 月 5 日，梁启超在《致思顺》中说：“朱某所刻图章佳极，吾名号方印尤佳。”④至于这些印中有否梁启超本人自刻，限于资料，尚不得而知。但有一点需指出的，梁启超偶尔也学篆治印。今人孙慰祖在《康有为自用印小考》一文中说：

> 梁启超亦曾为康氏治印。梁氏早年追随康有为从事变法，为其得意弟子。他不仅学识渊博，书法亦为世所重。此“更生”为其篆刻，石质狮钮，款署“受业梁启超学篆”。印文作飞白之书，虽意在新奇，终未入正调，可见刻印乃其偶然游戏，但康印梁刻，足见师生之谊弥笃。⑤

① 马国权. 近代印人传[M]. 上海：上海书画出版社，1998：90.
② 倪文东. 楹联书法百品[M]. 西安：世界图书出版西安公司，2007：124-125.
③ 郎绍君，郭天民. 齐白石全集：第 8 卷[M]. 普及版. 长沙：湖南美术出版社，2017：164.
④ 梁启超，梁启超家书：1898—1928[M]. 陈利红，编. 武汉：华中科技大学出版社，2017：74.
⑤ 孙慰祖. 孙慰祖论印文稿[M]. 上海：上海书店出版社，1999：356.

二、梁启超的书学思想

（一）梁启超论书考

作为一名学者，梁启超不仅勤于临池，擅长创作，更精于书学研究，留下了不少宝贵的论书篇章。关于这方面的内容，日本学者平野和彦著有《饮冰室论书考》[①] 专论，他列出的梁启超论书资料有：

（1）书跋（收于《饮冰室文集》第四十四卷下）。

（2）碑帖跋（收于《饮冰室文集》第四十四卷上）。

（3）《中国图书大辞典》金石门丛帖类初稿的丛帖一帖刻本之属，丛帖二帖考释之属（收于《饮冰室专集》第八十七卷《图书大辞典簿录之部》）。

（4）书法指导（收于《饮冰室专集》第一〇二卷）。

但是根据笔者搜集的材料，梁启超论书资料（含相关的）尚有以下几种：

（1）《中国地理大势论》[②]（1902 年）。

（2）论书诗《若海自称其书已脱古公役属要我承为独立国作诗嘲之》[③]（约 1909 年）。

（3）论书诗《自题所藏唐人写〈维摩诘经卷〉，为敦煌石室物，罗瘿公见赠者》[④] （约 1910 年）

（4）《清代学术概论・十六》[⑤]（1920 年）。

（5）《中国韵文里头所表现的情感》[⑥]（1922 年）。

（6）《美术与生活》[⑦]（1922 年）。

---

① 陈振濂. 近现代书法研究[M]. 合肥：安徽美术出版社，1997：399.

② 该文从艺术与地理的关系、文学地理与政治地理的关系两方面对传统的“南北书派论”提出新见，认为碑帖融合乃时代发展之趋势。

③ 该诗虽为梁启超因评论他人书法而作，但句句有感而发，从中不难看出当时他就十分强调临古，打实基础，勿作空中楼阁。其师康有为见而评曰：“一艺之微，成就至难，独立谈何容易！别如板桥、蝯叟之怪俗，只成山大王耳。惟汝观此书似古何人，向不留意与古人竞也。”

④ 1900 年甘肃敦煌千佛洞石室写经被发掘问世，梁启超此诗作于流亡日本时（约 1910 年，住神户郊外须磨海滨之双涛园），内容为题写其好友、书法家罗瘿公赠送的敦煌《维摩诘经卷》，中有诗句云：“我抱唐贤写经卷，日日啸歌于其中。……千缣一纸各有态，惟此尤俊余难同。我方临摹宝残拓，睹兹眼缬魂转忡。硬黄阅世得古泽，妙墨含精莹新丰。作者款识虽芒昧，瘦硬颇有诚悬风。试从体势考年代，应画大历洎咸通。”梁启超不但点出了其稀世价值，还推考了其创作年代，可谓精鉴。再联系其《〈稷山论书诗〉序》对流沙坠简的描述，可知梁启超对新出土书法史料极看重，反映出其学术的敏锐性和开放性。

⑤ 从这节文字可知梁启超对金石学研究的深度和广度，仅列举的金石学著作就达数十部之多，在 1918 年和 1925 年他大量的书籍、碑帖题跋中更随处可见引用各金石学著作中的观点进行考证和鉴赏，甚至还订正了不少金石学著作的错误。梁启超. 清代学术概论[M]. 成都：四川人民出版社，2018：76-80.

⑥ 在这篇重要论著中，梁启超论述了情感的性质、地位、作用，认为“艺术是情感教育最大的利器”。在他看来，艺术的本质在于情感，艺术又具有情感教育的基本特征。他的艺术情感教育论在当时独树一帜。

⑦ 梁启超在该文中提出的三件趣味说，实际上是说审美的三个层次的关系。

(7)《中国文化史·纲目》[①]（1922 年后）。

(8)《〈稷山论书诗〉序》[②]（1923 年）。

(9)《国学入门书要目及其读法》[③]（1923 年）。

(10)《题〈海粟近作〉》[④]（1926 年）。

(11)《王国维墓前悼词》[⑤]（1927 年）。

需要指出的是，对于梁启超的《书法指导》这篇重要论著，其写作年代目前学术界多有误解，包括《梁启超年谱长编》《梁启超著述系年》及近几年出版的几部现代书法史著作均未能例外。其实查一下当时登载该文的《清华周刊》（第二十六卷第九号，即第三百九十二期）便知，《书法指导》首次发表的日期为“民国十五年十二月三日”，因此在众多研究者中，夏晓虹、刘涛、毛万宝三位先生所持的写作于“1926 年”一说无疑是正确的。[⑥]

（二）梁启超的书学观

1. 书法本体观——“写字有线的美，光的美，力的美，表现个性的美”[⑦]

梁启超在著名的《书法指导》一文中明确阐明了他对书法本体的认识。他指出，“中国写字有特别的工具，就成为特别的美术。写字比旁的美术不同，而仍可以称为美术的原因，约有四点”，即“线的美”“光的美”“力的美”“个性的表现”。[⑧] 对于第四点，他特别强调：“放荡的人，说话放荡，写字亦放荡；拘谨的人，说话拘谨，写字亦拘谨。一点不能做作，不能勉强。……美术一种要素，是在发挥个性；而发挥个性最真确的，莫如写字；如果说能够表现个性，就是最高美术，那末各种美术，以写字为最高。”[⑨] 如果说“四美”中前三者侧重在书法的形式美，那么，表现个性、抒写性灵则揭示了书法的内在美。

显然，梁启超的“四美说”不仅同中国古典书法理论血肉相关，更吸收了西方美学的合理成分，并使两者和谐地融合起来，仅此一点，就可看出梁启超对中国传统书论的拓

① 梁启超生前有一宏大的计划——写作《中国文化史》，为了写成此书，他特地先写了一篇极长的叙论，名为“中国历史研究法”，而在已完成的《中国文化史》一小部分（社会组织篇）中我们看到了本史的全部纲目，凡关于中国的一切事物，几无不被包容在内，其中：第三部“美术篇”中有“书法”的内容，“言语文字篇”中有文字的内容，“载籍篇”中有石经、拓帖的内容，另有“宗教礼俗篇”“学术思想篇”分别涉及礼乐制度和学术思想的变迁。

② 此序专论书法，可见梁启超的书法史观，读者可对照沙孟海《记旧钞梁任公稷山论书诗叙》［西泠艺丛，1989 (4)］一文。

③ 此篇中有梁启超评叶昌炽《语石》及《广艺舟双楫》的文字，如认为《语石》“以科学方法治金石学，极有价值”，堪为的论。

④ 内容详见本书第 7 页图 8。

⑤ 内容详见拙编《梁启超书法事迹编年》1927 年事略。

⑥ 陈振濂. 现代中国书法史[M]. 郑州：河南美术出版社，1993：109.

⑦ 梁启超. 书法指导[J]. 清华周刊，1926 (9)：714.

⑧ 梁启超. 书法指导[J]. 清华周刊，1926 (9)：711-714.

⑨ 梁启超. 书法指导[J]. 清华周刊，1926 (9)：714.

展。但是也有学者对梁启超使用“写字”这一概念提出了否定意见。对于“他用‘写字’而不用‘书法’，在名词使用上如此犹豫. 却又见出本人对书法作为艺术门类的缺乏足够自信心”这种意见，笔者难以认同。理由有四：（1）在梁启超《书法指导》这则讲演中，“书法”和“写字”指的是一个意思，且前后互用，多次出现，并非只用“写字”而不用“书法”。如“我自己写得不好，但是对于书法，很有趣味”，“书法是最优美最便利的娱乐工具”，“书法在美术上的价值”，“写字这种艺术，更应当从模仿入手”等。此外，梁启超还使用过“书”“书道”这些概念（见《〈稷山论书诗〉序》），其实也是同一意思。（2）上述观点也有违梁启超本意。梁启超不仅未对书法作为一门艺术丧失自信，相反，他明确提出：“如果说能够表现个性，就是最高美术，那末各种美术，以写字为最高。”他在《〈稷山论书诗〉序》中也指出：“字为心画，美术之表见作者性格，绝无假借者，惟书为最。”这就从理论上进行了论证。（3）从梁启超一生的书法实践和书学研究来看，他始终把书法作为一个独立的艺术门类。他在早年的《中国地理大势论》中明确指出：“吾中国以书法为一美术，故千余年来，此学蔚为大国焉。”而其在晚年编定的《中国文化史·纲目》也足以证明这一点，其中第二部的“美术篇”赫然列着“绘画、书法、雕塑、建筑、刺绣”的内容。[①]（4）从他人的著述中也可得到证实。如晚于梁启超《书法指导》发表的弘一法师的《谈写字的方法》[②]、沈从文的《谈写字》[③]、马衡的《我教你写字》[④]等篇虽都使用“写字”这一概念，但实质上讨论的是书法艺术问题，它们并没有因为概念的朴素而降低了论文的学术价值。

2. 书法史观——碑帖结合、南北融会

在中国书法批评史上，关于南北书风之异的理论，可追溯到明末清初。冯班《钝吟书要》认为：“画有南北，书亦有南北。”钱泳《履园丛话·书学》也指出：“画家有南北宗，人尽知之；书家亦有南北宗，人不知也。”当然，对这一命题做出深入研讨的当推清代的阮元，他的《南北书派论》《北碑南帖论》在以大量资料作为论据的基础上提出了地域风格论，富有创见。然而这一理论自问世以来，也遭到后人的反对。梁启超的老师康有为就曾提出异议：“阮文达《南北书派》，专以帖法属南，以南派有婉丽高浑之笔，寡雄奇方朴之遗，其意以王廙渡江而南，卢谌越河而北，自兹之后，画若鸿沟。故考论欧、虞，辨原南北，其论至详。以今考之……故书可分派，南北不能分派。阮文达之为是论，盖见南碑犹少，未能竟其源流，故妄以碑帖为界，强分南北也。”[⑤]不过，通览《广艺舟双

① 郑振铎. 梁任公先生[M]//夏晓虹. 追忆梁启超. 北京：中国广播电视出版社，1997：97.
② 1937年3月28日在厦门南普陀佛教养正院所作讲演，由高文显记录。
③ 同名文章共两篇，第一篇为1937年5月作，第二篇为1948年7月作，原载《文学杂志》1948年10月第3卷第4期。
④ 原载1944年10月《书论》，重庆文风书局出版。
⑤ 康有为. 广艺舟双楫·宝南第九[M]//康有为. 万木草堂论艺. 北京：荣宝斋出版社，2011：45-46.

楫》，我们不难发现康有为的观点前后有自相矛盾处，如："南北地隔则音殊，古今时隔则音亦殊，盖无时不变，无地不变，此天理然。当其时地相接，则转变之渐可考焉。文字亦然。"①

因此，梁启超在《中国地理大势论》中从艺术与地理的关系、文学地理与政治地理的关系两个方面揭示的"南北书派论""北碑南帖融合论"更见深度，也更符合历史的真实。他说："书派之分，南北尤显：北以碑著，南以帖名；南帖为圆笔之宗，北碑为方笔之祖。遒健雄浑，峻峭方整，北派之所长也，《龙门二十品》《爨龙颜碑》《吊比干文》等为其代表；秀逸摇曳，含蓄潇洒，南派之所长也，《兰亭》《洛神》《淳化阁帖》等为其代表。盖虽雕虫小技，而与其社会之人物风气，皆一一相肖，有如此者，不亦奇哉！"② 又进而指出："大抵自唐以前，南北之界最甚；唐后则渐微。盖文学地理，常随政治地理为转移。自纵流之运河既通，两流域之形势日相接近，天下益日趋于统一。而唐代君臣上下，复努力以联贯之。贞观之初，孔颖达、颜师古等奉诏撰《五经正义》，既已有折衷南北之意；祖孝孙之定乐，亦其一端也。文家之韩、柳，诗家之李、杜，皆生江、河南域之间，思起八代之衰，成一家之言。书家如欧（欧阳询）、虞（虞世南）、褚（褚遂良）、李（邕）、颜（颜真卿）、柳（柳公权）之徒，亦皆包北碑南帖之长，独开生面。盖调和南北之功，以唐为最矣。"③

由此可见，在众多关于南北书派论和北碑南帖论的观点中，梁启超的观点显得更辩证和科学。正因此，梁启超尽管受到清代碑学的影响且得到碑学大师康有为的亲授，但显然比康有为辈更宽容，尊碑而不废帖。这一方面是时代发展使然——晚清民初，书法创作上碑帖融合的趋向日益明显，如沈曾植、曾熙、郑孝胥等人莫不如此；另一方面与梁启超学贯中西、尊重真理、尊重科学的博大胸怀，尤其是主观追求碑帖融合的审美理想密不可分。他在《〈稷山论书诗〉序》中对陶濬宣的论评即反映了这种追求：

心老论书尊碑绌帖，此固道咸以来定谳。虽然，简札之与碑版，其用终殊。孙虔礼所谓"以点画为情性，使转为形质者"，其妙谛又非贞石刻文所能尽也，明矣。挽近流沙坠简出世，中典午残缣数片，与汇帖所摹钟王书乃绝相类。其书盖出诸北地不知名之人之手，非江左流风所扇，故知翰素既行，风格斯嬗，未可遂目以伪体祧之也。余于书不能有所就，且平昔诵习皆在北刻，心老之论，复何间然？顾孟子恶执一贼道，然则北刻外无楷法之论，终未敢苟同，恨不得起心老于地下更一扬榷之。④

对此，当代书法大师沙孟海先生有中肯的评价："陶心云尊碑绌帖之说，与南海若出

① 康有为．广艺舟双楫·分变第五[M]//康有为．万木草堂论艺．北京：荣宝斋出版社，2011：24.
② 梁任公．饮冰室全集：上[M]．上海：文化书局，1934：486.
③ 梁任公．饮冰室全集：上[M]．上海：文化书局，1934：486-487.
④ 梁启超．饮冰室书话[M]．周岚，常弘，编．合肥：时代文艺出版社，1998：421-422.

一辙”，“梁先生先知之言，实获我心。惟于碑版刻工优劣尚未察觉耳”。[①]

3. 书法创新观——遵从规律，食古而化

在《书法指导》一文中，梁启超专列《模仿与创造》一节阐述模仿对创造的重要性，指明书法模仿宜走的路径。他指出：“创造固然切要，但是模仿是否切要；模仿与创造有无冲突？这都是值得研究的地方。许多人排斥模仿，以为束缚天才；我反对这种说法，学为人的道理，学做学问，学所有一切艺术；模仿都是好的，不是坏的，都是有益的，不是无益的。”[②] 又说：“人类文化很长，慢慢地继承，增加下去；小的时候，得了许多知识，有所凭借，再往前努力活动，又可以添了许多的经验。如此一代一代的继承，一代一代的增加，全部文化的产业，可以发展进步到很大很高；所以我认为模仿是好的不是坏的，是有益的，不是无益的。”[③] 因此，“一切事情，不可看轻模仿；写字这种艺术，更应当从模仿入手”。[④] 这里，梁启超从文化和书法发展的固有规律出发强调传统的学习和继承。其论书诗《若海自称其书已脱古公役必要我承为独立国作诗嘲之》则从反面印证了这一点：

化工于物无私爱，予之翼者两其足。
并时诗人鲜晓书，亦若廉公厌糟麹。
叔度才如千顷波，可惜墨池挠太浊（谓黄公度）。
子昂风骨云中鹤，书乃意造徒拙速（谓陈伯严）。
君于诗文得神悟，故合命骚供奴仆。
胡为半生弄柔翰，至竟持术乖入木。
结体磊落堆乱石，作势纵横森恶竹。
有时匆匆学作草，见者箝口不能读（君昔学书谱，侪辈每得其一札，辄苦于作释文）。
涂鸦腾诮吾岂敢，墨猪为谥未云酷。
卖身昔为朱家奴（谓朱古薇侍郎），刻鹄不成尚肖鹜。
今拔赤帜依赵帜（谓赵尧生侍御），失利更类空壁逐。
逃扬逃墨亦奚择，等是受靰苦局促。
曹郐浅陋还可治，向极附庸何能彀。
颇怪夜郎不知量，妄希槃敦分珠玉。
似我犹耻争滕长，况乃晋楚驰九牧。
径摽使者出大门，不畏恶声贾怨毒。
谓君诗成付人写，阿买谁欤有梁鹄。

① 沙孟海. 记旧钞梁任公稷山论书诗叙[M]//沙孟海. 沙孟海论书文集. 上海：上海书画出版社，1997：748.
② 梁启超. 书法指导 [J] 清华周刊，1926 (9)：714.
③ 梁启超. 书法指导[J]. 清华周刊，1926 (9)：715.
④ 梁启超. 书法指导[J]. 清华周刊，1926 (9)：715.

然而，梁启超也并非一味主张墨守传统，泥古不化。在他看来，模仿是基础，创新才是根本，一代一代的继承是为了最终的发展和“突飞”。1926 年，他在《题〈海粟近作〉》中勉励刘海粟开拓创造：“杜工部云：‘语不惊人死不休’，艺术家不具此胆力及志愿，未足与言创作也。”可谓一语中的。而他本人在书法实践上的探索更有力地证明了上述观点。1925 年 2 月 5 日，他在《与仲弟书》中谓：“日来写张表，专取其与楷书近，一月之后，请弟拭目观我楷书之突飞也。”[①] 书法的“突飞”若无平日的刻苦加工，不断积累，谈何容易！

4. 书法教育观——理法、情感并重

梁启超是近代中国屈指可数的名教授，他在教育实践和理论研究方面独树一帜，功绩卓著，尤其值得一提的是他 1920 年欧游归来潜心教育，“培育新人才，宣传新文化，开拓新政治”[②]。为此，他除了兼任南开、清华、东南等几所大学的教授之职外，还以极大的热情和活泼的人格精神在全国各地巡回讲演，仅在 1921 年至 1923 年初的一年多时间里，他就为各地做了几十场演讲，其历时之久，次数之多，地域之广，题材之博，影响之大，成为近代学术史上空前的景观。在书法领域，他也明确提出了自己的教育观，并身体力行，教育好自己的子女。

梁启超的书法教育观集中体现在 1926 年其在清华学校教职员书法研究会上作的《书法指导》讲演中。具体而言，这则讲演（共五个部分）有四个部分涉及书法教育，即“书法有美术上的价值”“模仿有两条路”“碑帖之选择”“用笔要诀”。

首先，我们把梁启超《书法指导》与其师康有为《广艺舟双楫》之“执笔第二十”“缀法第二十一”“学叙第二十二”等内容拿来作比照，可以清楚地看出，梁启超深受乃师的影响，其 1911 年创作的行书四屏条《〈广艺舟双楫〉节录》也证实了这一点。总体上，两人均为碑学派的代表人物，许多观点如强调模仿的重要性，强调尊碑学碑，强调从六朝碑版入手，甚至连反对学习的碑版种类都有相似之处，但在具体问题上仍有明显不同。（1）每种碑临摹多少遍合适？康有为认为：“摹之数百遍，使转行立笔尽肖，而后可临焉。”梁则认为：“依我的经验，一种碑，临十遍，可知他的结构及用笔；譬如一千字的碑写到一万字，就把结构用笔，都得着了，得着后，换第二种。”[③]（2）关于用笔用墨，两者也有很大差异。据李云光《康南海先生书学异闻记》记载，康于用笔用墨并不讲究，“甚至偶尔也用过街上买回来的瓶装墨汁”，而梁自称：“我用笔，不让一根毛脱，写时只开一半，干后温水润之，自然不易坏了。”[④]“我常用砚慢慢的磨，磨得很匀很细，写在纸

① 梁启勋，吴其昌：我的兄长梁启超[M]. 合肥：黄山书社，2019：257.

② 见 1920 年 5 月 12 日梁启超《致梁伯强等书》. 丁文江，赵丰田. 梁启超年谱长编[M]. 上海：上海人民出版社，1983：909.

③ 梁启超. 书法指导[J]. 清华周刊，1926（9）：717.

④ 梁启超. 书法指导[J]. 清华周刊，1926（9）：724.

上，自然好看，而且蘸墨时不亏笔。新墨有光，旧墨无光，我从来不用隔天的墨，写完后，用水将砚洗净，再写时再磨。”①

其次，梁启超的教育思想同样体现在他教育子女的态度上。1913年2月7日，梁启超在《致梁思顺》中曰：“思成字大进，今尚写郑文公耶，写五十本后可改写张猛龙。”②1927年1月27日在《给孩子们》中曰：“思永的字真难认识，我每看你的信，都很费神，你将来回国跟着我，非逼着你写一年九宫格不可。”③ 1927年8月29日在《致孩子们》中曰：“凡做学问总要‘猛火熬’和‘慢火炖’两种工作循环交互着用去。在慢火炖的时候才能令所熬的起消化作用融洽而实有诸己。思成，你已经熬过三年了，这一年正该用炖的工夫。”④ 第三封信虽说是关于做学问的，但同样适合于书法的学习和训练。

在《书法指导》讲演中，梁启超提出的“四美”理论实是其美育思想的一部分。梁启超尤其看重书法的个性美，而书法家在表现个性的同时离不开情感的流露，因而讨论梁启超的书法教育观同样不能忽视其关于艺术的情感教育的精辟论述。可以说，艺术的情感教育构成了梁启超美学思想的核心。总其一生的学术著述，一些重要篇目如《中国韵文里头所表现的情感》《情圣杜甫》《美术与生活》《中国地理大势论》《论小说与群治之关系》《什么是文化》《人生观与科学：对于张丁论战的批评》《中国之美文及其历史》等均涉及这个问题。这方面，今人卢善庆的《中国近代美学思想史》和刘道广的《中国古代艺术思想史》均有很好的论述。其中梁启超关于艺术审美的三层次说及艺术情感修养及其表达形式的观点尤为精辟深刻，难怪后人评价其与蔡元培、王国维在近代美育研究方面恰成鼎足而三之势。

（三）梁启超论书的意义

1. 开拓了书法美学新领域

在现代书学史上，梁启超的学术成果论数量无法与后来的几位研究者相提并论，其间自然有多种因素的制约，今且不论。但是，因其特有的开拓性、开放性，人们在研究现代书学史的时候，梁启超的学术成果成了无法回避的一大景观。如今人周俊杰、陈振濂、刘涛、卢辅圣、陈方既、石建邦、李义兴、毛万宝等的论著均对《书法指导》一文的学术价值给予了高度评价，认为它也是传统书学走向现代书学过程中的重要成果，开创了现代书法美学的先河。梁启超本人也和20世纪30年代称名书坛的宗白华、邓以蛰、朱光潜、弘一法师等人成为现代书法美学的奠基者。

2. 展露了学科建设的勇气

众所周知，五四前后，由于西方文化的冲击、社会政治的剧变，中国书法面临着生存危机

① 梁启超．书法指导[J]．清华周刊，1926（9）：724.
② 梁启超．梁启超家书[M]．天津：百花文艺出版社，2017：94.
③ 梁启超．梁启超家书[M]．天津：百花文艺出版社，2017：43.
④ 梁启超．梁启超家书[M]．天津：百花文艺出版社，2017：108.

的挑战，有识之士开始思考书法未来的去向。梁启超作为受过中西文化洗礼的先知，在时代洪流的潮头上独领风骚。他把书法放在大文化的背景中考察，认为：“中国写字有特别的工具，就成为特别的美术。”“如果说能够表现个性，就是最高美术，那末各种美术，以写字为最高。”显然，“他把书法推为民族最高艺术，颇有与西方艺术一争高低的意味。而这也只有从中西文化艺术比较的视野中才能凸现出来”①。而他在《中国文化史·纲目》中明确把绘画、书法、雕塑、建筑等并列，足见其力图建立书法学科的意识和勇气。

3. 碑帖融合，引导潮流

梁启超在前人基础上形成的“碑帖融合论”既是实践的总结，反过来，又为书法创作实践指明了方向。梁启超所处的时代正值清代碑学后期，受其影响，当时书坛风行碑派书法。由于受到各种客观条件的限制，加上书家们自身观念和理解力的不同，当时不少书家写碑也误入歧途。张裕钊的僵化、李瑞清的做作、陶濬宣的刻板就是这类书风的极端表现。梁启超能洞察秋毫，透过现象深入本质，科学而辩证地提出碑帖融合论，并在实践中身体力行，尊碑而不废帖。正如沙孟海先生所指出的，“梁启超、章炳麟、于右任、马浮、释演音（即李息）等书法名家，各有专胜”②，实乃知书者言。

三、梁启超书法风格论

（一）风格及其构成要素

行文至此，我们不能不讨论本书开始时提出的一个命题：梁启超书法究竟有没有形成个人风格？这是关系到其作品审美价值大小的根本问题。

首先，我们要弄清“风格”这一特定的概念。古今中外，关于风格的解释多种多样，这里我们列举三种。

（1）美国迈耶·夏皮罗《论风格》：“风格，意指某个艺术家或一个群体的经久不变的形式，有时也指个人或群体的恒常的要素、特性和表现。”③

（2）陈方既《关于风格的思考》：“风格，即艺术作品的风采、品格，是艺术审美的主要内容，风格鲜明、新颖、别致、高雅与否，是艺术作品是否具有审美价值的关键。风格体现艺术家的才识、修养、工力，也反映艺术家的情志与审美追求。”④

（3）徐利明《中国书法风格史》：“艺术风格属美学范畴，是指某种艺术美的表现形态。对一件艺术作品来说，主要是指作品中所表现出的具有独特意义的审美趣味及其艺术特色。”⑤

---

① 姜寿田. 书法美学学科建构与当代书法思想启蒙（代序）[M]//周俊杰. 书法美学论稿. 郑州：大象出版社，2011：16.
② 沙孟海. 清代书法概说[M]//沙孟海. 沙孟海论书文集. 上海：上海书画出版社，1997：720.
③ 迈耶·夏皮罗. 论风格. 张戈，译. 杨思梁，校[M]//范景中. 美术译丛. 杭州：浙江美术学院出版社，1989：1.
④ 陈方既. 关于风格的思考[M]//戴小京. 书法研究 总第八十三辑 一九九八年第三期. 上海：上海书画出版社，1998：1.
⑤ 徐利明. 中国书法风格史[M]. 南京：江苏凤凰美术出版社，2020：1.

对于书法风格而言，南朝齐王僧虔《笔意赞》中的观点值得重视："书之妙道，神采为上，形质次之，兼之者，方可绍于古人。"①

（二）梁启超书法自成一格：劲健而绮丽

尽管梁启超一生著述中并没有系统介绍自己书法追求的篇什，但我们仍可从他零星的题跋、信札中窥见其探索的轨迹。本书前面已经谈到1912年12月18日他在《致思顺》中谈及其友魏铁三"近年专写《张猛龙》《圣教序》《郑文公》，欲合三者自成一家，正与我同"，这是目前所见较早的梁启超坦露自己书法追求的史料。及至1925年正月，梁启超在《张寿残碑跋》中写道："此碑丰容而有骨，遒健而流媚，与我笔路最近，今后拟多临之。"原来，梁启超临古的真正目的在于创立自我面目。事过半月，他在《与仲弟书》中不无得意地写道："日来写张表，专取其与楷书近，一月之后，请弟拭目观我楷书之突飞也。"这确是高明之举，由汉及魏，由隶及楷，取法乎上，得其真髓。梁启超一生浸淫汉魏，于隶书、北碑用功至勤，因此，他笔下的楷书格调高、面目新。尤其突出的是用笔方圆兼施，浑然一体，使作品透露出更深一层的艺术魅力——刚柔相济，刚健而不失典雅。

梁启超在世时，其书迹就被世人"珍如瑰宝，人争模仿"，一个世纪以来，尽管梁启超的书法没有赢得其应有的地位，甚至遭受冷遇，但是学术界与书法圈仍有识者对其做出了公正、客观的评价，兹列举如下。

（1）黄遵宪："公书高秀渊雅，吾所最爱。"②

（2）康有为："汝书知妙逸完满，深得永师风神，但未至雄深奇拔一境耳。""书法如凌波微步，白云卷空。"③

（3）丁文隽："梁启超出南海（康有为）之门，似于康氏所称道之碑……《张黑女》《李超》二志致力最多，其结字之谨严，笔力之险劲，风格之高古，远出邓石如、赵之谦、李瑞清诸家之上，康氏盛倡尊碑之说，得此高足，堪以自慰矣。"④

（4）沈从文："至于南海先生个人用笔结体，虽努力在点画间求苍莽雄奇效果，无如笔不从心，手不逮意，终不免给人一芜杂印象。……反不如梁任公、胡展堂同样是广东人，却能谨守一家法度，不失古人步骤，转而耐看。"⑤

（5）杨鸿烈："他的书法，由北魏碑体脱胎出来，很有新意，均为时流所称誉。……梁氏的笔迹书法，墨光焕发，得者都珍如瑰宝，人争模仿。"⑥

---

① 王僧虔．笔意赞[M]//沈尹默．历代名家学书经验谈辑要释义．杭州：浙江人民美术出版社，2022：46.

② 见1902年11月30日黄遵宪《致梁启超函》。龙扬志．黄遵宪集[M]．广州：广东人民出版社，2018：129.

③ 见1910年左右康有为题评梁启超诗《若海自称其书已脱古公役属要我承为独立国作诗嘲之》及《寄怀何翙高外部藻翔》诗。梁启超．梁任公诗稿手迹[M]．上海：古典文学出版社，1957.

④ 丁文隽．书法精论[M]．北京：北京中国书店：1983：81.

⑤ 沈从文．谈写字（二）[M]//沈从文谈艺术．南京：江苏人民出版社，2019：183.

⑥ 杨鸿烈．回忆梁启超先生[M]//夏晓虹．追忆梁启超．增订本．北京：生活·读书·新知三联书店，2009：238.

（6）傅申：“学者喜书，用力甚勤，似受其师康有为的影响，但取径迥异。其隶书用笔劲挺，功力甚深。但他参以北碑的笔法写欧阳通的结字，不论字之大小皆是一笔不苟，气息醇雅，形成个性鲜明的独特书风。”

（7）刘正成评梁启超《致季子尺牍》：“梁启超有康有为北魏笔法，却毫无一点霸悍之气。徇佝儒雅，大有宋人信札的遗风。尤其左下空白，古风盎然，大家手法。再施之方折之笔，横向取势，峻洁中具有许多姿态。细观此札，足可以入近代之上品无疑。”①

（8）刘涛：“从艺术的角度评判，梁启超书法的表现力不及吴昌硕、曾熙、沈曾植、康有为……但是，梁启超的字终难归入严复、蔡元培、胡适一类的名人字行列，也非刘春霖之流仅具书法功力的翰林字所能界定。他写下的汉字形态，笔墨趣味，确有自家的格调和自觉的变化、追求。”②

令人欣慰的是，1999 年《中国书法》《书法导报》举办“中国二十世纪十大杰出书家评选活动”，将梁启超列为 50 名候选书家之一，一定程度上表明了学术界对梁启超书法成就的重视。

至此，我们讨论梁启超书法风格问题已是水到渠成。综合考察书法风格的各构成要素，梁启超书法在形质和神采两方面均达到较高造诣，在技法和心法两个层面都有独到之处，已形成鲜明的风格。

我们不妨走进梁启超营造的书法天地作一番领略。梁启超存世墨迹可分为五类，即手稿类、信札类、题跋类、临古类、创作类。前三类作品书写时心无挂碍，自由发挥，能见真性情之流露；后两类作品则纯以艺术角度切入，更具艺术匠心。信札类作品以图 7 为代表，颇得浑朴之趣，属典型的魏体行书，从汉魏碑化出，足见梁启超的创造力。在题跋类作品中，图 13、图 14 堪称上品，其用笔妙在亦方亦圆，碑帖结合浑融无迹。梁启超学碑而不刻意表现碑刻的“金石气”，反能脱俗不凡。临古类作品中，梁启超的创造性体现得也十分清晰。写《张迁》能注意到碑刻写手刻手的区别，重在表现书写时的笔墨情趣，胜人一筹。在创作类作品中，楷书以图 10 为代表，隶书以图 21 为代表，楷书于古朴持重中见飘逸之气，隶书则古意盎然。总之，梁启超学古而不泥古，尊碑而不废帖。

梁启超生活在清末民初，这一时期碑帖融合的趋势悄然兴起，又适逢社会转型时期，外来文化不断冲击，因此，中西文化的融合在他身上体现得尤为突出，加上他主观上对碑帖兼容并蓄，终于成就其碑帖结合的新面目。借用梁启超本人的话：“遒健雄浑，峻峭方整，北派之所长也……秀逸摇曳，含蓄潇洒，南派之所长也……”③ 他谈到《张寿残碑》时称：“丰容而有骨，遒健而流媚，与我笔路最近，今后拟多临之。”遒健峻峭，潇洒而流媚，不正是梁体的写

① 刘正成. 中国书法鉴赏大辞典[M]. 北京：大地出版社，1989：1377.
② 梁启超. 梁启超题跋墨迹书法集[M]. 冀亚平，等编. 北京：荣宝斋出版社，1995：7.
③ 梁任公. 饮冰室全集：上[M]. 上海：文化书局，1934：486.

照？唐代司空图《诗品·劲健》曰："饮真茹强，蓄素守中。喻彼行健，是谓存雄。"① 又《绮丽》一品这样描述："雾余山嶃，红杏在林。月明华屋，画桥碧阴。"② 以此验之梁体，得其所哉！因此，劲健而绮丽构成了梁启超书法的主导风格。这里，我们很自然地想起梁启超曾经问学过的赵熙的两段话："凡天资颖者喜南书，挟胜气者喜北书。南多工而北多拙，拙近古而工近今。各有长短，相济而不相非，斯杰士矣。""诗文与书，一代各有风气，唯豪杰乃能挺然风气之外。"③ "杰士"之名，梁任公可当也。

对于梁启超而言，写字不仅"不失为第一等的娱乐"，更是他"频年所用养心之良法"④。心情烦乱时，他"靠临帖来镇定自己"⑤；"伏案习魏晋六朝人书，以寄托其郁悒不平之气"⑥；朋友赠佳拓时，可"欢喜累日"⑦；"权之终身"，以致"终日孜孜，而无劳倦"⑧。显然，书法已成为梁启超精神生活的重要部分。

正如一般论者谈到的，梁启超确是一位学者型书家，其书法充满书卷之气。然而，这远没有描绘出其学问修养、道德文章、笔情墨趣熔铸而成的那个丰满的、富有趣味的梁启超形象。倒是《龚自珍全集·语录》中的一段话为我们理解梁启超提供了启发："书家有三等：一为通人之书，文章学问之光，书卷之味，郁郁于胸中，发于纸上。一生不作书则已，某日始作书，某日即当贤于古今书家者也，其上也。一为书家之书，以书名家，法度源流，备于古今，一切言书法者，吾不具论，其次也。一为当世馆阁之书，惟整齐是议，则临帖最妙。"⑨ 毫无疑问，梁启超的书法属于通人之书，其一生作书不多，甚至无暇作书，但其书名、书品终将为越来越多的人所认识。

作为清代碑学最后的几个"重镇"之一，梁启超的谢世标志着一个时代的终结，而梁启超书法的新变及书学成果的问世则预示着一个新时代的开始。

---

① 司空图. 二十四诗品[M]. 罗仲鼎. 蔡乃中，译注. 杭州：浙江古籍出版社，2018：37.

② 司空图. 二十四诗品[M]. 罗仲鼎. 蔡乃中，译注. 杭州：浙江古籍出版社，2018：42.

③ 吴向东. 品逸·32[M]. 南宁：广西美术出版社，2015：26.

④ 见1913年1月31日梁启超《致思顺》。梁启超. 梁启超家书：1898—1928 [M]. 陈利红，编. 武汉：华中科技大学出版社，2017：43.

⑤ 见1927年3月30日梁启超《给孩子们书》。梁启超. 梁启超家书校注本[M]. 胡跃生，校注。桂林：漓江出版社，2017：755.

⑥ 周传儒. 史学大师梁启超与王国维[J]. 社会科学战线，1981（1）：173-179.

⑦ 见1925年正月梁启超跋《李璧墓志》。梁启超. 梁启超题跋墨迹书法集[M]. 冀亚平，等编. 北京：荣宝斋出版社，1995：94.

⑧ 见1916年2月8日梁启超《与娴儿、成儿、永儿书》。梁启超. 梁启超家书校注本[M]. 胡跃生，校注. 桂林：漓江出版社，2017：493.

⑨ 龚自珍. 龚自珍全集[M]. 上海：上海古籍出版社，1975：436-437.

中编　梁启超的隶书情结

1899年，戊戌变法失败后东渡扶桑的梁启超开始著《饮冰室自由书》，使用“饮冰室主人”笔名。“而梁文1902年第一次结集时，题名为《饮冰室文集》，以梁氏取《庄子·人间世》‘吾朝受命而夕饮冰，我其内热与’之意，将书斋命名‘饮冰室’，自署即为‘饮冰室主人’。所谓‘饮冰’，自然是表达了任公先生对国事的忧心如焚；即以治学论，又何尝不因‘内热’而博闻强记、笔耕不辍。”① 自此直至1929年病逝的整整30年间，饮冰室主人梁启超在近代中国的历史舞台上展现了其非凡的政治与学术人生。

在梁启超的政治、学术生涯中，书法虽为余事，但他“终日孜孜，而无劳倦”②，视书法为一项事业或人生“第一等的娱乐”。他的弟子杨鸿烈这样追忆道：“梁氏第二种屋内的消遣，当为临帖写字，他不论在天津、北京和西郊清华园的书房里，随处都悬挂着一些长长短短、大大小小、羊兔狼毛所制的毛笔，而且都有一张既长且大的签押桌横放在中间。……他每天必定要由侍役磨墨，隔一晚的墨汁，即倒去不用，而劣纸也一概拒绝使用，所以他不像欧阳洵（询）那样的‘不择纸笔’，而倒像欧阳洵（询）的儿子欧阳通，管、毫、墨、纸处处考究。所以梁氏的笔迹书法，墨光焕发，得者都珍如瑰宝，人争模仿。”③ 追溯饮冰室主人的翰墨生涯，不难发现梁启超于汉魏六朝书风用功至勤。他最擅长的书体是从六朝碑版与墓志中化出的楷书和行楷，然而他真正痛下功夫却是从汉魏隶书切入的，换言之，梁启超于隶书有着特殊的情结。（图1—图4）

一、《双涛阁日记》所见习隶情况

收在《梁启超全集》中的《双涛阁日记》写于1910年正月、二月间，系作者流亡日本时的日记，极其珍贵地记录了梁启超学习书法的情况，如每天临池的数量、进度，临写内容及切身感受等。今选摘如下：

---

① 夏晓虹.《〈饮冰室合集〉集外文》序[M]//梁启超.《饮冰室合集》集外文：上.北京：北京大学出版社，2005：1.

② 见1916年2月8日《梁启超致梁思顺书》中华书局编辑部.梁启超未刊书信手迹：上册[M].北京：中华书局，1994：412.

③ 杨鸿烈.回忆梁启超先生[M]//夏晓虹.追忆梁启超.增订本.北京：生活·读书·新知三联书店，2009：238.

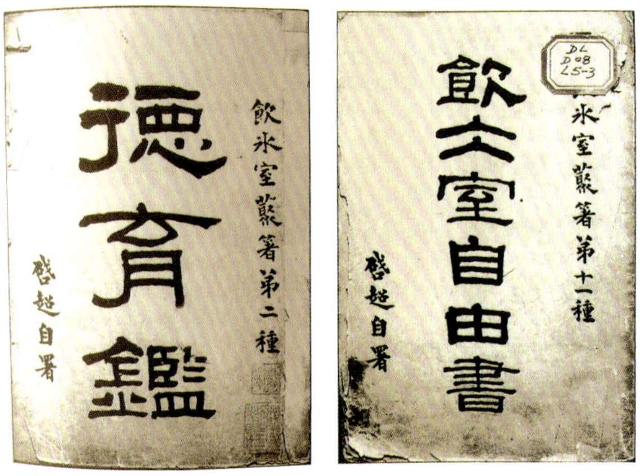

图 1　梁启超自署《饮冰室自由书》《德育鉴》

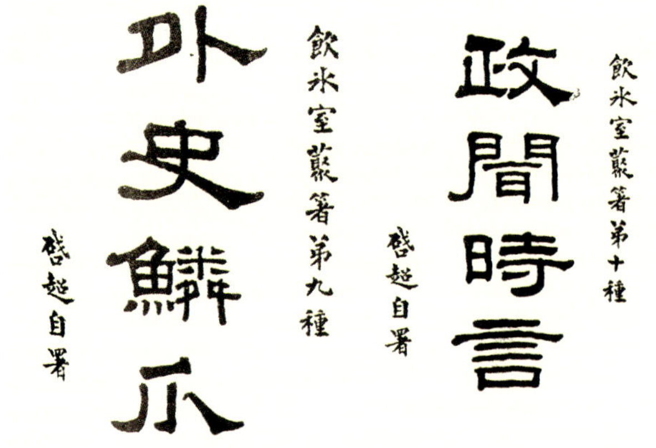

图 2　梁启超自署《政闻时言》《外史鳞爪》

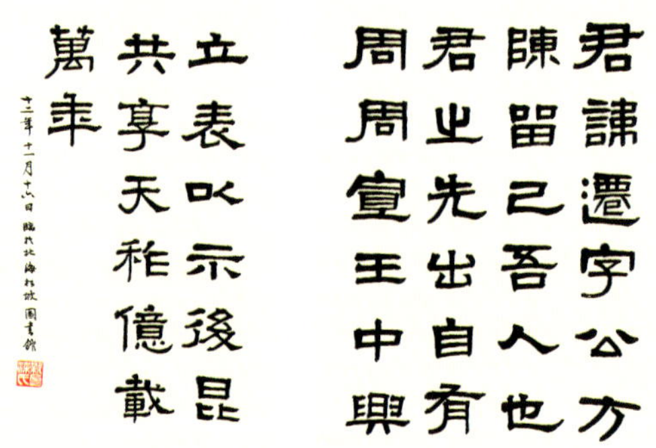

图 3　梁启超临《张迁碑》（1923 年）

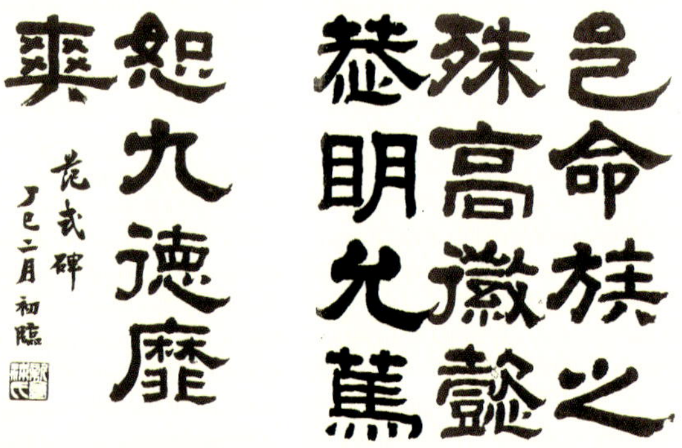

图 4　梁启超节临《范式碑》（1917 年）

正月二日

摹《孔庙碑》《龙藏寺》各半页，临《圣教序》半页，（摹《圣教序》已七过，临始于此日，拟日课半页）。

正月七日

除摹《孔庙碑》半页外，一切课皆辍。

正月九日

读报后，摹《孔庙碑》一页，第六次摹本卒业。

正月十一日

是日，初摹《张迁碑》，得两页，页八十四字。

正月十二日

摹《龙藏寺碑》半页。唐以前诸碑帖，其结体皆雄伟，有龙跳虎卧之概。吾书溺俗已久，结体直无一与古人合，故愈弄姿愈增其丑，今后惟当于此，痛下苦功。

正月十三日

十一时起。写《张迁碑》二页（第一通毕业）。

正月二十一日

九时起。写《张迁碑》一页，第二通竟。

正月二十六日

除写《张迁碑》一页外，无他课。

二月一日

七时半起。读报。写《张迁碑》一页……除写字外，百课俱废。

二月四日

七时起。读报。写《张迁碑》一页（第三通毕业）。《龙藏寺碑》半页。

二月十五日

十二时起，写《张迁碑》一页，第四通卒业。写《龙藏寺碑》半页①。

从以上日记所呈现的“日课”我们至少可获得如下信息：

（1）梁启超习隶的方式是先摹后临，在1910年正月至二月的这段时间里，他在隶书碑帖上于《孔庙碑》《张迁碑》下大力气。前者摹写六通，后者一个多月竟临摹达四通，以至“除写字外，百课俱废”，“除摹《孔庙碑》半页外，一切课皆辍”。

（2）梁启超临摹隶书碑版，主要是感到“吾书溺俗已久，结体直无一与古人合，故愈弄姿愈增其丑”，而“唐以前诸碑帖，其结体皆雄伟，有龙跳虎卧之概”，而临摹隶书碑版正可对症下药，加以矫正，于是痛下苦功，日日临池不辍。如正月五日日记所记：“午后，为娴儿作《艺蘅馆文卷》第一集叙，临《圣教序》半页。梁山舟《频罗庵论书》云：‘帖教人看，不教人摹。当临写时，手在纸，眼在帖，心则往来于帖与纸之间，如何得佳？纵逼肖，亦是有耳目无气息死人。’吾今临《圣教》，亦觉手眼阂隔，心驰两端，颇以为苦，第欲学书，终非痛下临摹之功不可。吾辈手如野马，下笔结体，无一合于古人义法，此如孙子教吴宫美人战，非施以强有力之节制，安能就范？”

（3）在学习临摹前人经典碑帖时，梁启超采取隶书、楷书、行书三种书体并驾齐驱、交叉进行的办法。因此他在临摹《孔庙碑》《张迁碑》的同时，又于《龙藏寺》《圣教序》着力，以求相互促进。他的这种科学安排也成就其日后的书法学习跨入一个新的境界。如这个阶段留下来的《梁任公诗稿手迹》不仅保存了梁启超珍贵的小楷墨迹，而且有其师康有为画龙点睛式的眉批。如针对《双涛园读书》一首，康点评道：“书法大进，知能用墨。笔意震颤含蓄亦合古分意，此即学分隶之益。”又如《寄怀何翙高外部》一首，康评曰：“书法如凌波微步，白云卷空。自在沉痛，又复笔妙逼肖东坡。”② 1911年，梁启超在流亡日本的最后一日（辛亥九月望），自临《张猛龙碑》并题跋曰：“居日本十四年，咄咄无

① 梁启超. 梁启超全集4[M]. 北京：北京出版社，1999：2329-2341. 后文所引日记亦出自此书，不再注出。

② 梁启超. 梁任公诗稿手迹[M]. 上海：古典文学出版社，1957.

俚。庚戌、辛亥间，颇复驰情柔翰，遍临群碑，所作殆成一囊。今兹乌头报白，竟言归矣。”① “驰情柔翰，遍临群碑” 正是这一阶段梁启超翰墨生涯的真实写照。

二、隶书碑帖收藏及题跋情况

据北京图书馆（今国家图书馆）冀亚平等编写的《梁启超藏金石拓本目录》及《饮冰室文集》所收录的金石跋、书籍跋、书跋等汇总，饮冰室所藏金石拓本共有 1284 种，上至商代，下至民国，每个朝代无不有之，书体涉及大篆、小篆、隶书、楷书（魏楷、唐楷）等多种；从碑刻种类来看，有碑石、墓志、摩崖、造像等。仅以西汉、东汉为例，数量多达 138 种，其中隶书占绝大多数。而作于 1917—1925 年的金石跋计有 154 种，其中 1917—1918 年集中题跋的隶书碑刻有 21 种，分别为汉《鲁相谒孔庙残碑》《莱子侯残石》《樊敏碑》《郙阁颂》《延光残碑》《昆第六人买山地记》《司马长元石门题名》《景君铭》《孔宙碑》《郑固碑》《孔褒碑》《裴岑纪功碑》《西狭颂》《乙瑛碑》《鲁峻碑》《史晨飨孔庙碑》《开母庙石阙铭》，晋李苞、潘宗伯《阁道题字》，魏公卿《上尊号奏》《范式碑》，（佚名）《吕太公表》。而 1923—1925 年集中题跋的隶书碑刻有 24 种，分别为汉《武氏石阙铭》《三老石堂画像题字》《刘平国纪功摩崖》《麃孝禹刻石》《嘉阳残石》《郑季宣碑阴》《朱博残碑》《赵王上寿刻石》《三老忌日记》《石墙村刻石》《仙人唐公房碑》《陈德残碑》《文叔阳食堂画像并题字》《延光残碑》《右扶风丞犍为武阳李士休表残字》《元凤刻石残字》，魏《三体石经残碑》，汉《孟璇残碑》，魏《受禅碑》，汉《耿勋碑》《郑固碑》《子游残石》，晋《孙夫人碑》，汉《曹全碑》。另据《梁启超题跋墨迹书法集》中所收录的，梁启超题跋的隶书碑刻拓片尚有以下 10 种：汉《张迁碑》《张寿碑》《孔彪碑》《杨淮表记》《甘泉山刻石残字》《永寿元年残石》《刘梁碑残石》《吹角坝刻石》《元孙等字残石》《正直等字残石》。仅以上汇总，梁启超题跋过的隶书碑刻拓本即有 55 种之多。试想，如果不是真正钟爱书法，如果没有系统地对汉魏碑刻书法有过深入的研究，怎会萌生并实现如此大规模的隶书碑刻拓本的题跋之举？（图 5—图 8）

① 梁启超．饮冰室文集：第六集[M]．吴松，等点校．昆明：云南教育出版社，2001：3718．

从现有的资料可判断，梁启超留心碑刻拓片并作收藏的时间不会晚于1909年。是年他在《李壁墓志跋》中记述道：“碑以宣统元年出土，余方在日本，何澄一寄我一拓片，欢喜累日，……”① 1915年12月的《致黄溯初书》则为我们透露了梁启超回国后政务之余作书自课并致书代购碑刻的重要情况：“公能饬向有正书局代购汉碑五种，明拓汉隶四种，《史晨碑》、《乙瑛碑》、《东海庙残碑》、《孔庙碑》、《鲁峻碑》、《嵩高灵庙碑》、《崔敬邕碑》、《郑文公碑》、北宋拓《圣教序》，晋、唐小楷十一种，《礼器碑》、《曹全碑》、薛绍彭《书谱》、定武《兰亭观楞伽记》等否？结习不除，自相哂耶？另取碑帖目录及佛经流通处数目各一张。”②

又黄溯初记梁启超当日自题《礼器碑》的话说：

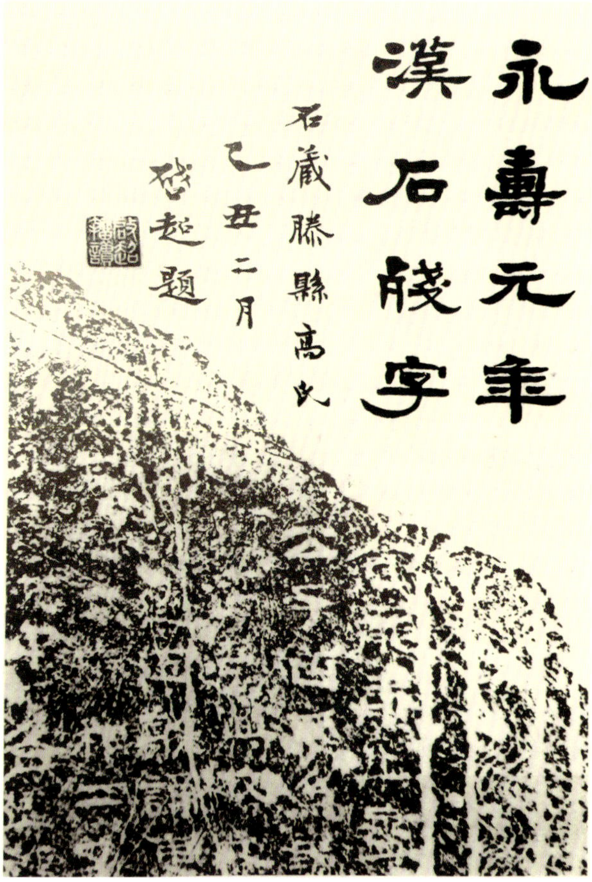

图5 梁启超《永寿元年残石》跋（1925年）

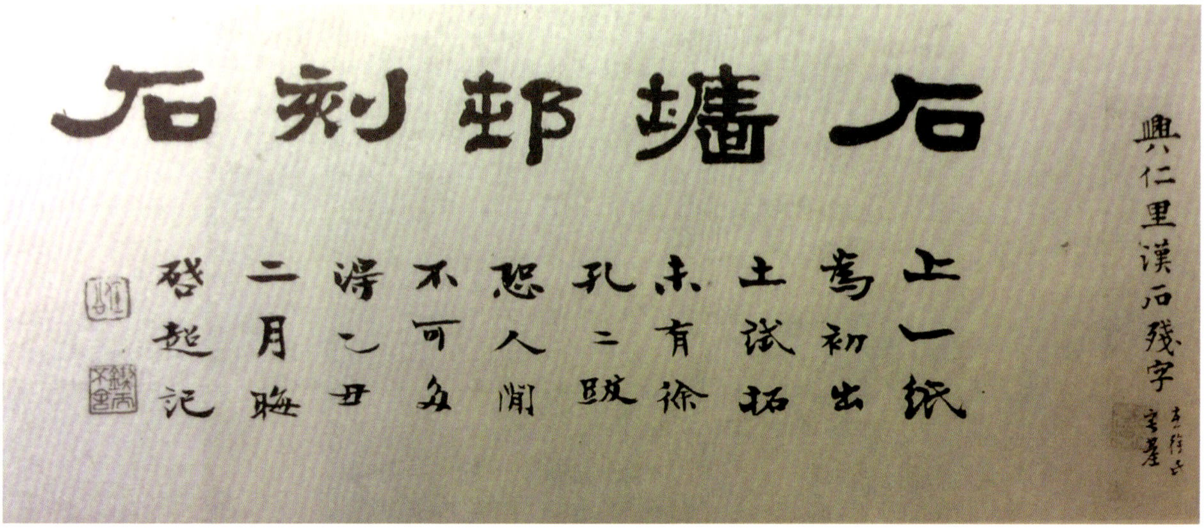

图6 梁启超《石墙村刻石》跋（1925年）

① 梁启超. 梁启超题跋墨迹书法集[M]. 冀亚平，等编. 北京：荣宝斋出版社，1995：94.
② 丁文江，赵丰田. 梁任公先生年谱长编（初稿）[M]. 欧阳哲生，整理. 北京：中华书局，2010：384.

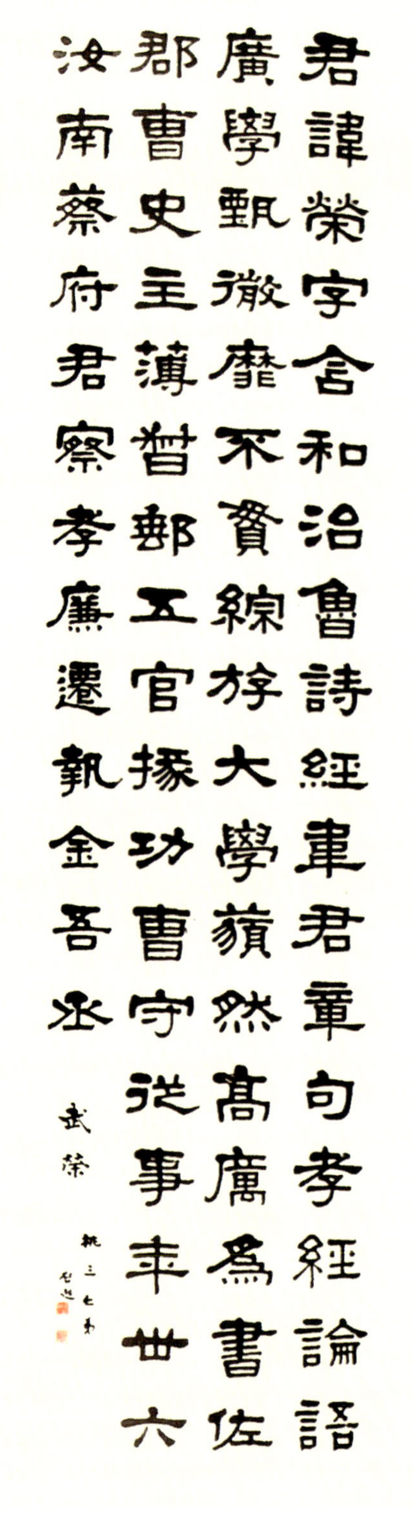
图7 梁启超节临《武荣碑》

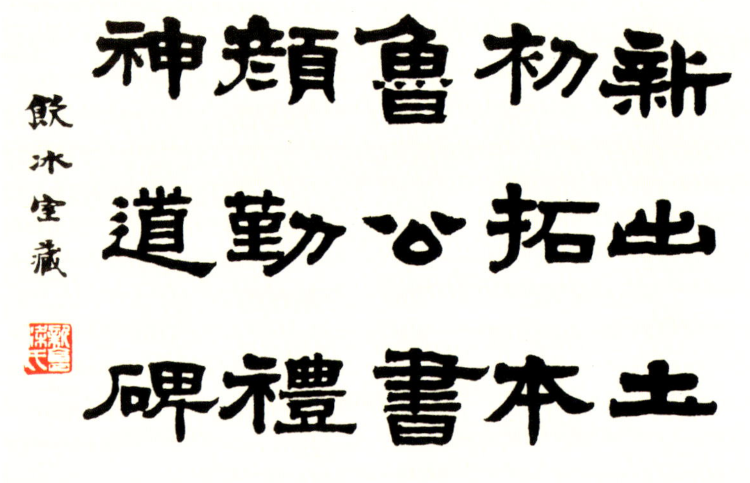

图8 梁启超《颜勤礼碑》题端

任公题其自临《礼器碑》墨迹后云："滇军方兴，在沪遥画，馆于静安寺路，室门以外钮麑密布，治事之余，以书自课，日或书十数纸，生平作隶，此其第一本也。乙卯腊半。"①

考察梁启超一生的政治、文化、学术活动可知，1917年11月，他辞去财政总长职务；1918年因倦于政治漩涡沉浮转而醉心学术，作了大量的碑帖和书籍题跋，这无疑是他晚年专治学术文化的一个重要起点和标志。突出的例子如1918年正月二十七日，梁启超购得叶昌炽（字鞠裳）《语石》一书，于是"穷一日之力读竟"，并跋道："前清乾嘉以降，金石之学特盛，其派别亦三四：王兰泉孙渊如辈，广搜碑目，考存佚源流，此一派也。钱竹汀阮芸台辈，专事考释，以补翼经史，此又一派也。翁覃溪包慎伯辈，特详书势，此又一派也。近人有颛校存碑之字画石痕，别拓本之古近者，亦一派也。其不讲书势，专论碑版属文义例者，亦一派也。此书专博不及诸家，而颇萃诸家之成，独出己意，有近世科学之精神，可以名世矣。"② 这则题跋不仅表明梁启超其时已对金石学著作有过深入研究，同

① 丁文江，赵丰田．梁任公先生年谱长编（初稿）［M］．欧阳哲生，整理．北京：中华书局，2010：384.
② 梁启超．饮冰室书话［M］．周岚，常弘，编．长春：春风文艺出版社，1998：387.

时由于多年国外的经历，他接受了西方新文化，因而能从新的角度来审视问题。另从梁启超碑刻题跋可见，他在考校碑刻时也多引据前人的金石著作，作者涉及宋代赵明诚、洪适、王象之，明代赵崡，清代翁方纲、吴玉搢、毕沅、阮元、孙星衍、方若、陆增祥、端方、杨守敬、陆心源等。此外，据《梁氏饮冰室藏书目录》① 显示，仅“史部·金石类”涉及历代金石著述的书目不下 160 种。这些都从一个侧面反映出梁启超的学术兴趣与视野。

在人生的最后 10 年，也即欧游回来，梁启超便潜心学术研究和文化活动。自然，书法学习和研究也成为他此时的主攻目标之一，即使晚年病魔缠身，他对书法艺术的追求也仍乐此不疲。尤其是 1925 年正月前后，梁启超以惊人的毅力和才情题写了大量的碑帖题跋，数量多达一百余种，其中包含前面所列 24 种隶书碑帖的题跋。对于这些碑帖，梁启超摩挲终日，获益良多，2 月 5 日在《与仲弟书》中不无自信地写道：“日来写张表，专取其与楷书接近，一月之后，请弟拭目观我楷书之突飞也。”在他的感染下，其儿女们也“每晚辄聚讲，读书声出金石，群童乐不可支（彼等日日读史，诵诗词，写隶楷，阿时且作了许多打油诗）”②。同年，他在题跋《张寿残碑》中道：“此碑丰容而有骨，遒健而流媚，与我笔路最近，今后拟多临之。”显然，题跋碑刻拓本不仅是为了学术研究，更有助于书法的学习和书道的传播。

三、彩笺中的隶书世界

著名学者夏晓虹教授在《梁启超的书艺与彩笺：从梁启勋藏札谈起》一文中专门从思想内容方面探讨了梁启超自制笺的问题，认为其“能够显露梁启超政治怀抱”③。同样，通过对饮冰室主人所用隶书彩笺的考察，我们抑或能看出梁启超习隶的某个侧面。

（1）“景福”笺（图 9，迟鸿叟即杨岘所题，见 1904 年三月三日《梁启超致梁启勋书》）。

（2）“金石论交”笺（杨岘书，1907 年 7 月 13 日梁启超诗稿“送潘若海归国”“送雪弃子良游学美洲”）。

（3）“新民建言”笺（图 10，见 1909 年九月八日《梁启超致梁启勋书》）。

（4）“新会梁子达诚奉书”笺（图 11，见 1909 年九月二十三日《梁启超致梁启勋书》）

① 国立北平图书馆．梁氏饮冰室藏书目录［M］．北京：北京图书馆出版社，2005．
② 梁启勋，吴其昌．我的兄长梁启超［M］．合肥：黄山书社，2019：257．
③ 夏晓虹．梁启超的书艺与彩笺：从梁启勋藏札谈起［J］．中国书法，2015（5）．

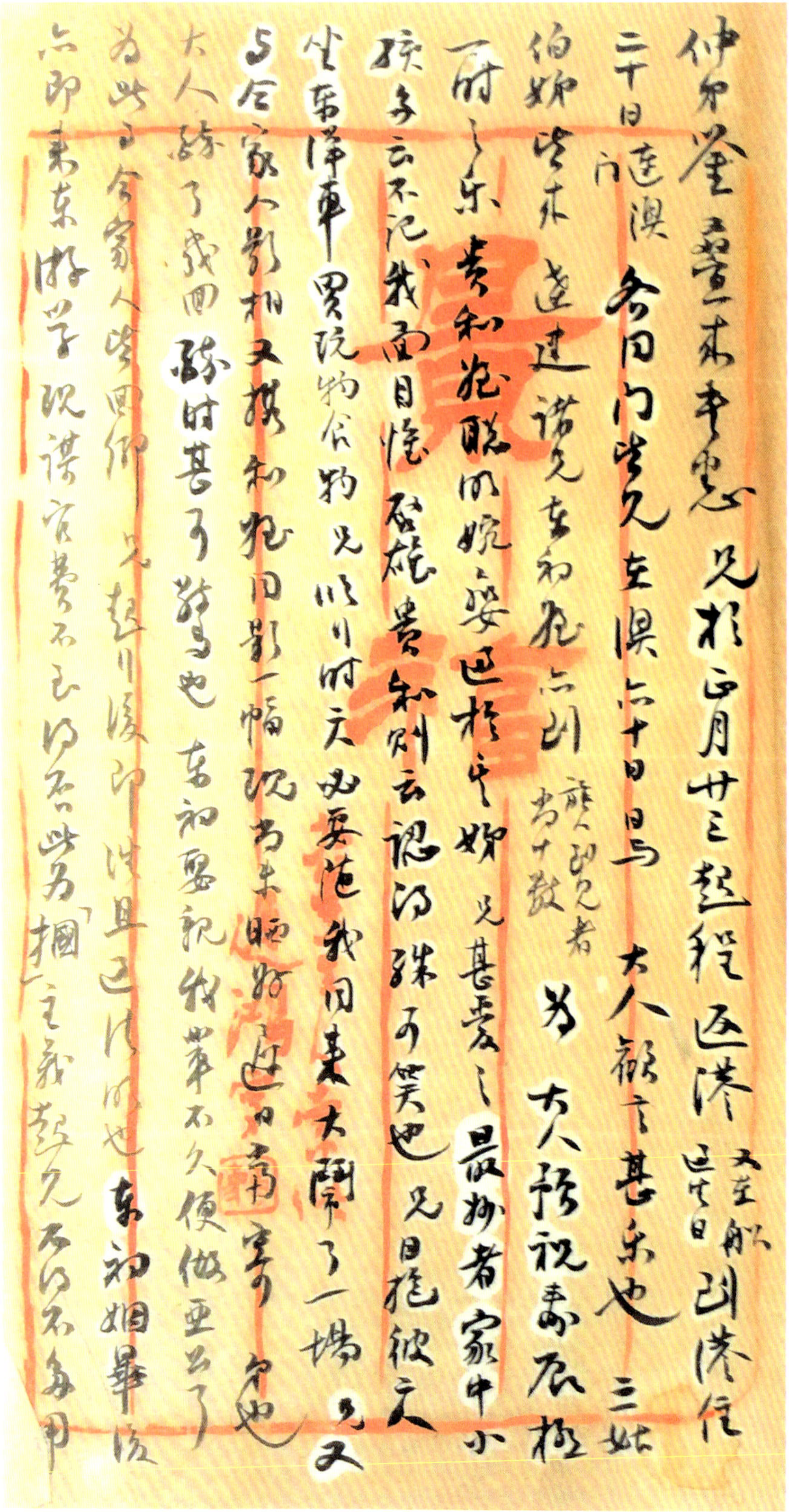

图 9　“景福”笺（1904 年）

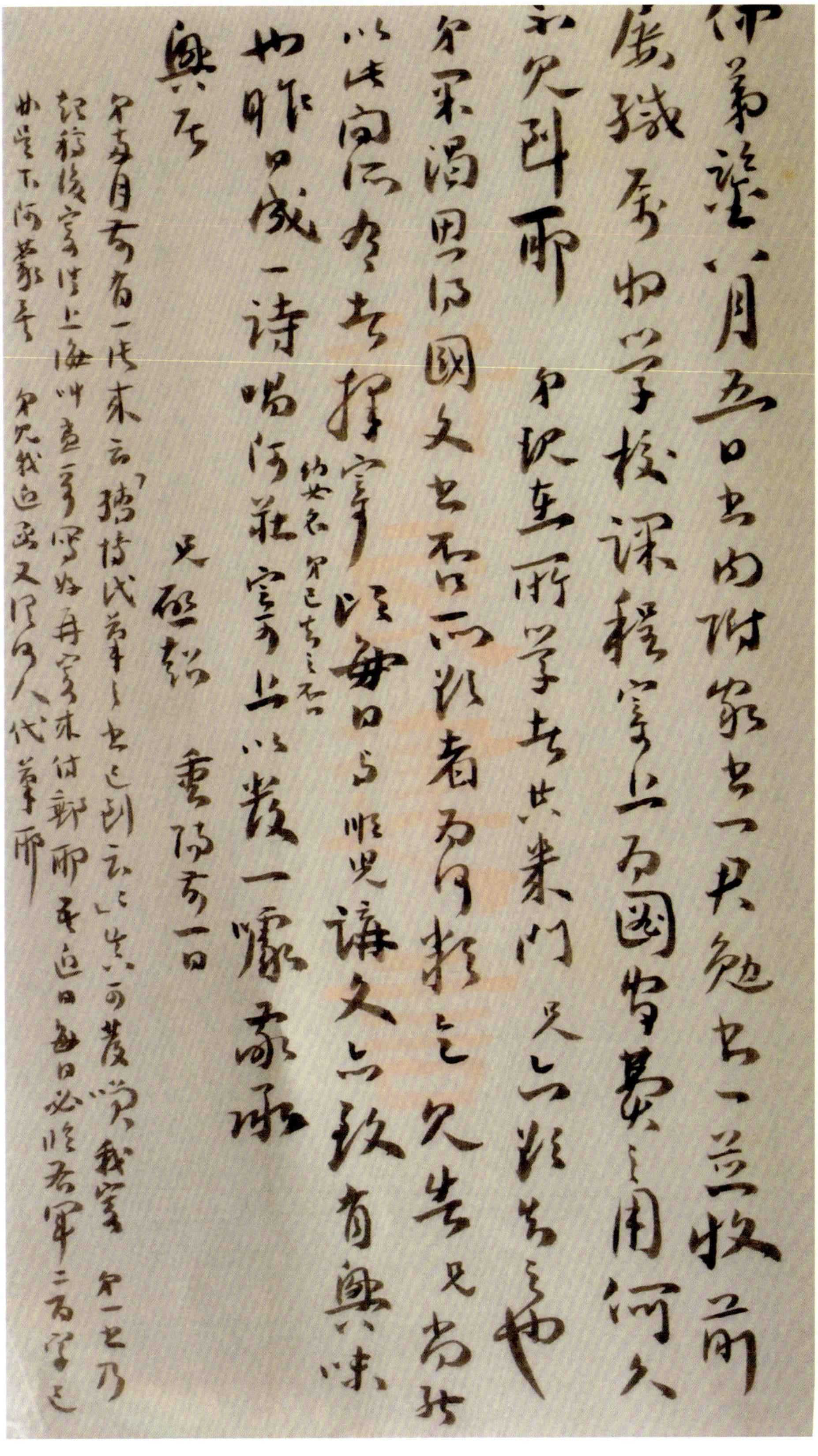

图 10 “新民建言”笺（1909 年）

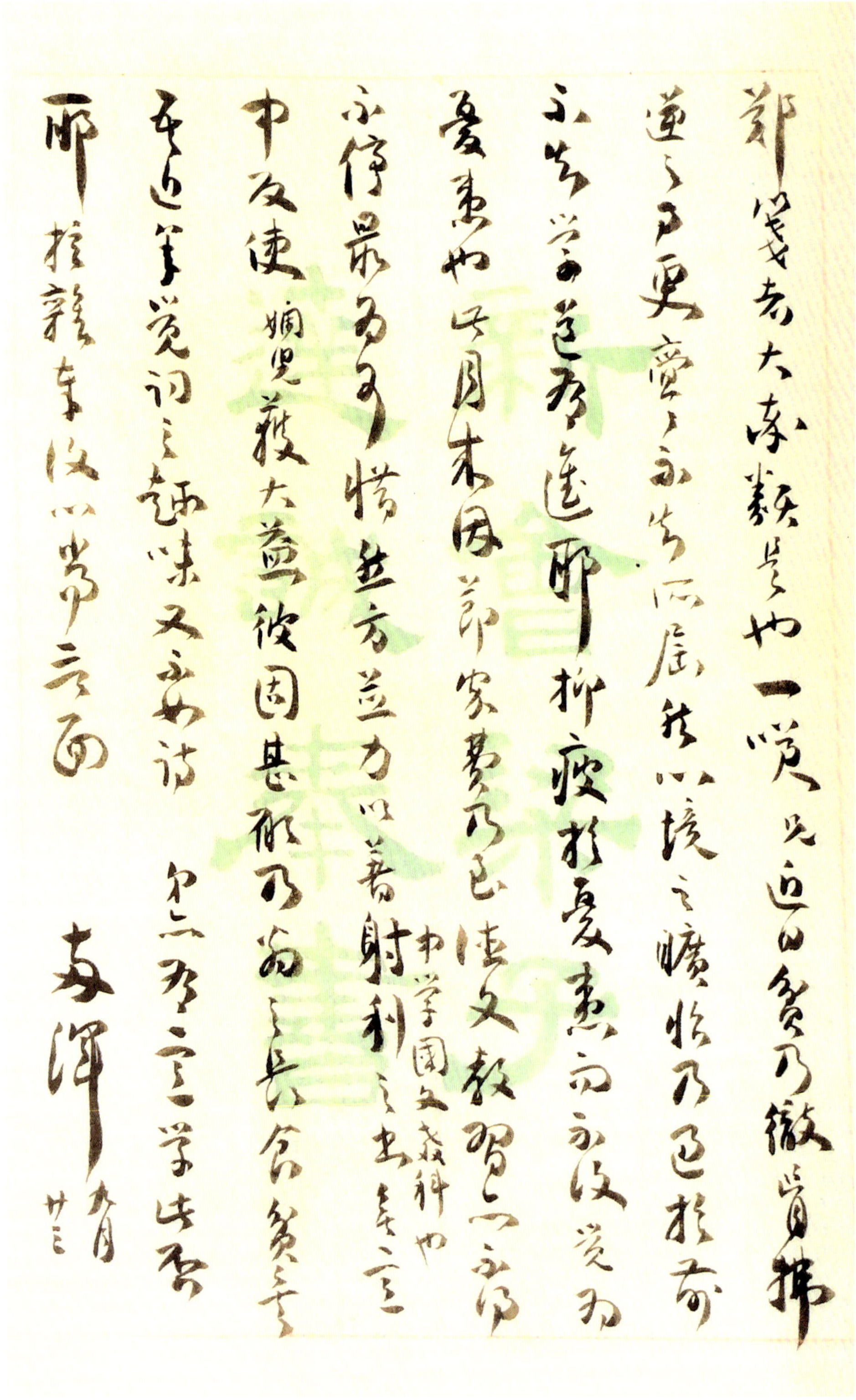

图 11　“新会梁子达诚奉书”笺（1909 年）

（5）“路修文俭，所陈不既”笺（图 12，沧江集《孔宙碑》，“沧江”为梁启超的笔名，见 1910 年四月二十日《梁启超致梁启勋书》）。

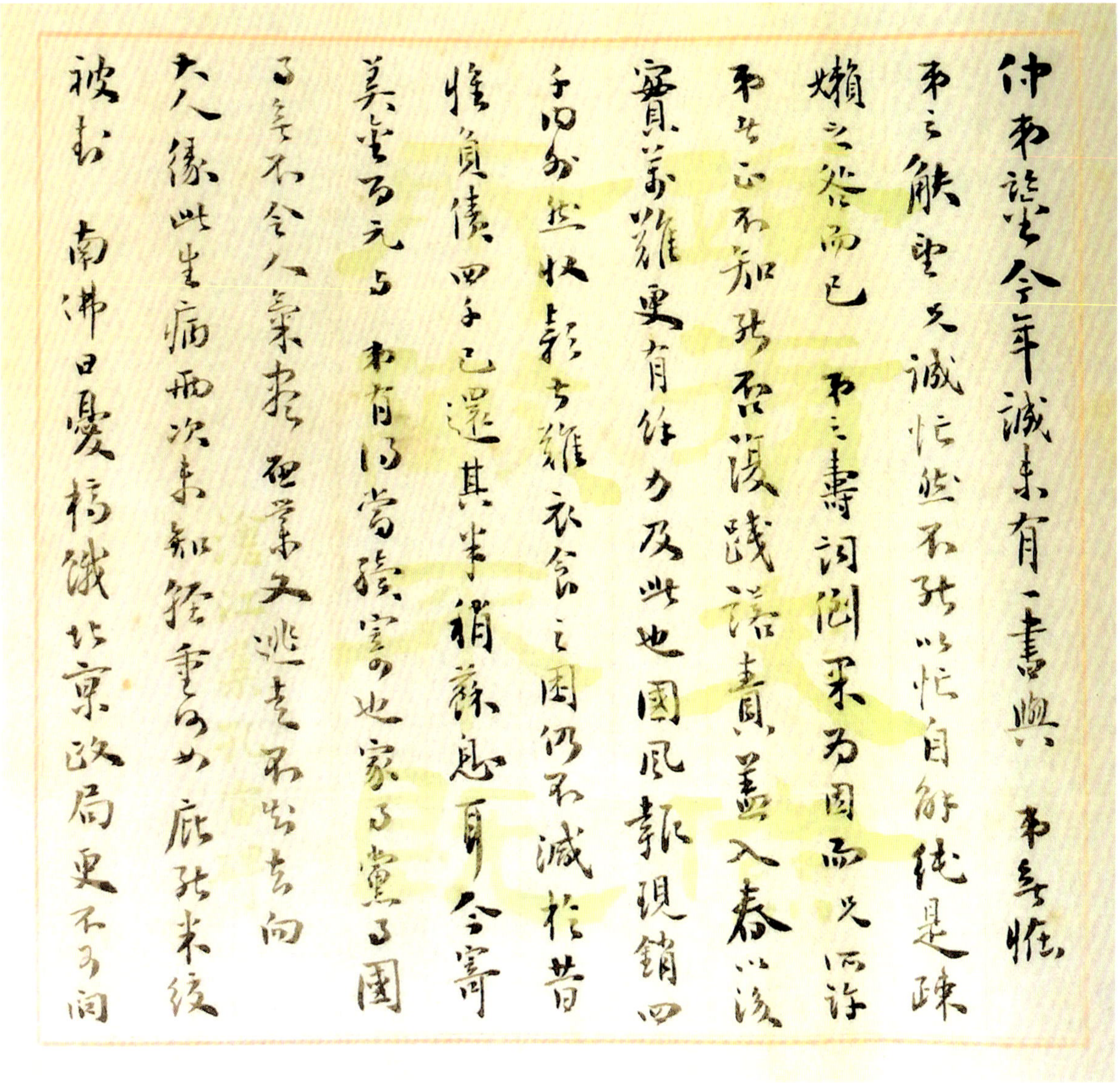

图 12　“路修文俭，所陈不既”笺（1910 年）

（6）“别来思君，惟日为岁”笺（饮冰集《张公方碑》，《张公方碑》即《张迁碑》，见 1912 年 10 月 11 日《梁启超致梁思顺书》）。

（7）“君其爱体素”笺（饮冰集《张迁碑》字写陶句自制笺，见 1913 年《梁启超致江庸书札》及 1914 年前《梁启超致梁启勋书》）。

（8）“辞达”笺（图 13，饮冰集《谯敏碑》，见 1913 年 3 月 16 日《梁启超致梁思顺书》）。

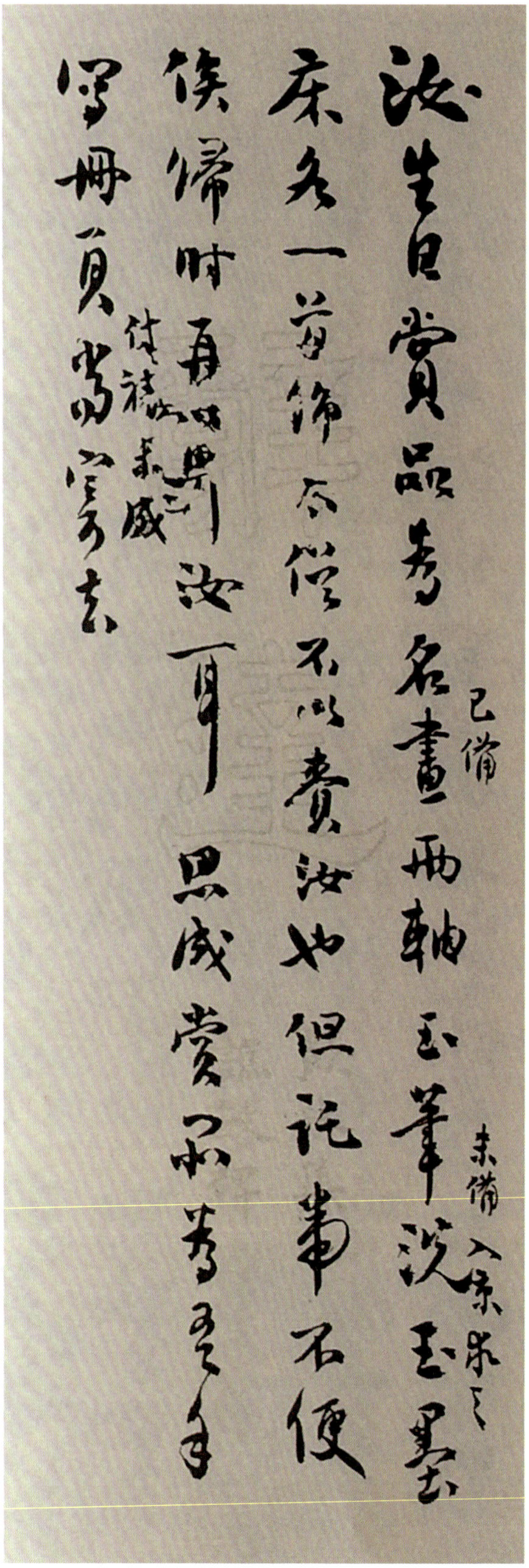

图 13 “辞达”笺（1913 年）

（9）“任公封事”笺（集《张伯敦碑》，见 1913 年 7 月 26 日《梁启超致梁思顺书》）。

（10）“远道相思，所白不既。惟万万为国善摄”笺（图 14，饮冰集《张公方碑》，见 1915 年 8 月 19 日《梁启超致梁思顺书》）。

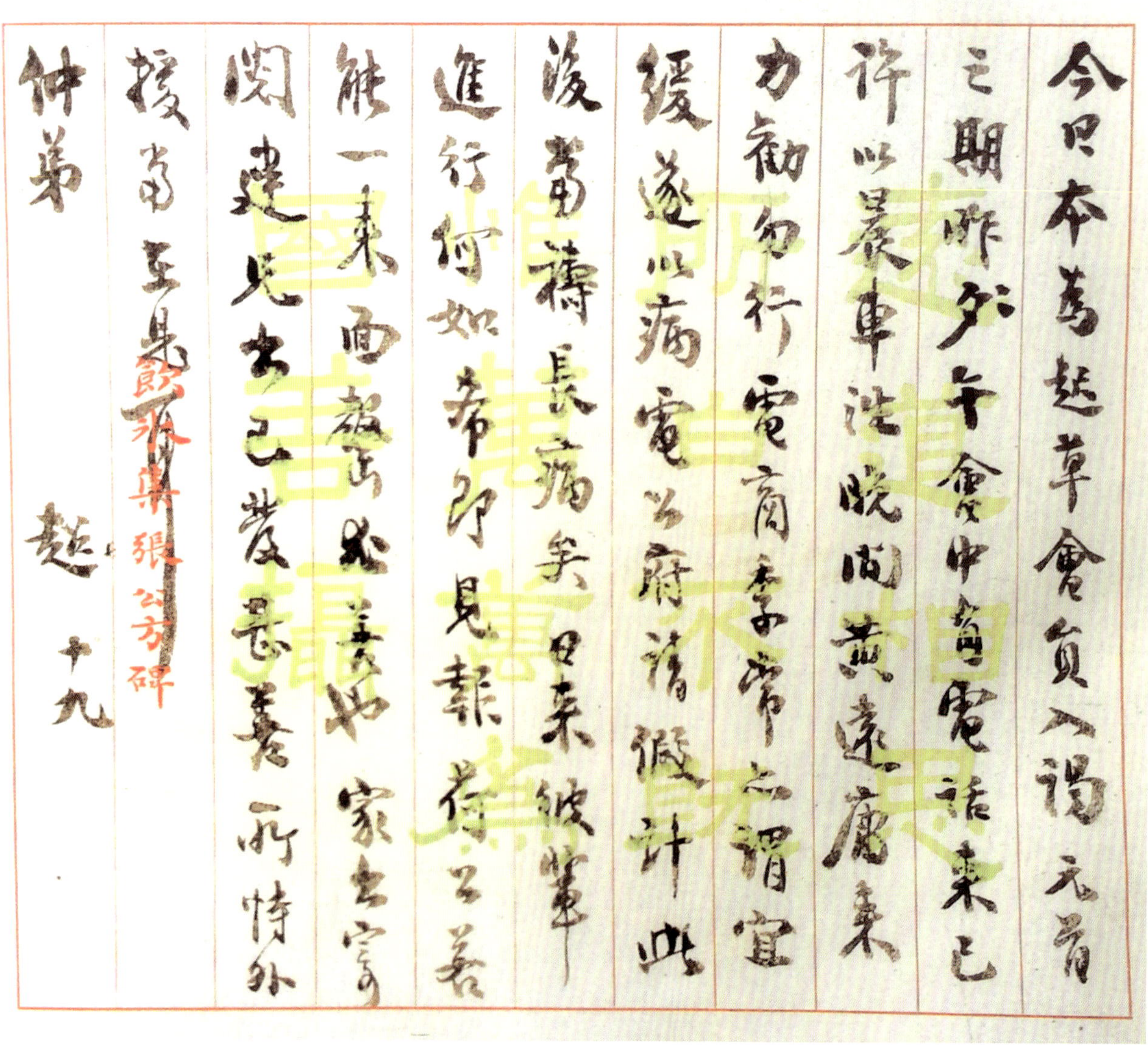

图 14　“远道相思，所白不既。惟万万为国善摄”笺（1915 年）

（11）“清华”笺（图 15，见 1926 年 5 月 6 日《梁启超致梁思顺书》）。

（12）“大布黄千范”笺（图 16，见 1926 年十一月二十三日《梁启超致梁启勋书》）。

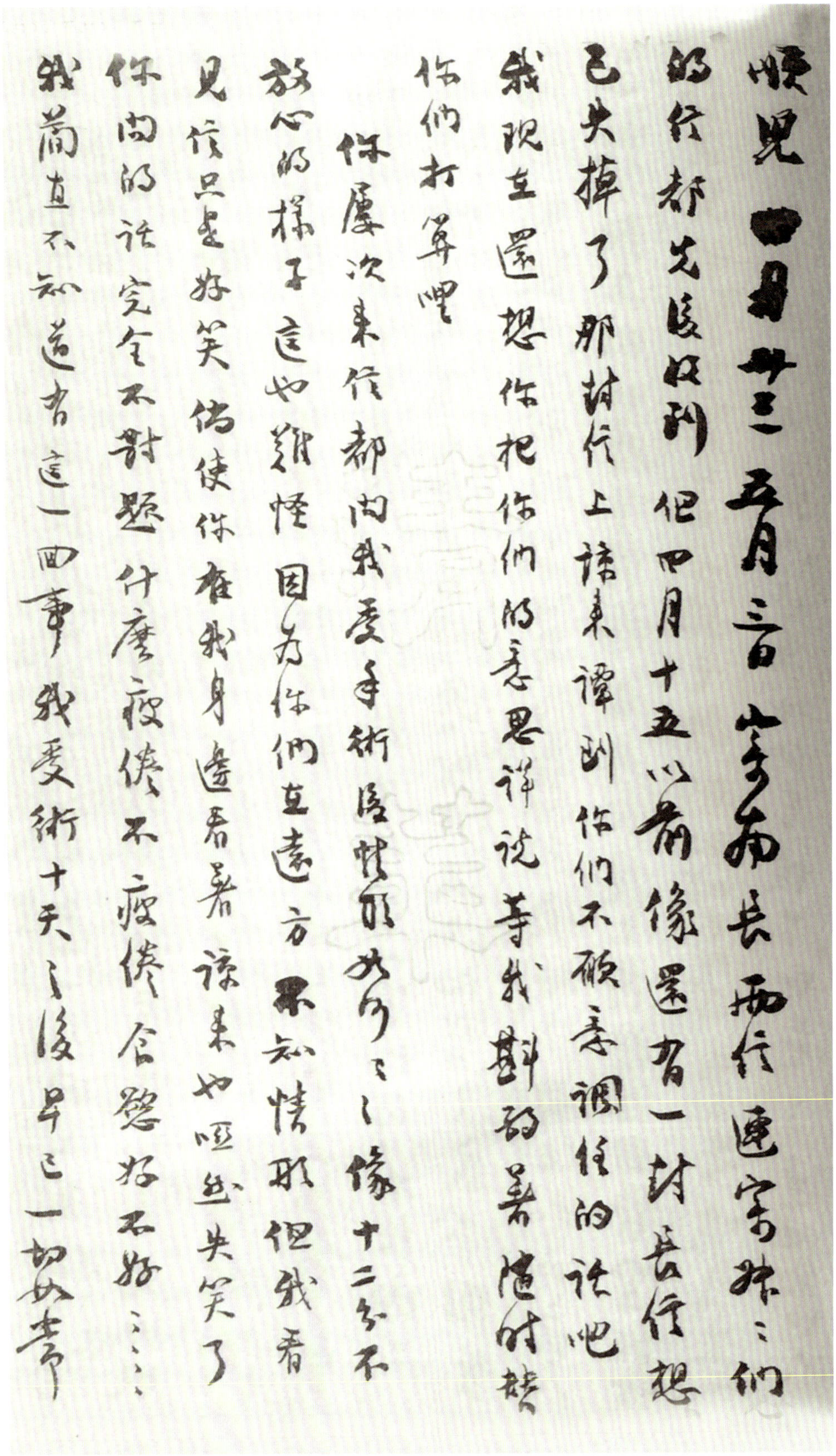
順兒：四月廿三、五月二日寄兩長函信，連寄妹妹們的信都先後收到，但四月十五以前像還有一封長信，想已失掉了，那封信上講來譚到你們不願意調任的話吧。我現在還想你把你們的意思詳說，等我斟酌著隨時替你們打算哩。

你屢次來信都問我受手術後情形如何如何，像十二分不放心的樣子，這也難怪，因為你們在遠方不知情形，但我看見信只是好笑，倘使你在我身邊看著，諒來也啞然失笑了。你問的話完全不對題，什麼疲倦不疲倦，食慾好不好……我簡直不知道有這一回事，我受術十天之後早已一切如常

图 15　“清华” 笺（1926 年）

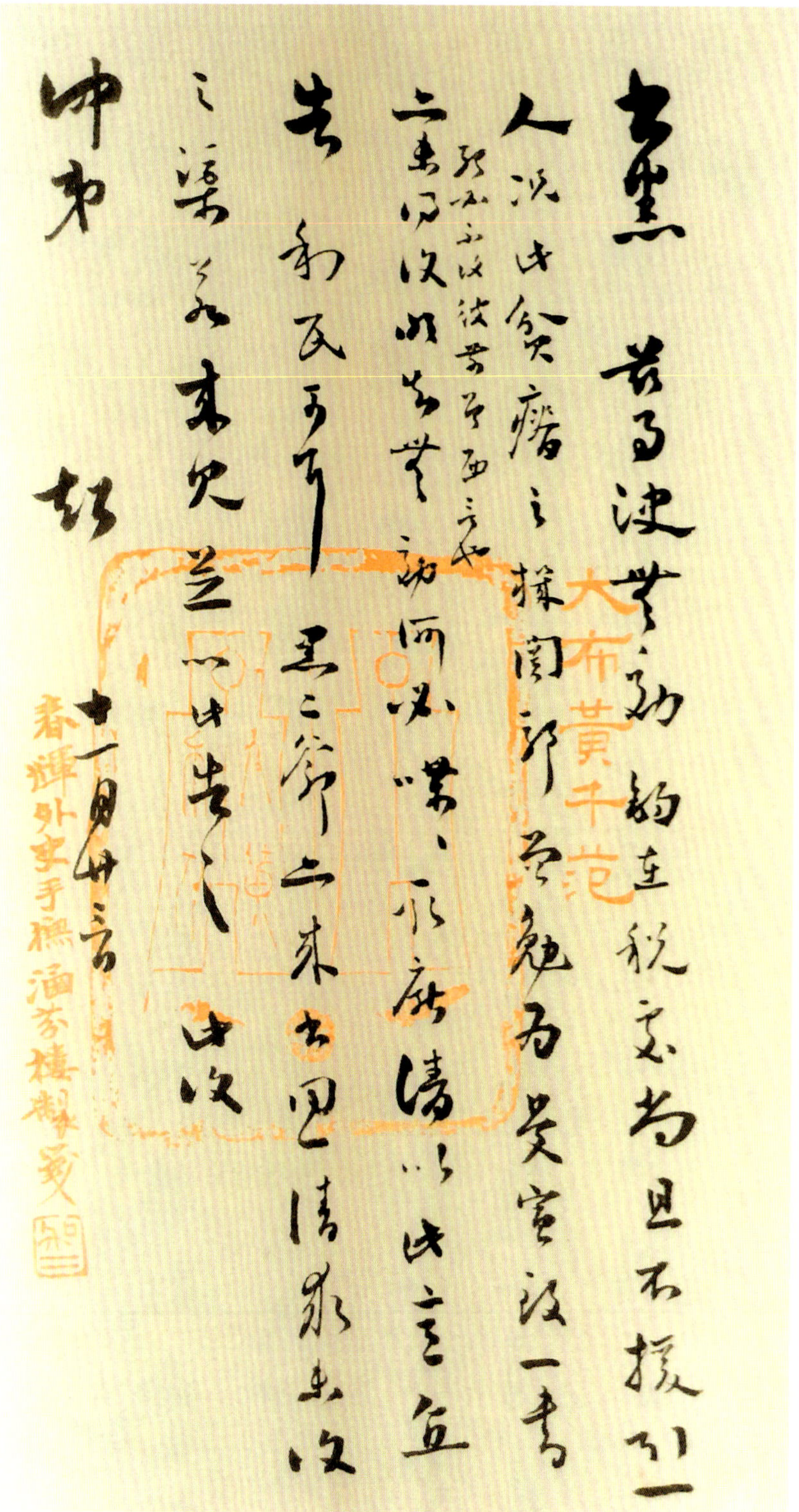

图 16　“大布黄千范”笺（1926 年）

品鉴梁启超用笺，至少可看出：他除少量直接利用现成的笺纸外，更喜欢集《张迁碑》《孔宙碑》《谯敏碑》《张伯敦碑》等多种碑刻隶书用以自制笺纸。这可以与本书所述其临摹隶书碑刻的情况得到互证。夏晓虹教授在《梁启超的书艺与彩笺：从梁启勋藏札谈起》一文中对此有较详细的论述。我们在品读《梁启超未刊书信手迹》（上下册）、《南长街54号梁氏档案》（上下册）[①]、《梁启超致江庸书札》[②] 所收梁启超书信时，无不为其精美的书法、精致的笺纸及动人的内容所折服。字里行间，书卷之气四溢。毫无疑问，这种个性化的隶书彩笺的自制及使用也反映出主人崇古尚雅的追求。在这里，碑刻隶书成了彩笺设计中的一个重要元素。今天透过这一窗口，我们依然能见到主人的心迹。

四、隶书碑帖临摹与创作

从梁启超存世的书法作品、碑帖题跋及有关书论著作的记载可知，他一生潜心临习的碑帖不下30种，其中对隶书如《礼器碑》《张迁碑》《张表碑》《孔庙碑》《孔宙碑》《孔谦碑》《张寿碑》《西狭颂》《西岳华山庙碑》《武荣碑》《景君碑》《魏孔羡碑》《范式碑》等多有涉猎。其题自临《张迁碑》曰："然其书势，雄深浑穆，如有魔力，强吾侪终身钻仰，独奈之何！生平临摹垂百过，卒不能工。"[③]"临摹垂百过"的《张迁碑》是梁启超的心仪。清刘熙载《书概》曰"汉碑气厚"，显然梁启超为《张迁碑》的"雄深浑穆"之气所吸引，从当年《双涛阁日记》中所记的"日课"到晚年的自临题跋，以及集《张迁碑》字的对联创作《赠曼仁弟联》《赠公武弟联》（图17）可见，作者时有会心处。其题《西狭颂》也说："雄迈而静穆，汉隶正则也。"这是梁启超对汉隶的深刻认识，而在实践中他也是努力追求隶书的浑朴之美。除《张迁碑》外，在汉隶碑刻中他于《张寿碑》《孔彪碑》《曹全碑》《裴岑纪功碑》《景君碑》都下了大力气。从现藏于国家图书馆的饮冰室旧藏碑帖题跋看，对于《张寿碑》《孔彪碑》，梁启超不仅作跋，还均题有碑帖名（或碑额名），并逐字逐句用小楷附上释文，足见其研习的细致程度。在《曹全碑》的题跋中则记曰："乙丑正月二十六日，余五十三岁初度，与仲策摩挲竟日，辄题其后。"[④] 仅隔两天，他又用工楷补录"曝书亭集旧跋"，洋洋洒洒两三百字，弥足珍贵。类似的长跋还见于《裴岑纪功碑》，考辨篆蜕嬗之流变，记述碑拓递藏之脉络，甚见功力。又："丙辰秋，余在广州，得旧拓汉碑十数种，此最可秘珍也。"[⑤]

---

① 中华书局编辑部，北京匡时国际拍卖有限公司．南长街54号梁氏档案（上下册）[M]．北京：中华书局，2012．
② 梁启超．梁启超致江庸书札[M]．江靖，编注；汤志钧，马铭德，校订．天津：天津古籍出版社，2005．
③ 梁启超．饮冰室文集：第六集[M]．吴松，等点校．昆明：云南教育出版社，2001：3715．
④ 梁启超．梁启超题跋墨迹书法集[M]．冀亚平，等编．北京：荣宝斋出版社，1995：206．
⑤ 梁启超．梁启超题跋墨迹书法集[M]．冀亚平，等编．北京：荣宝斋出版社，1995：197．

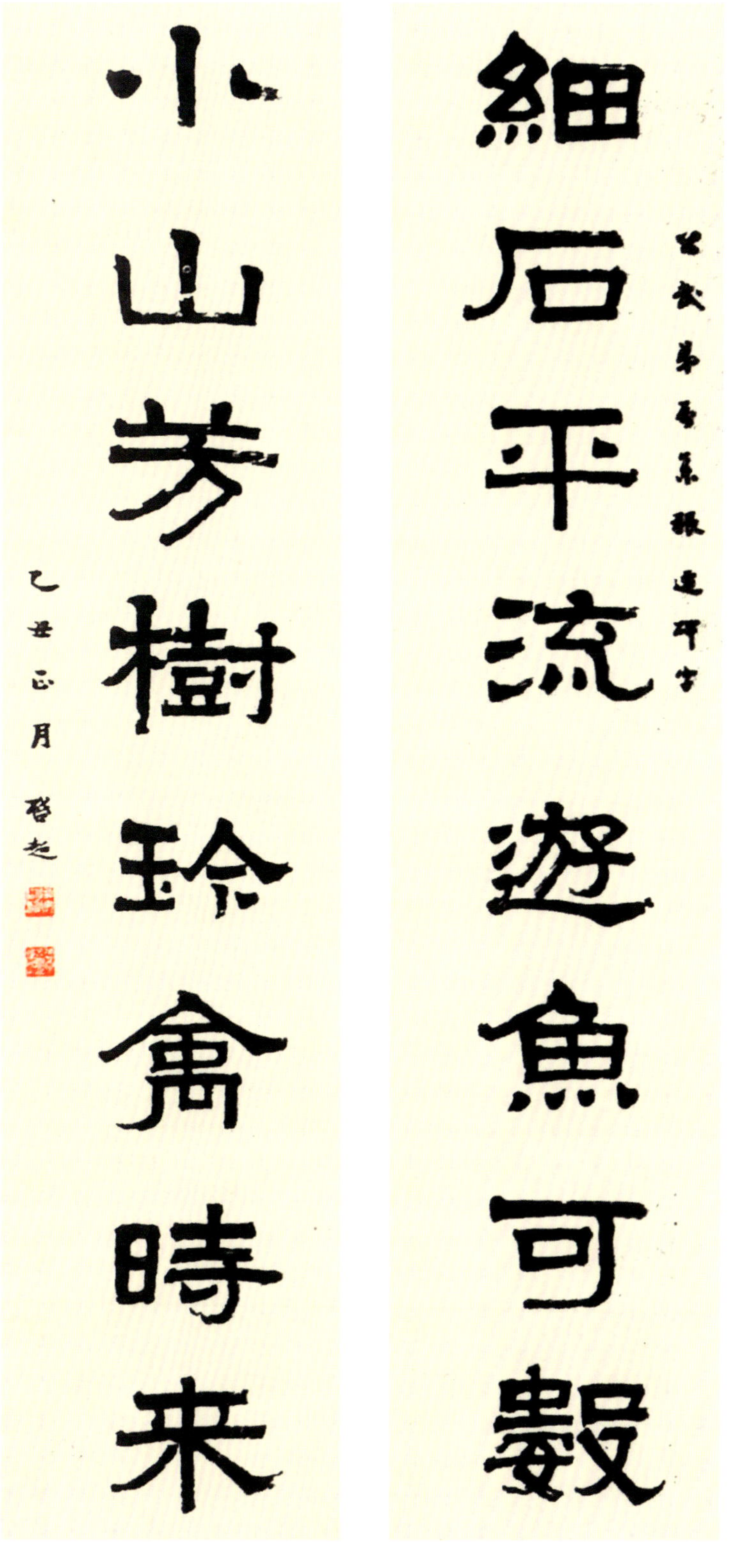

图 17 梁启超《赠公武弟联》（1925 年）

天津图书馆藏有梁启超遗墨数种，其中一册《梁启超墨宝》收有 4 种隶书临本，即汉《景君碑》、汉《礼器碑》、汉《张迁碑》（一通，款曰：“十二年十一月十六日临于北海松坡图书馆”）、魏《范式碑》（3 页，款曰：“丁巳二月初临”）。该册后有闽县陈承修 1930 年 5 月写的题跋：“往年梁新会先生尝为松坡图书馆鬻字，日临汉碑数幅，积成两巨箧，余心欲乞取而未敢启齿。先生不以余为鄙陋，每有所作，多以相示。今观此册临《张迁碑》一通，神味渊永，良可爱玩。先生之文章、政事世有定评，即此游情翰墨亦复丝毫不苟，惜天不假年，不能使先生多所成就。余以俗事羁缠，所得与先生谈艺之日甚短。去年重至津沽，距先生之殁且周岁矣，摩挲遗墨，能不怆然！”①

从 1917 年的《范式碑》到 1923 年的《张迁碑》，以上 4 种隶书碑帖的临摹情况正是这一阶段梁启超潜心学习书法的真实写照。临《范式碑》的沉雄厚重、临《景君碑》的果敢遒劲、临《礼器碑》的精微多变、临《张迁碑》的巧拙相生，无不反映出作者于汉魏碑版隶书心摹手追、擒纵自如的心态和情状，透露出隐藏其后的深厚功力。难怪陈承修在另一则题跋中称道：“篆隶虽不多见，要亦不俗，信乎善书者无所不能也。”② 相比楷书、行书而言，梁启超的篆隶之作确不多见，但“不俗”一语的评价确实中肯。（图 18—图 21）

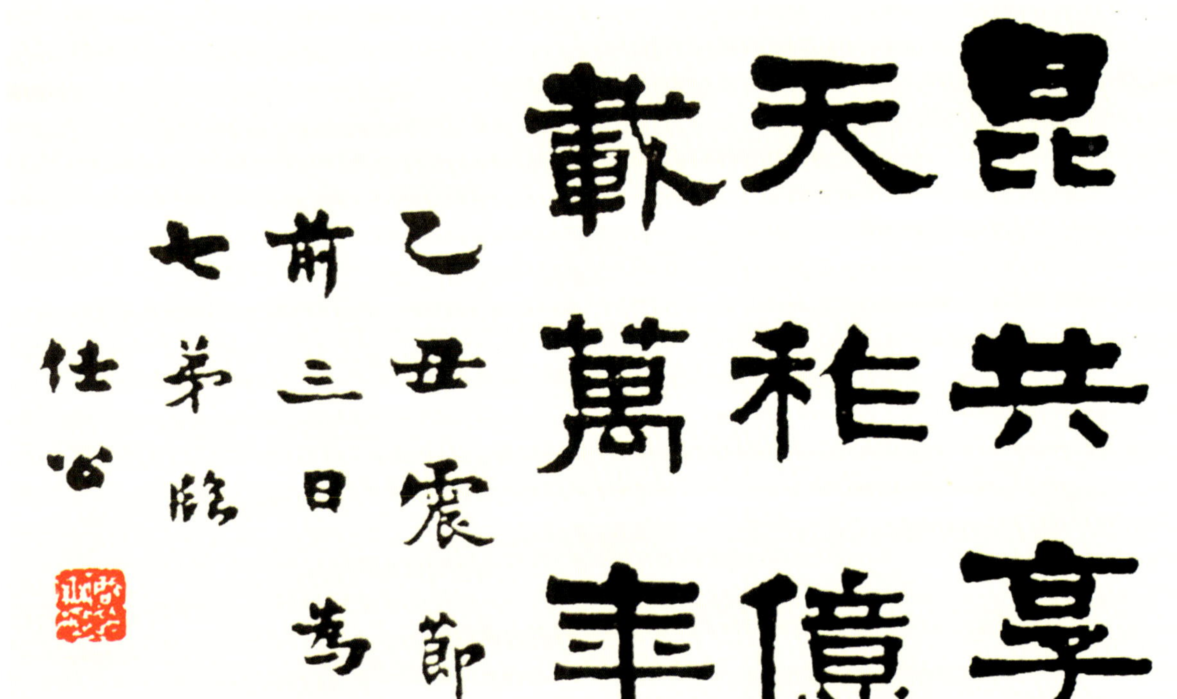

图 18　梁启超为七弟梁启雄节临《张迁碑》（1925 年）

① 李国庆. 天津图书馆所藏梁启超遗墨[M]//郭长久. 梁启超与饮冰室. 天津：天津古籍出版社，2002：154.
② 李国庆. 天津图书馆所藏梁启超遗墨[M]//郭长久. 梁启超与饮冰室. 天津：天津古籍出版社，2002：153.

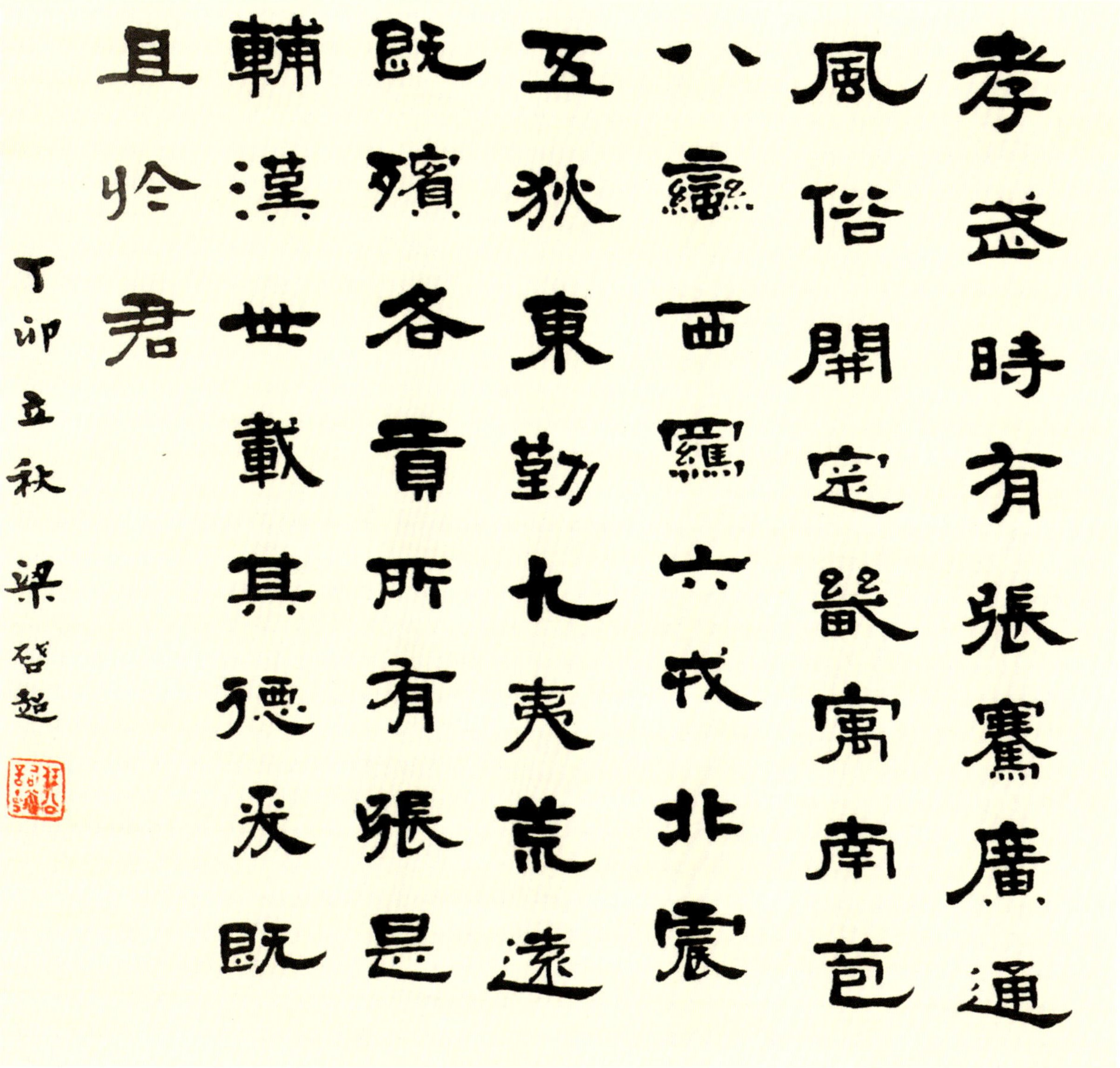

图 19　梁启超节临《张迁碑》（1927 年）

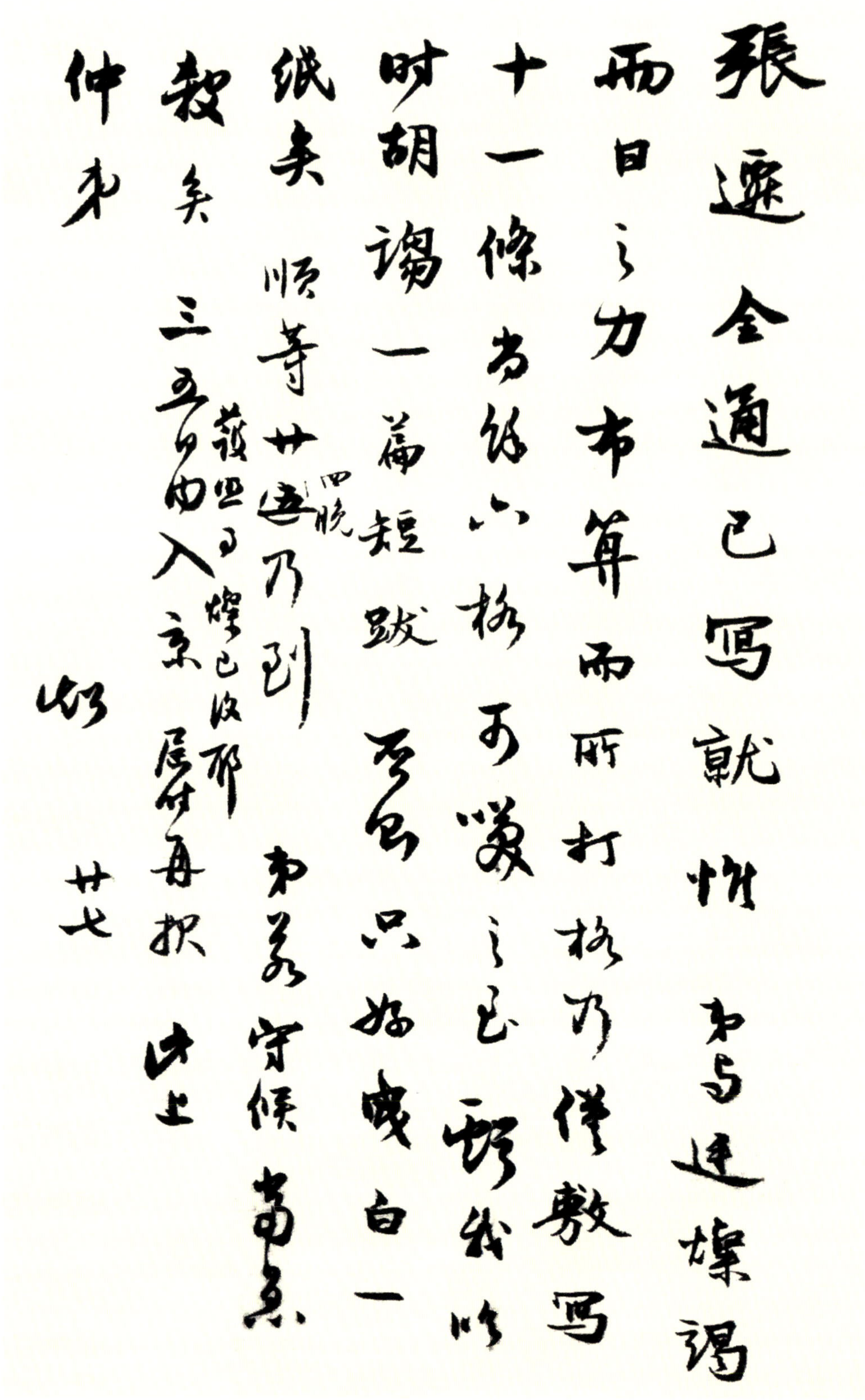

图 20　《致梁启勋书》（1913 年）

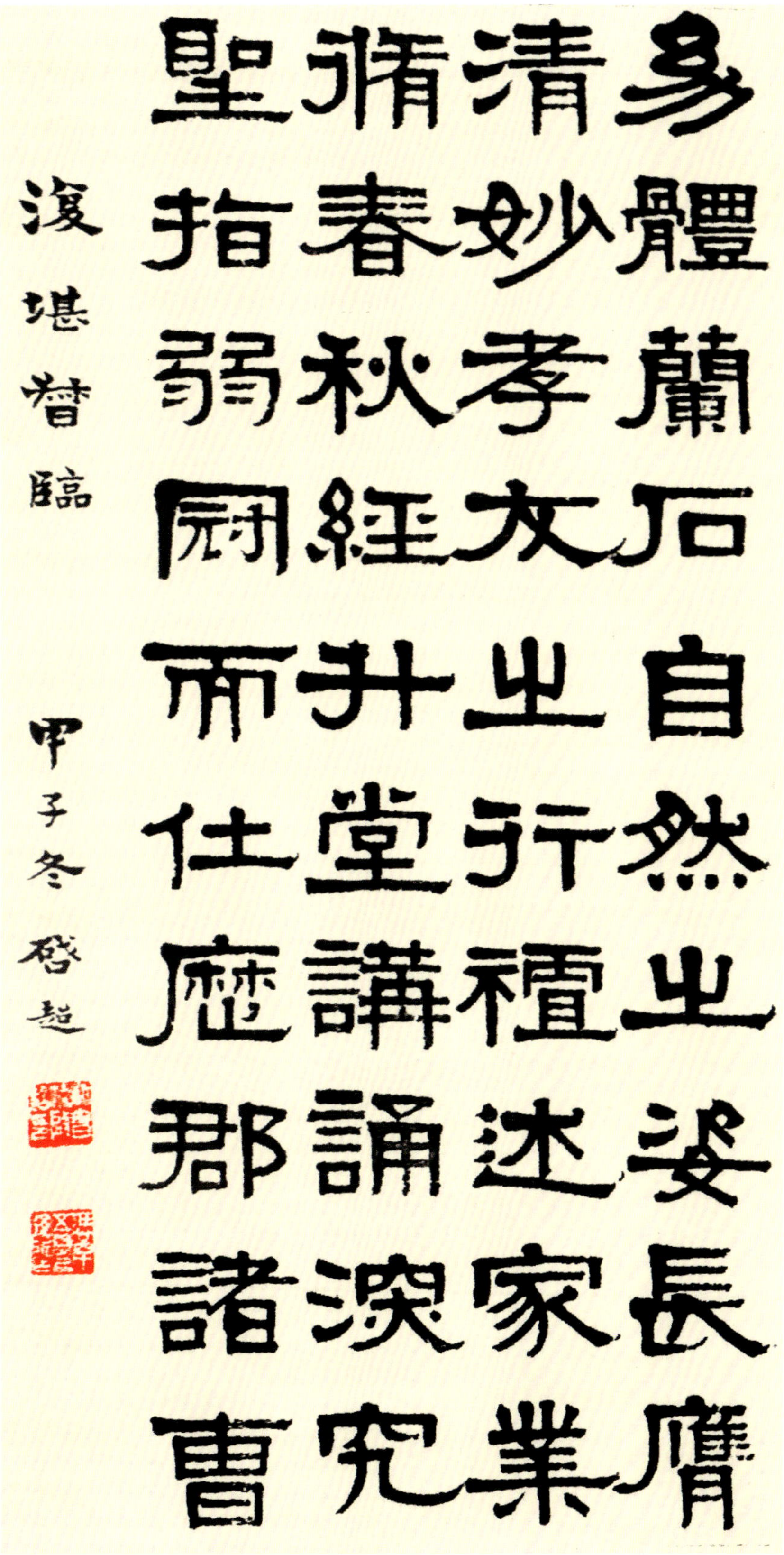

图 21　梁启超节临《孔谦碑》（1924 年）

我们注意到，1925年梁启超在题《何蝯叟临〈张迁碑〉》的跋文中这样写道："吾夙不憙蝯叟楷行，而酷爱其八分，叟盖善以草势作分书也。其生平用力最深者，即《张迁》。晚年所临百通，人间往往流传。余前后所见不下十通，有太恣笔者，则几于怪矣。此为第四十七通，正将半百，飞动中仍不失谨严，校他本最可学也。"① 这里梁启超对前人临作进行了实事求是的评价，反映出其崇尚雄浑严整的审美观和以古为新的创造观。梁启超《临〈武荣碑〉》、《临〈孔宙碑〉》《临〈孔羡碑〉》《临〈孔谦碑〉》等不同时期的临摹作品也印证了这一点。《孔谦碑》虽漫漶严重，然深得康有为好评，赞曰："丰茂则有《东海庙》、《孔谦》、《校官》。"② 观梁启超为好友罗复堪临写的《孔谦碑》，体势雍容，结字开张，用笔沉着，气息高古。虽临《孔谦碑》，却有《西狭颂》《张迁碑》之凝整气象，抑或还有清代伊秉绶的影子。记得梁启超跋《伊墨卿临汉碑立轴》道："墨卿先生分书，品在完白山人上，有清一代弁冕也。此纸自课之作，神韵犹绝。"③ 1926年，梁启超在谈到书法的"模仿与创造"时也强调："一切事情，不可看轻模仿；写字这种艺术，更应当从模仿入手。""模仿有两条路：一、专学一家，要学得像。""二、学许多家，兼包并蓄。""我个人的主张，宁肯学许多家，不肯专学一家；走第二条路，以模仿做为过渡，再到创作，此为上法。"④ 由此我们再来考察梁启超的几件题署和题跋作品，显然，从较早时候的《饮冰室自由书》《德育鉴》到晚年的《颜勤礼碑》题端、《石墙村刻石》跋、《永寿元年残石》跋，梁启超隶书的个人风格已趋鲜明："丰容而有骨，遒健而流媚"。随着时间的推移，其书法的影响力越益增大。就连他自己也颇为得意，他在1924年三月十四日《致梁启勋书》中道："近来拼命写隶书，成绩盈簏。弟若不要，被人劫尽矣（阿时、思和已拐得不少，廷灿更不用说）。"⑤ 是年年底，他在《致梁启勋书》中称："篆隶各一小幅寄上，近颇感非用力于篆，则隶不能工。三日来日必课篆矣……字不患抢尽，日有新制，数日便复盈簏矣。孩子们不惟不出润笔，反要替他们代裱，一月来裱工已去十余金，可笑之至。"⑥ 晚年的梁启超就在这浓浓的学术氛围和融融的天伦之乐中享受着艺术与生活带来的无限乐趣。（图22、图23）

身处风云变幻的近代中国，梁启超游情翰墨，醉心汉魏碑刻，"靠临帖来镇定自己"⑦，常"伏案习魏晋六朝人书，以寄托其郁悒不平之气"⑧。无疑，书法已成为梁启超精神生活的重要部分。

---

① 梁启超．饮冰室文集：第六集[M]．吴松，等点校．昆明：云南教育出版社，2001：3715.
② 康有为．广艺舟双楫注[M]．崔尔平，校注．上海：上海书画出版社，2006：83.
③ 梁启超．饮冰室文集：第六集[M]．吴松，等点校．昆明：云南教育出版社，2001：3718.
④ 语见1926年秋梁启超为清华学校教职员书法研究会所作《书法指导》讲演。清华周刊，1926（9）：709-725.
⑤ 梁启勋，吴其昌．我的兄长梁启超[M]．合肥：黄山书社，2019：253.
⑥ 梁启勋，吴其昌．我的兄长梁启超[M]．合肥：黄山书社，2019：255-256.
⑦ 见1927年3月30日梁启超《给孩子们书》。梁启超．梁启雪家书校注本[M]．胡跃生，校注．桂林：漓江出版社，2017：755.
⑧ 周传儒：史学大师梁启超与王国维[J]．社会科学战线，1981（1）：173-179.

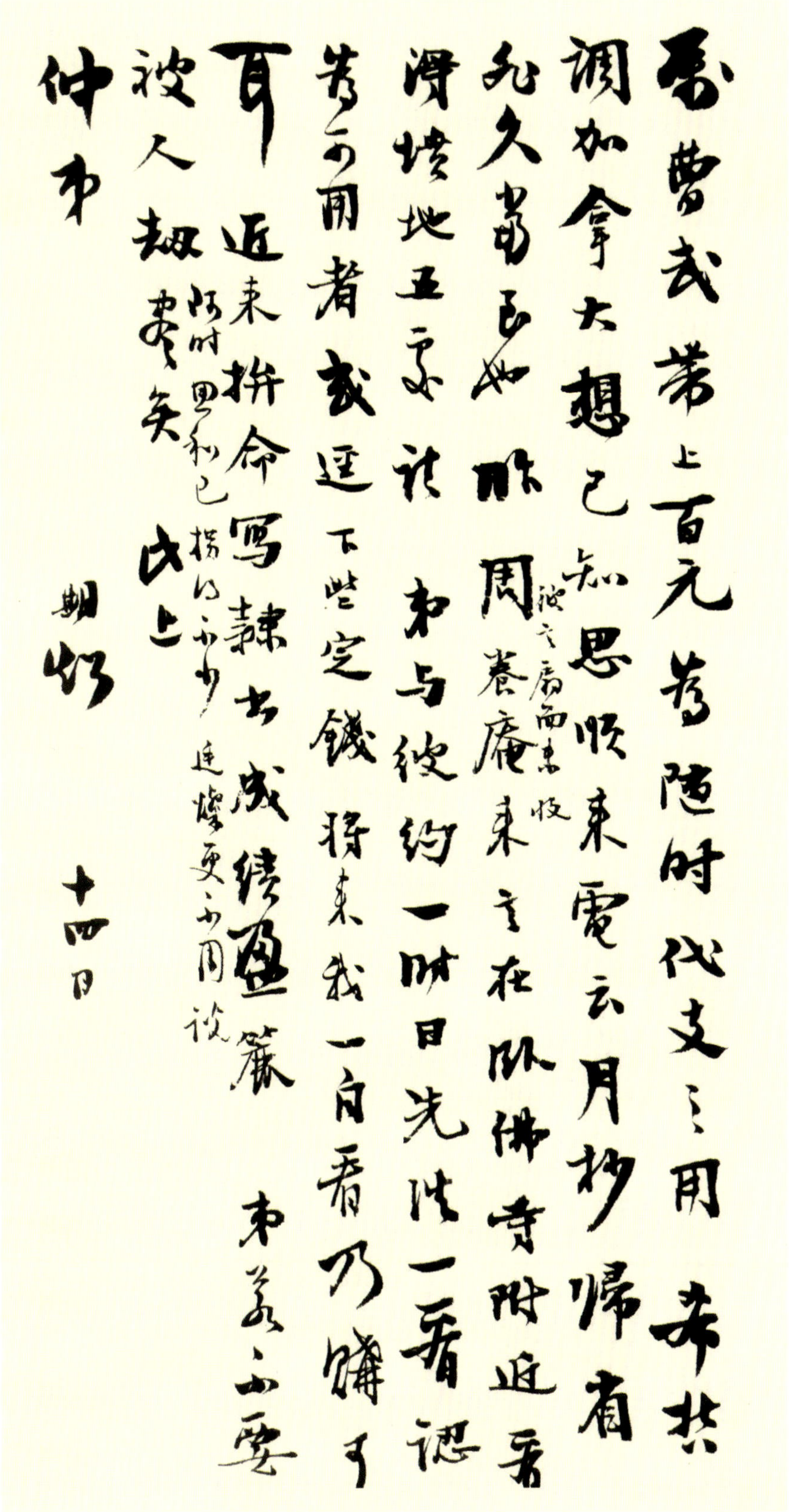

图 22 《致梁启勋书》（1924 年）

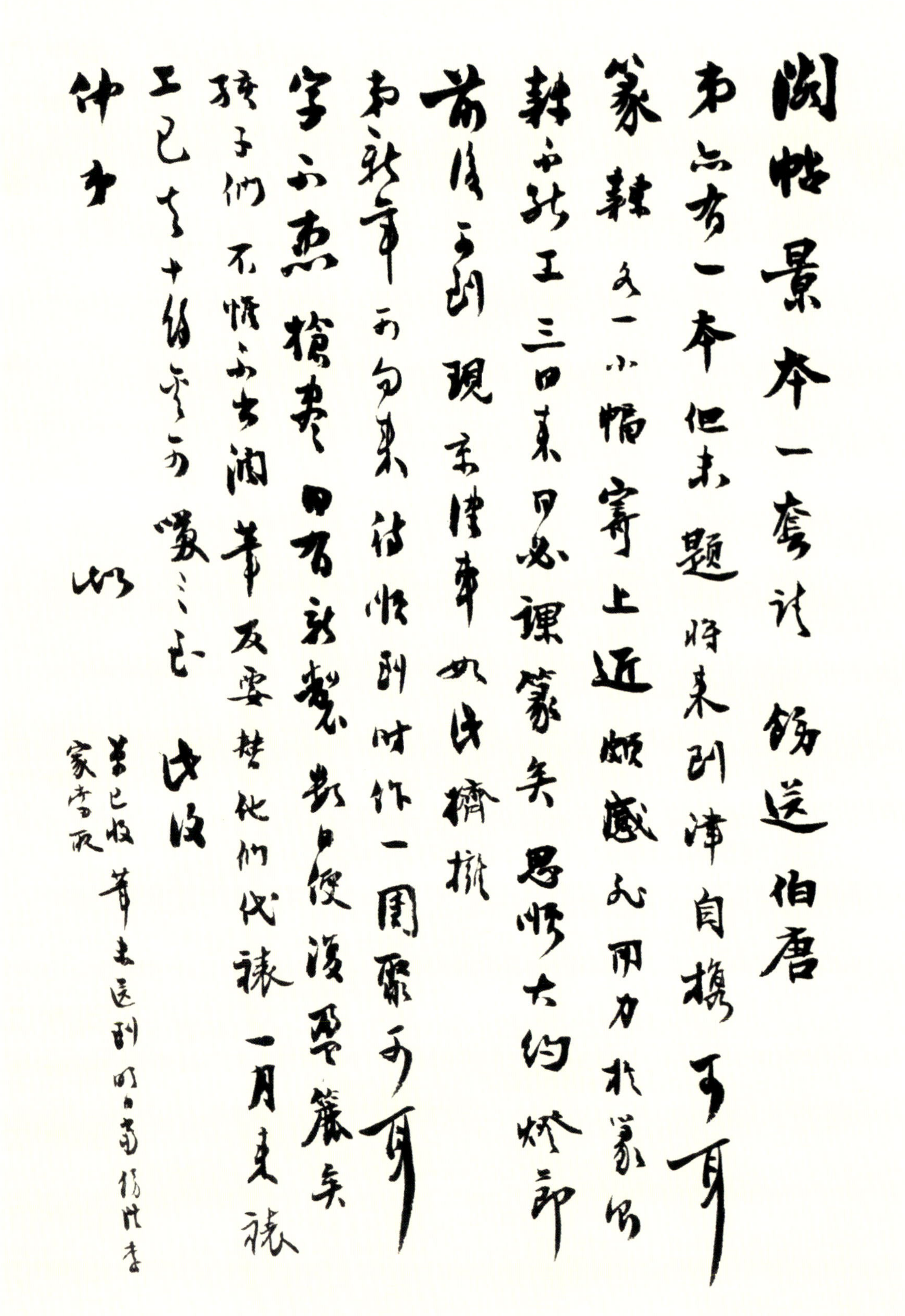

图 23　《致梁启勋书》（1924 年）

下编　梁启超翰墨撷英

一、临古

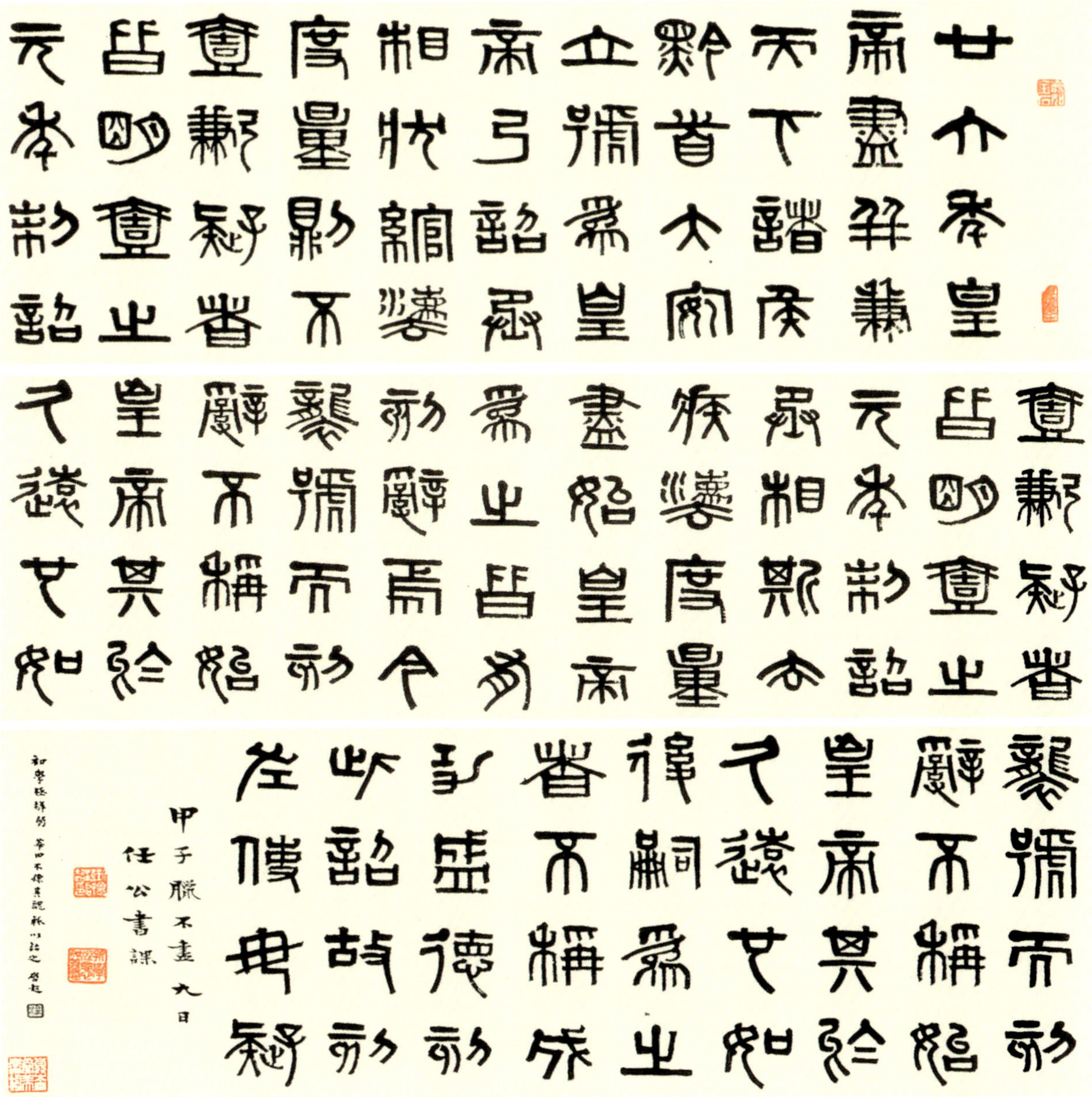

临《秦诏版》（29cm×188cm）（1925 年）

君諱遷字公方陳留己吾人也君之先出自有周周宣王中興有張仲以孝友為行披覽詩雅煥知其張是以鶴舉昆陽君是其苗冑其先張仲周宣王中興有張良善詩書留侯吾人也君之

仲以孝友為行披覽詩雅煥焉知其張

祖高帝龍興有張良善詩書留侯嘆曰吾

君諱遷字公方陳留己吾人也君之先出自有周周宣王中興有張

臨《張遷碑》（1925年）

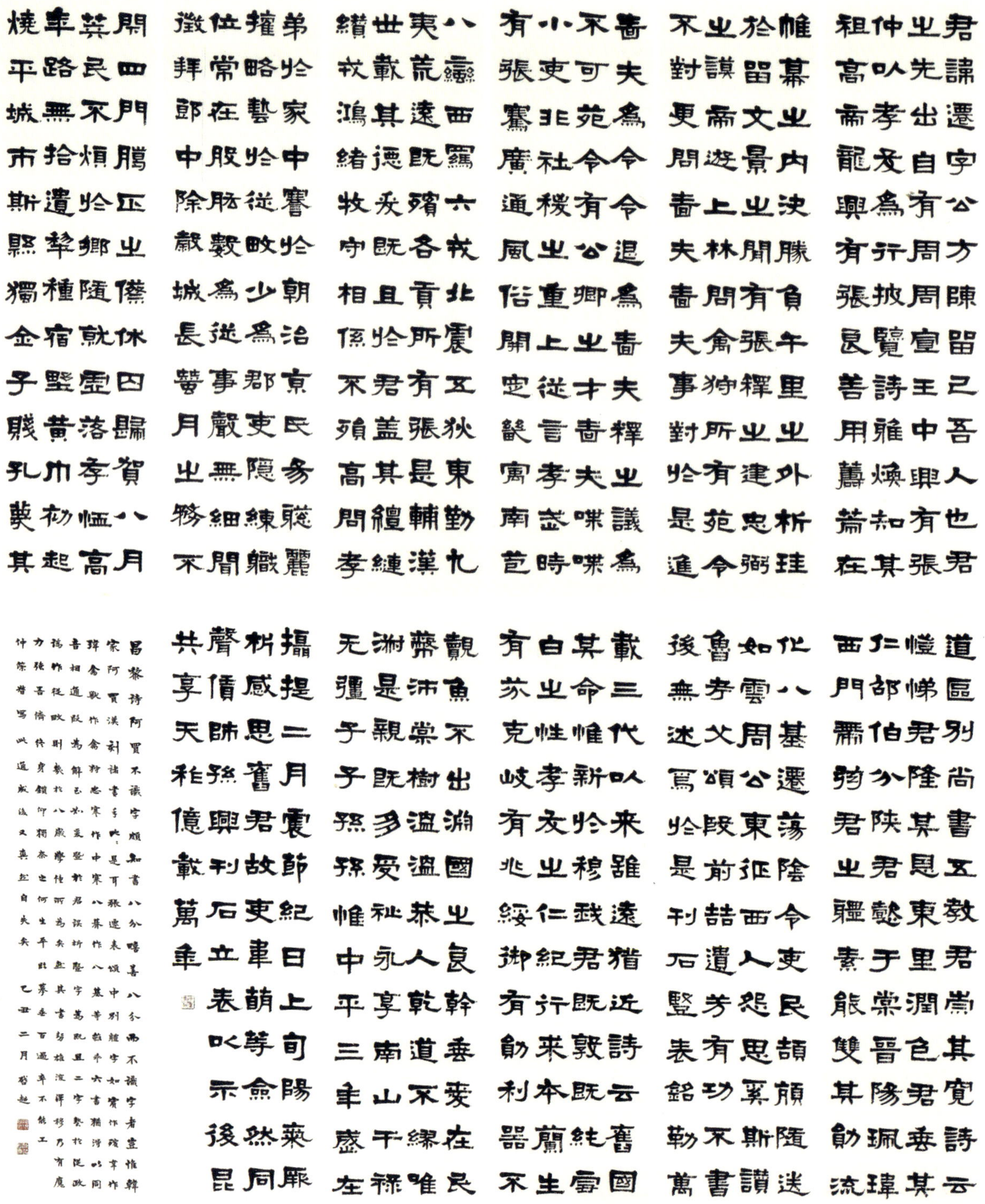

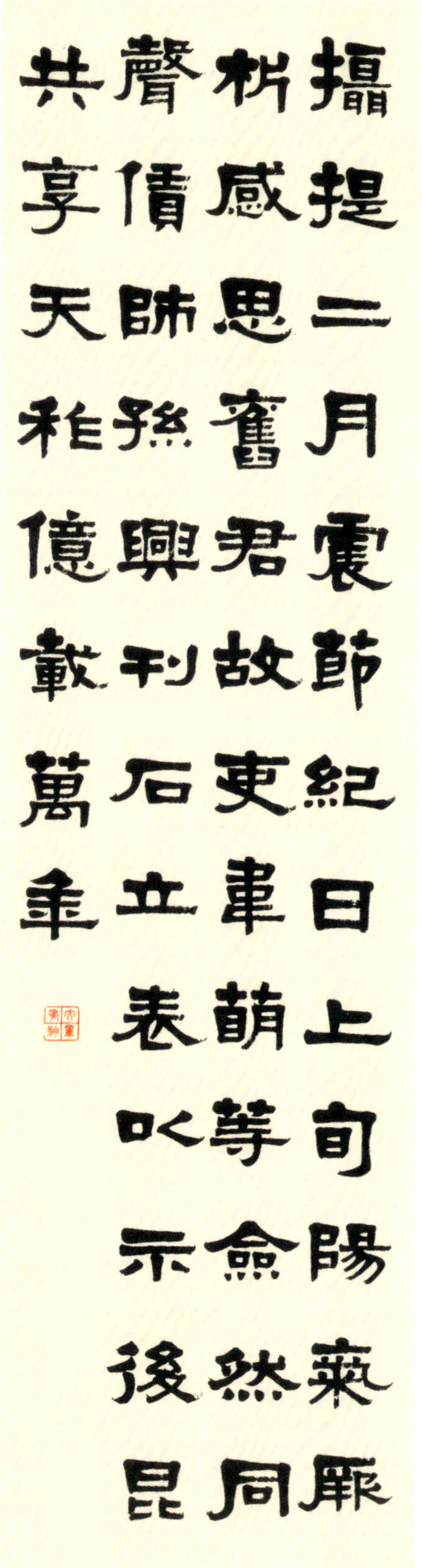
攝提二月震節紀日上旬陽氣厥
析感思舊君故吏韋萌等僉然同
聲賃師孫興刊石立表以示後昆
共享天祚億載萬年

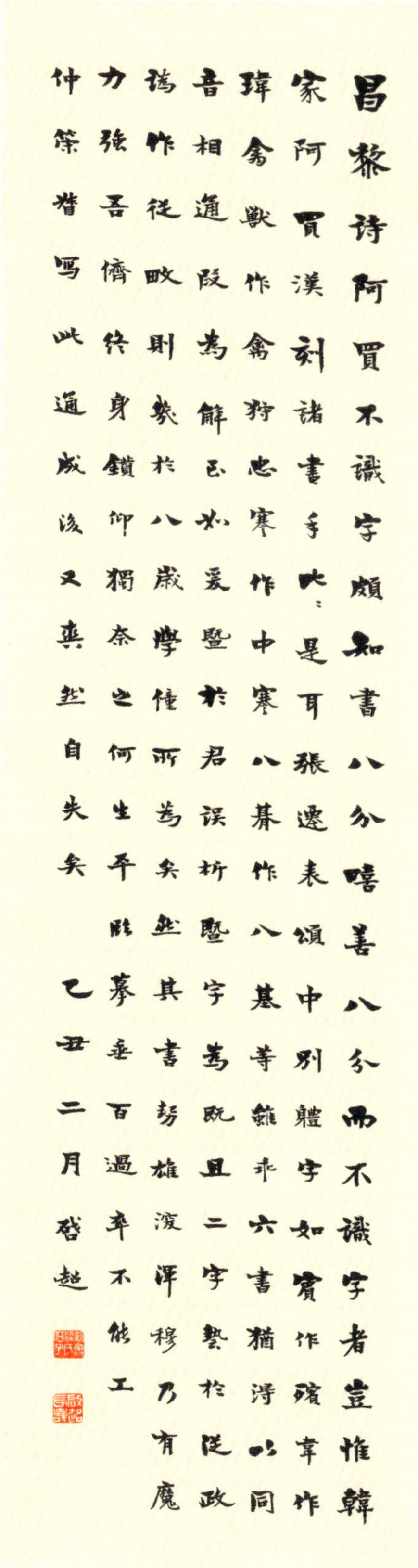
昌黎詩阿買不識字頗知書八分嗜善八分而不識字者豈惟韓
家阿買漢刻諸書手大大是耳張遷表頌中別體字如賓作殯韋作
瑋禽獸作禽狩忠寒作中寒八暮作八基等雖亦六書猶浮以同
音相通段為解已如爰暨於君誤析暨字為既且二字埶於從政
譌作從畋則獘於八歲學僅所為矣然其書勢雄渾穆乃有魔
力強吾儕終身鑽仰獨奈之何生平臨摹垂百過卒不能工
仲策昝寫此通歲後又冀然自失矣
乙丑二月啓超

临《张迁碑》（局部）

君諱遷字公方陳留己吾人也君
之先出自有周周宣王中興有張
仲以孝友為行披覽詩雅煥知其
祖高帝龍興有張良善用籌策在
帷幕之內決勝負千里之外析珪
於留文景之閒有張釋之建忠弼
之謨帝游上林問禽狩所有苑令
不對更問嗇夫嗇夫事對於是進

临《张迁碑》（局部）

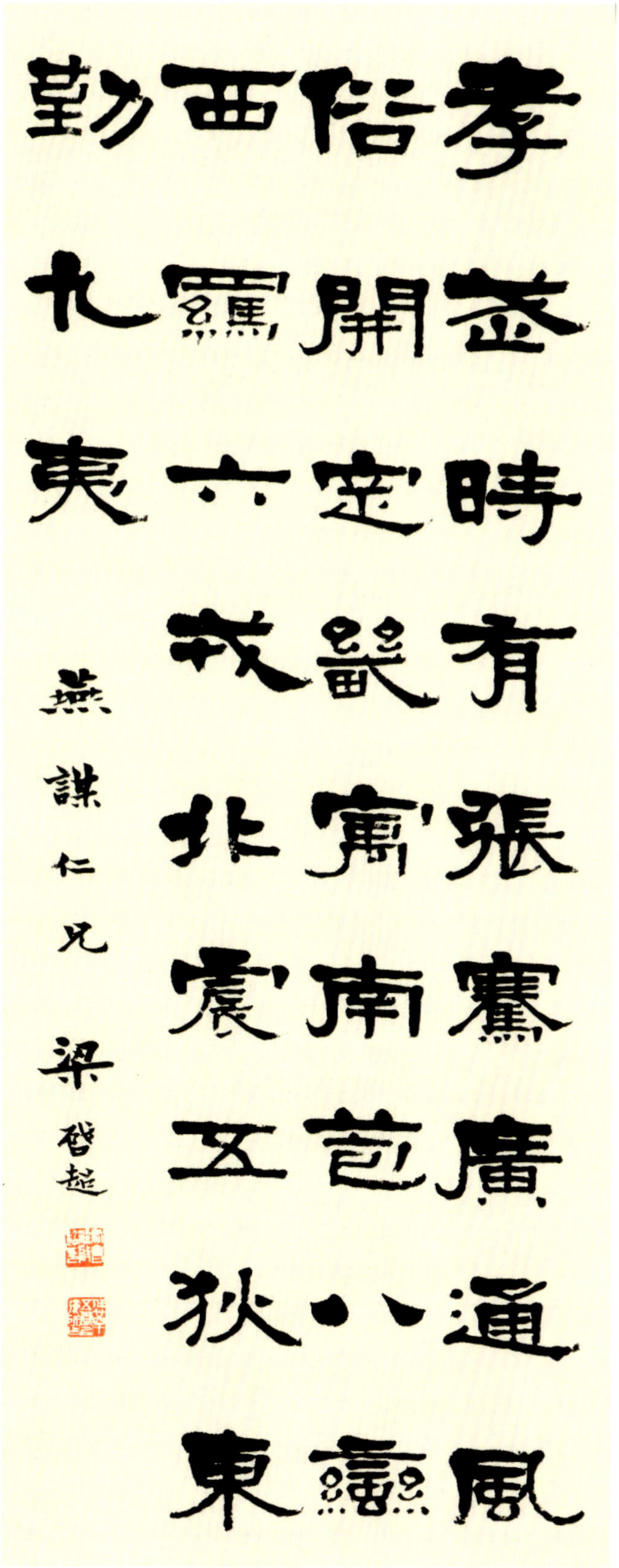

节临《张迁碑》（116.8cm×52cm）

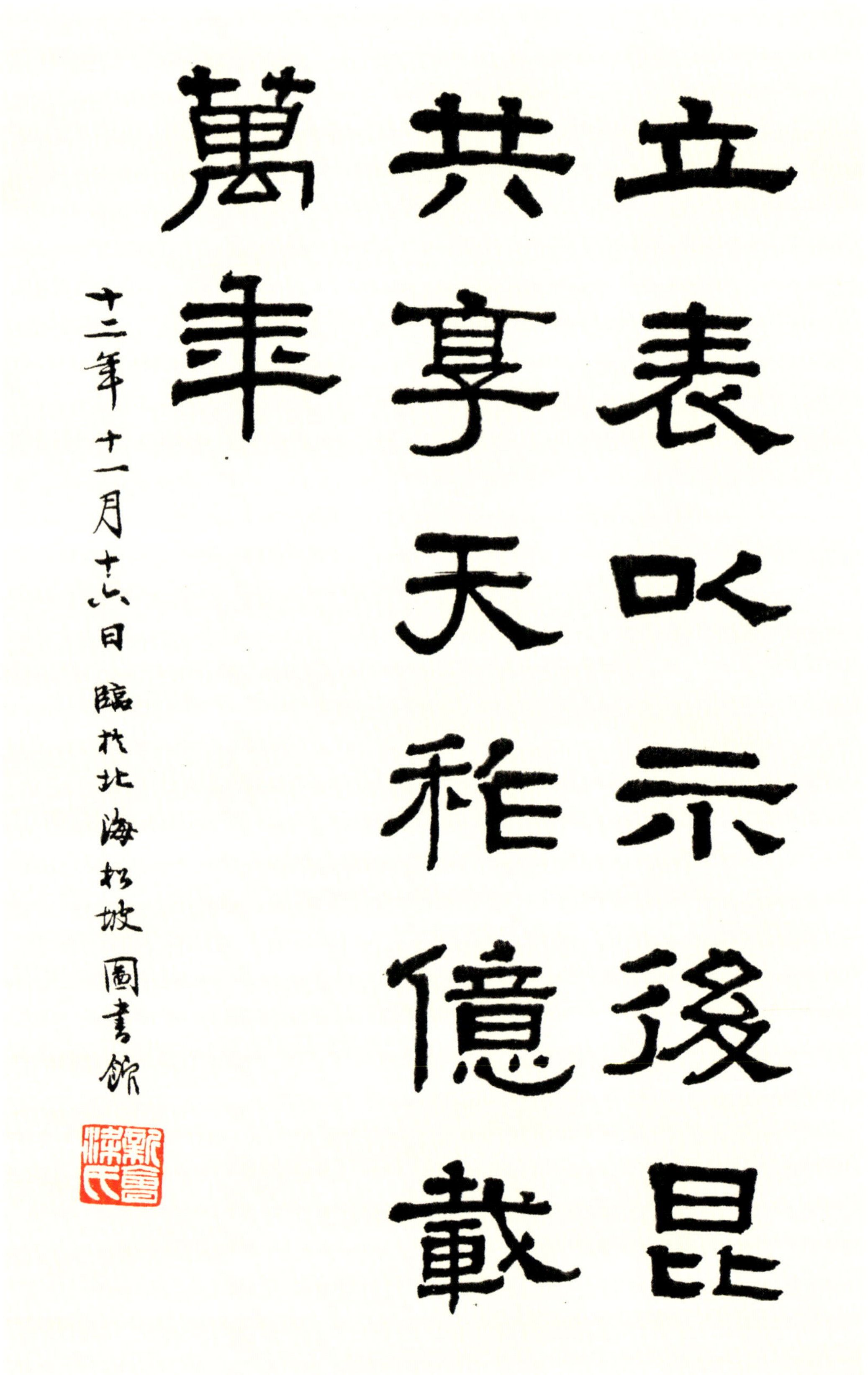
立表以示後昆
共享天秩億載
萬年
十二年十一月十六日臨於北海松坡圖書館

临《张迁碑》（局部）（1923 年）

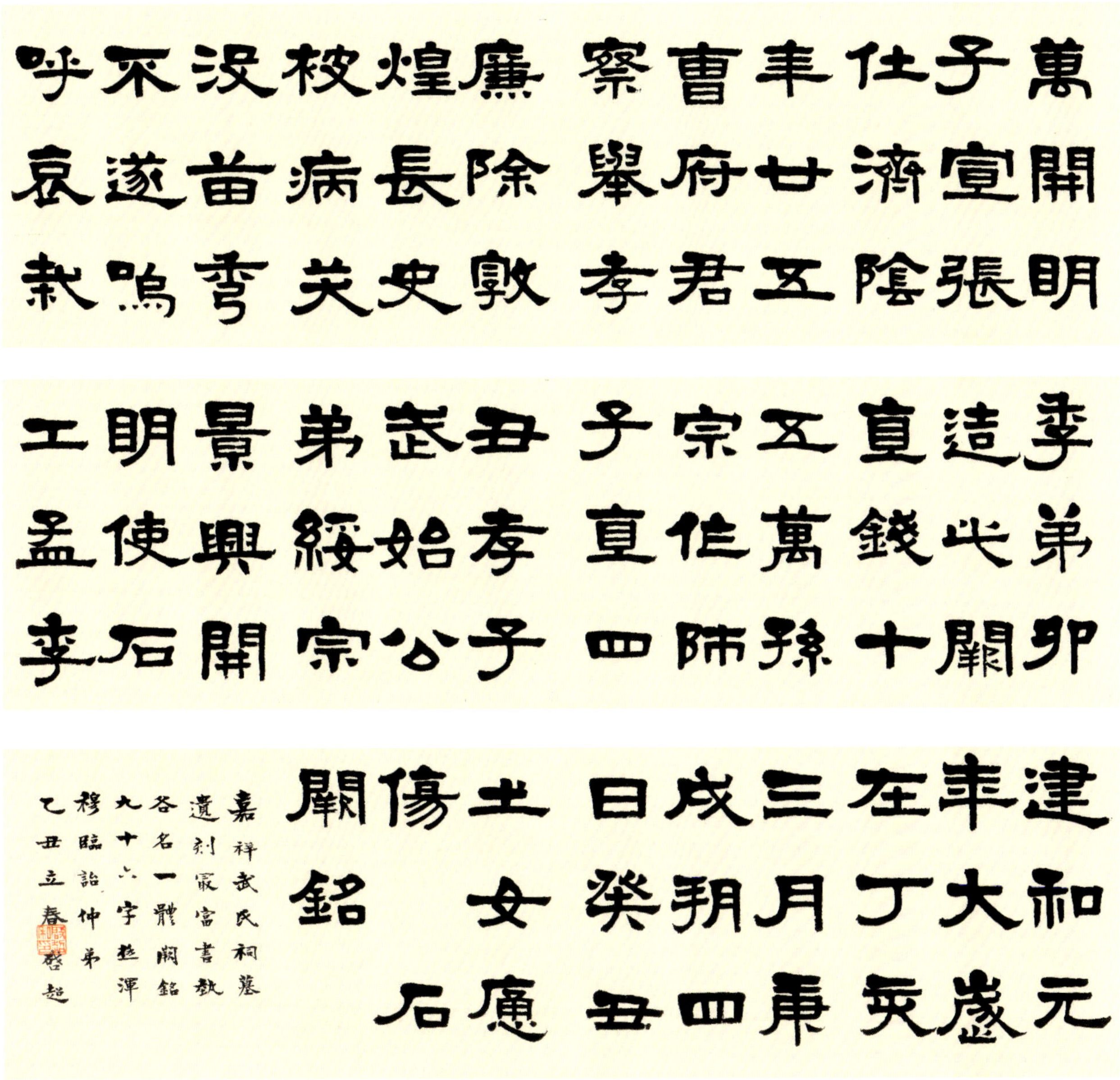

临《武梁祠阙铭》（27cm×42.5cm×6cm）（1926 年）

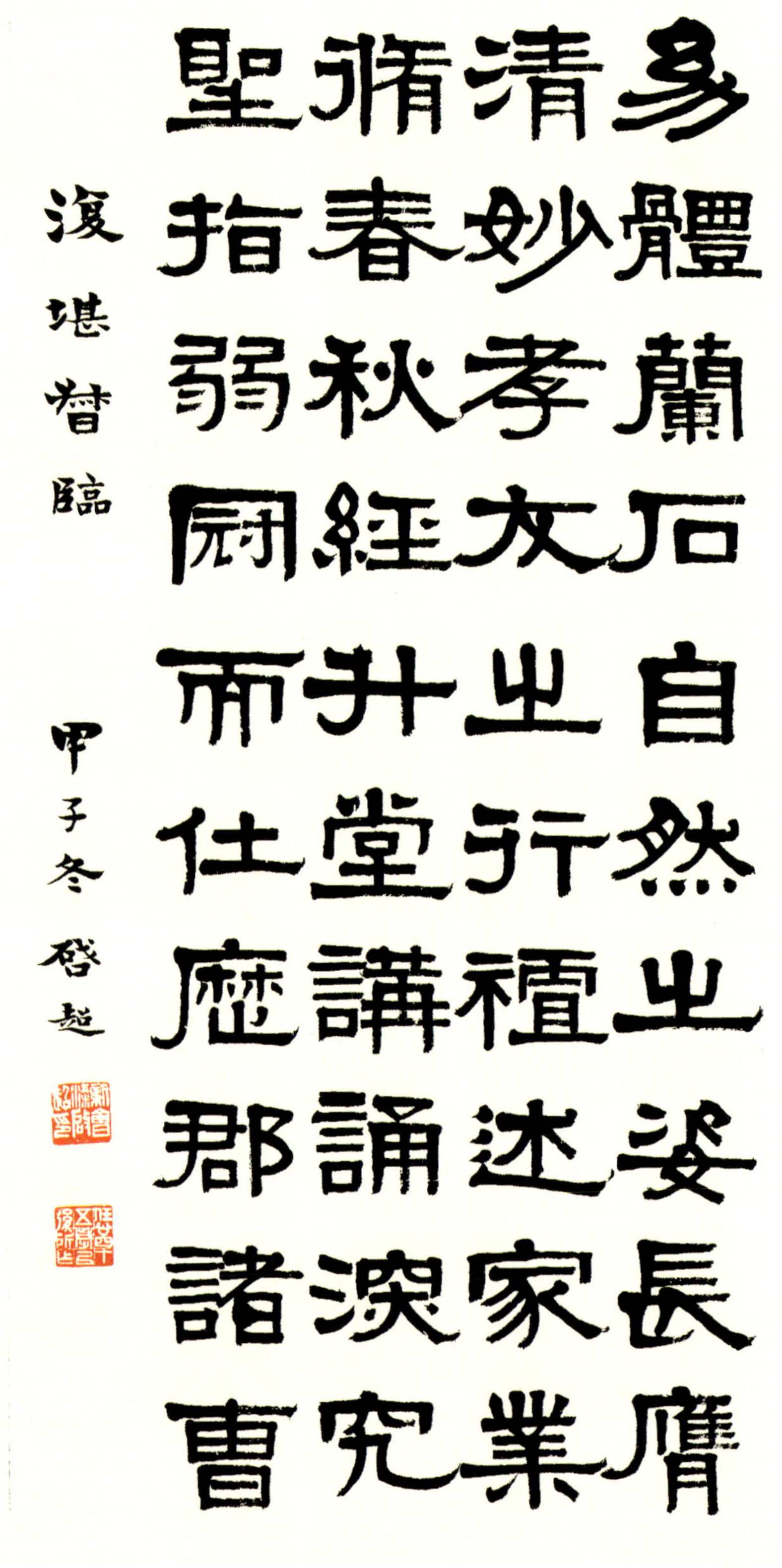

节临《孔谦碑》（1925 年）

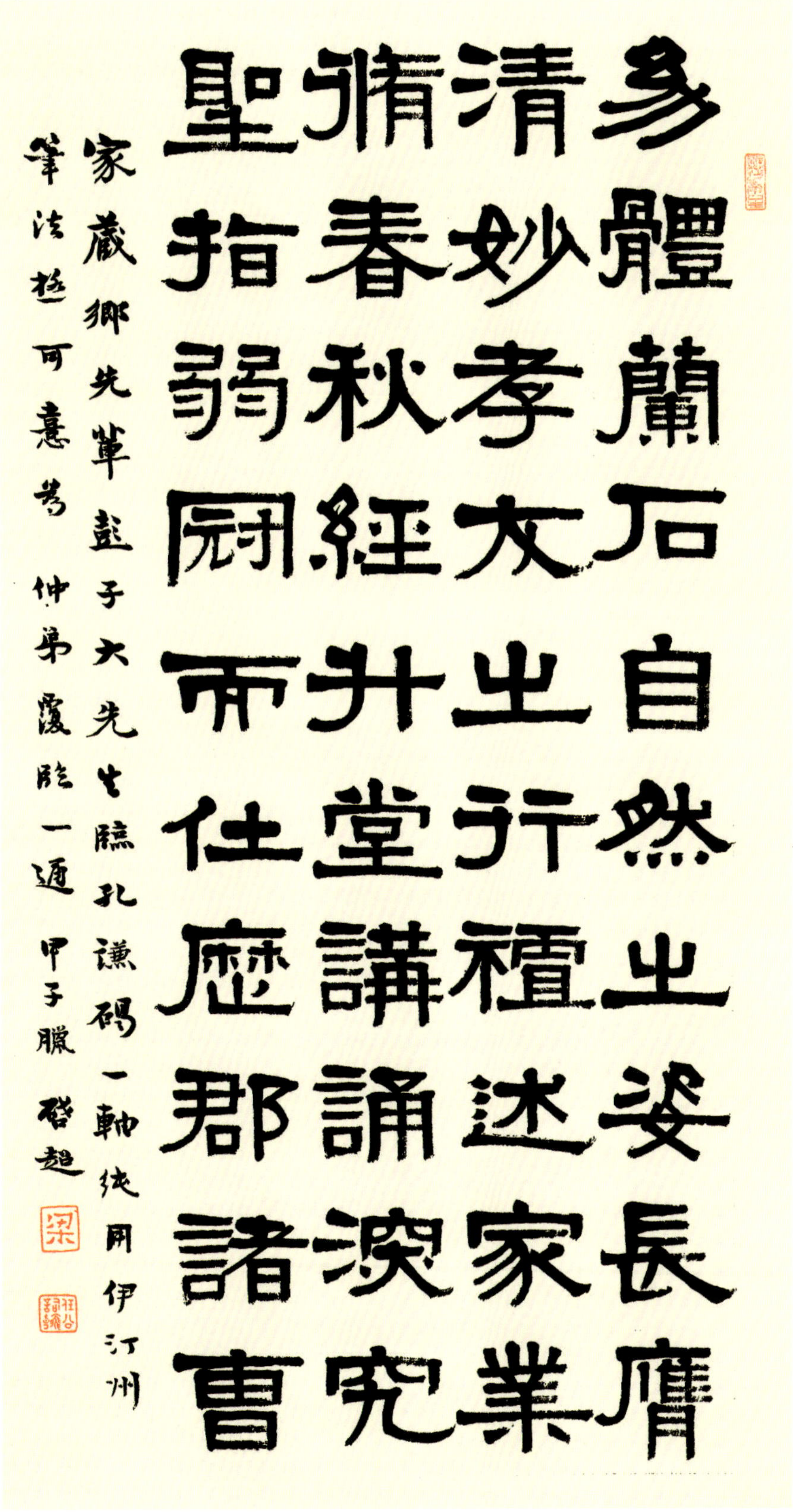

节临《孔谦碑》（83cm×40.5cm）（1925年）

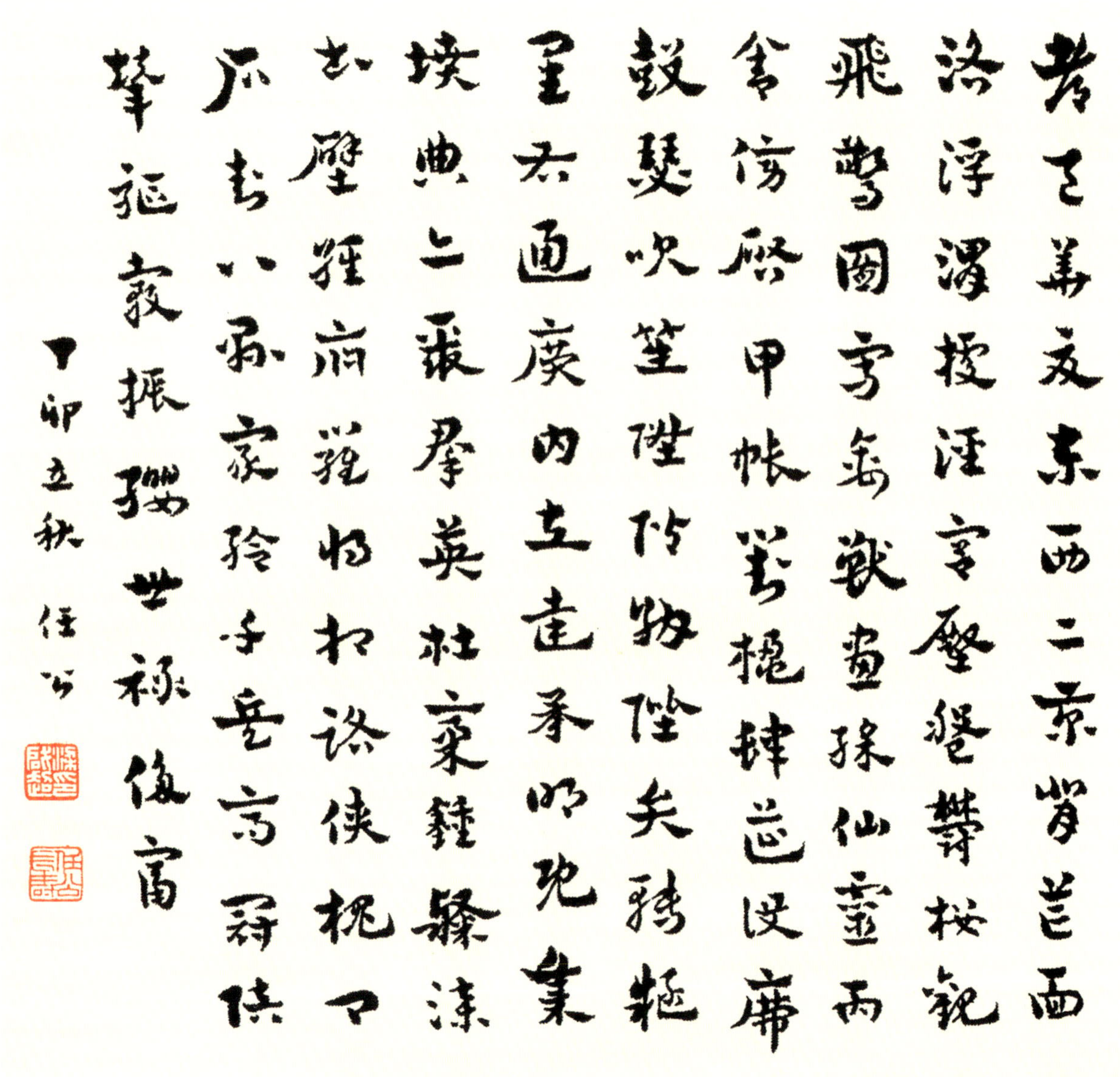

节临《章草千字文》（38.5cm×38cm）（1927 年）

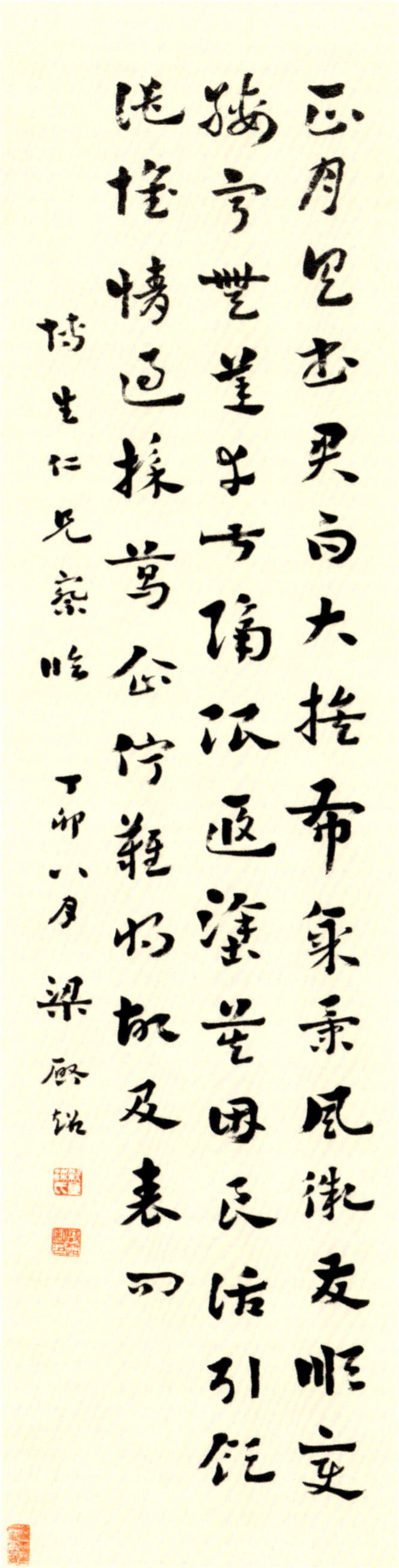

节临《月仪帖》（126cm×33cm）（1927年）

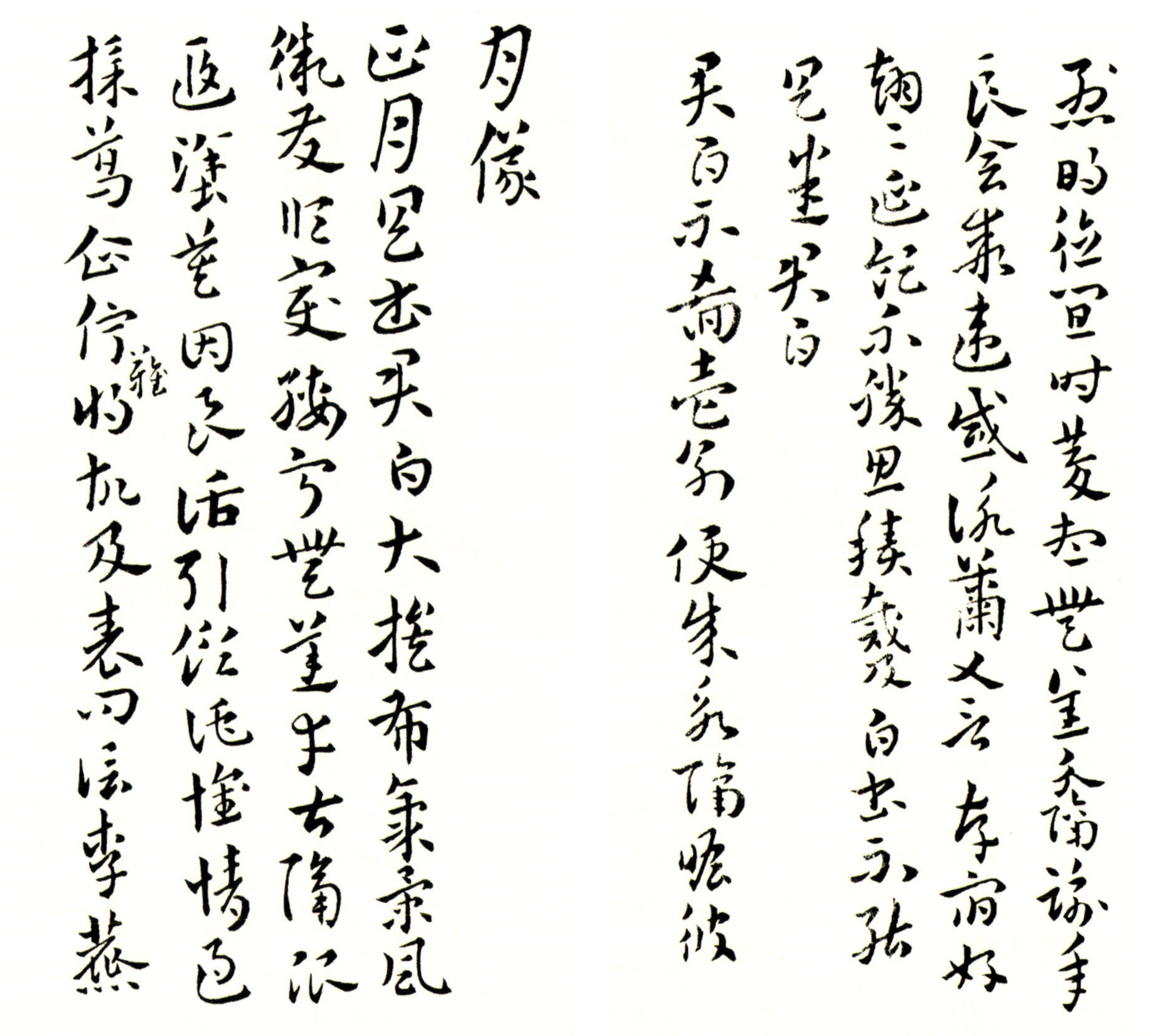

临《月仪帖》（局部）

諱猛龍字神冏南
陽白水人也其氏
族分興源流所出
故已備詳世錄不
復具載盛蓊鬱於
帝皇之始德星曜

临《张猛龙碑》（局部）

雅性高奇識量沖遠解褐中書
侍郎除南陽太守嚴威既被其
猶草上加風
戊辰清明梁啓超

节临《张黑女墓志》（148cm×39.5cm）（1928 年）

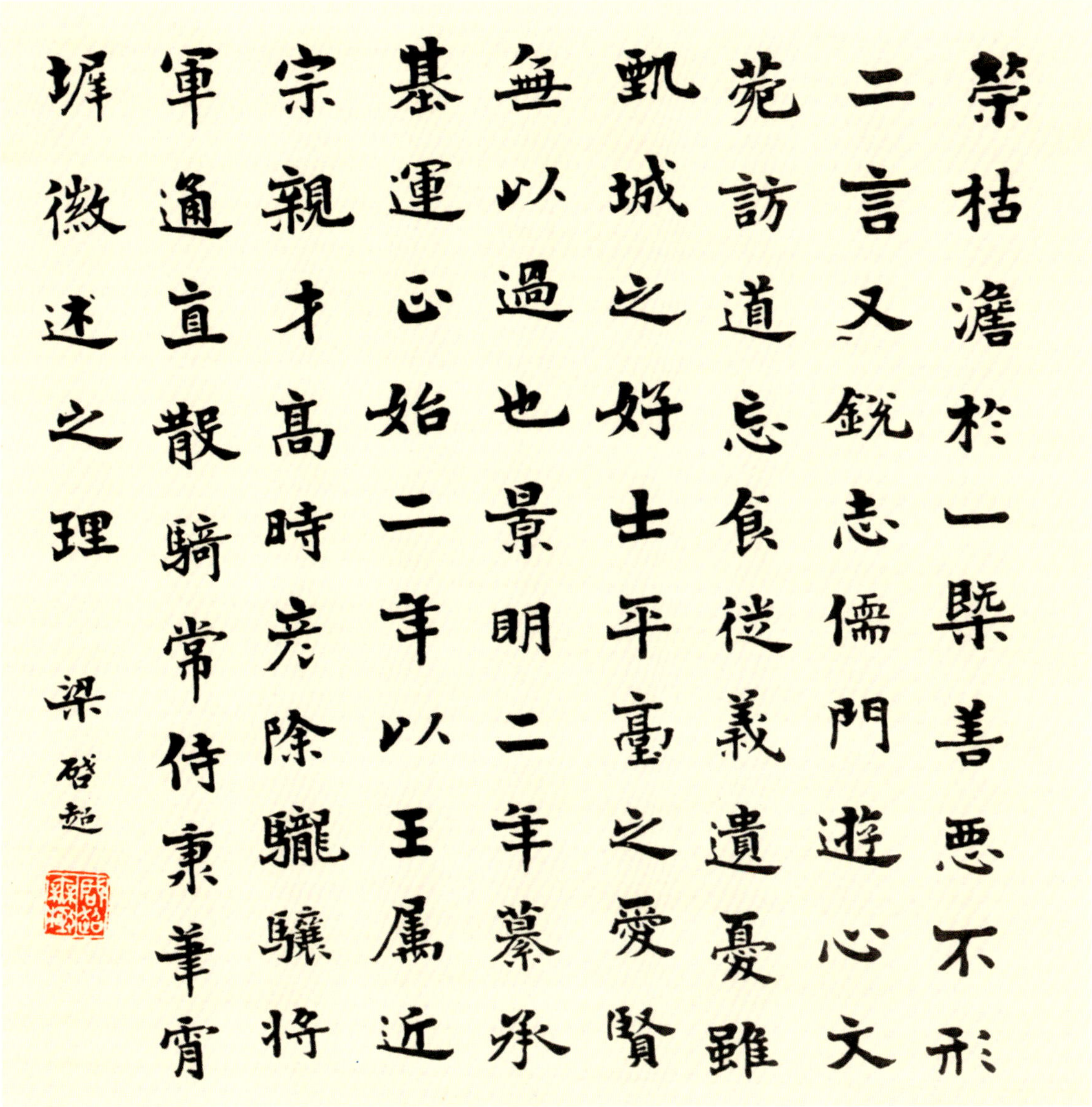
榮枯潜於一槩善悪不形
二言又銳志儒門遊心文
苑訪道忘食從義遺憂雖
甄城之好士平臺之愛賢
無以過也景明二年纂承
基運正始二年以王屬近
宗親才高時彥除驃騎將
軍通直散騎常侍秉筆宵
墀徽述之理
梁啓超
节临《齐郡王墓志》(38.5cm×38cm)

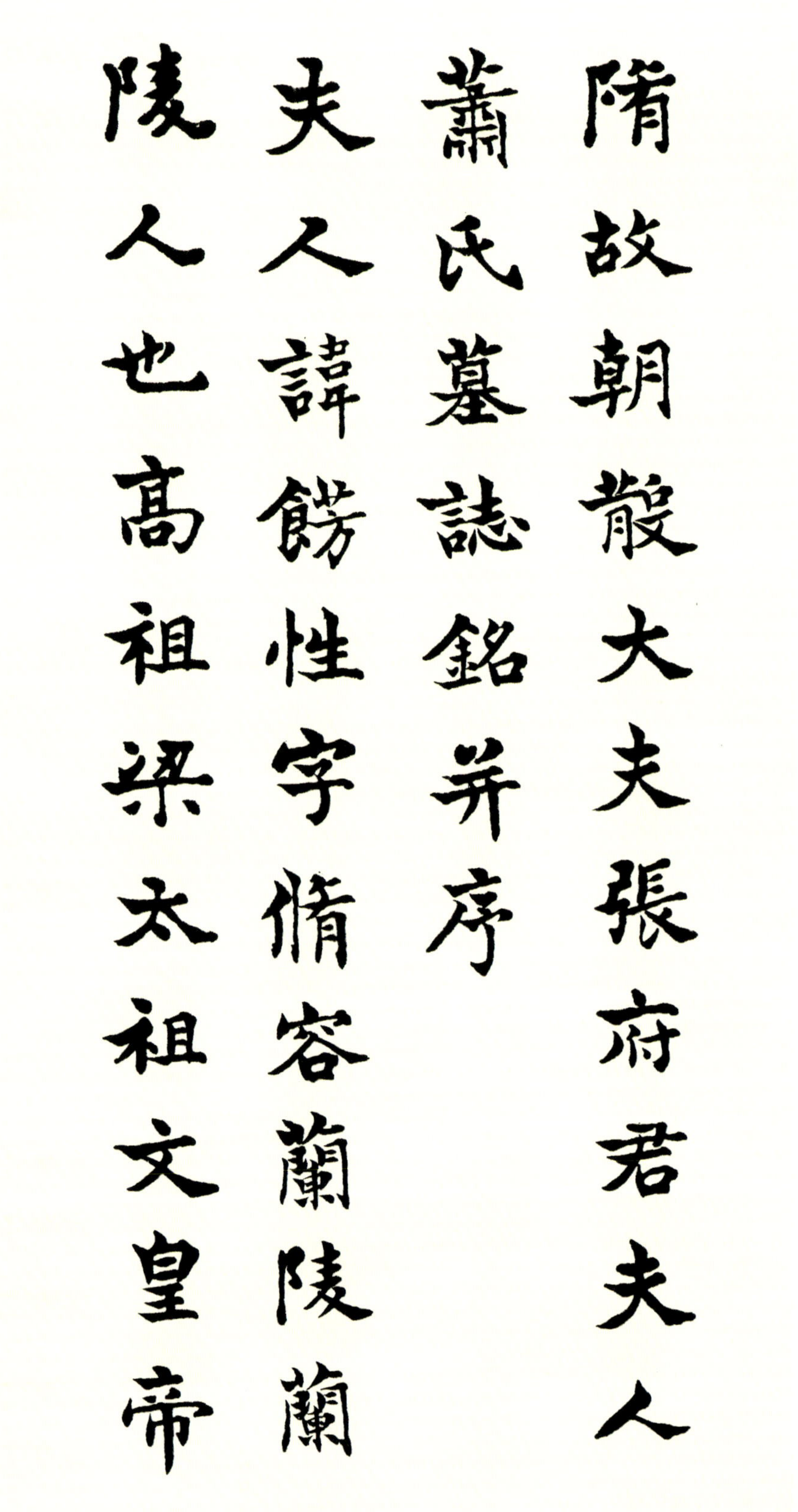
隋故朝散大夫張府君夫人
蕭氏墓誌銘并序
夫人諱餝性字脩容蘭陵蘭
陵人也高祖梁太祖文皇帝

临《隋张府君夫人萧氏墓志》（局部）

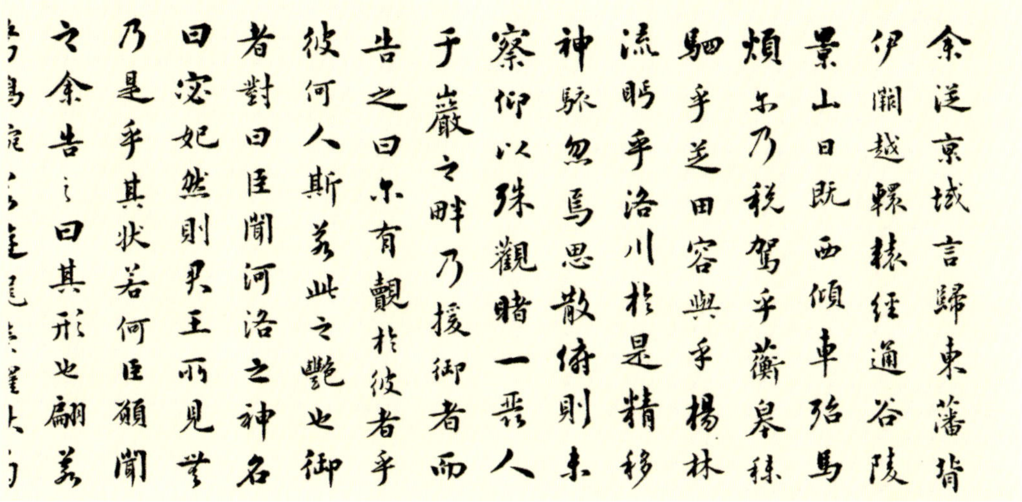
余從京域言歸東藩背
伊闕越轘轅經通谷陵
景山日既西傾車殆馬
煩爾乃稅駕乎蘅皋秣
駟乎芝田容與乎楊林
流眄乎洛川於是精移
神駭忽焉思散俯則未
察仰以殊觀睹一麗人
于巖之畔乃援御者而
告之曰爾有覿於彼者乎
彼何人斯若此之艷也御
者對曰臣聞河洛之神名
曰宓妃然則君王所見無
乃是乎其狀若何臣願聞
之余告之曰其形也翩若

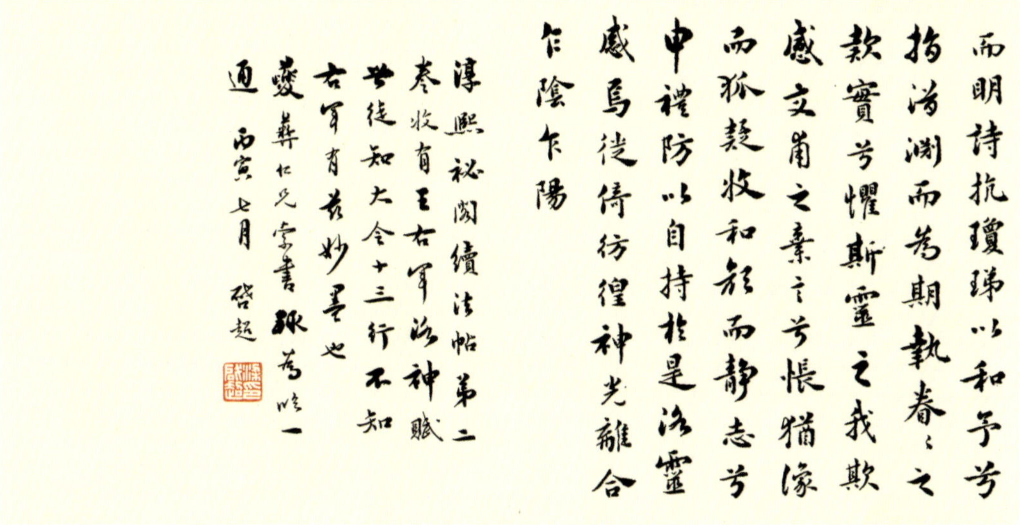
而明詩抗瓊珶以和予兮
指潛淵而為期執眷眷之
款實兮懼斯靈之我欺
感交甫之棄言兮悵猶豫
而狐疑收和顏而靜志兮
申禮防以自持於是洛靈
感焉徙倚彷徨神光離合
乍陰乍陽
淳熙秘閣續法帖第二卷收有王右軍洛神賦
世徒知大令十三行不知右軍有此妙墨也
燮蕃仁兄索書臨爲此一通
丙寅七月　啟超

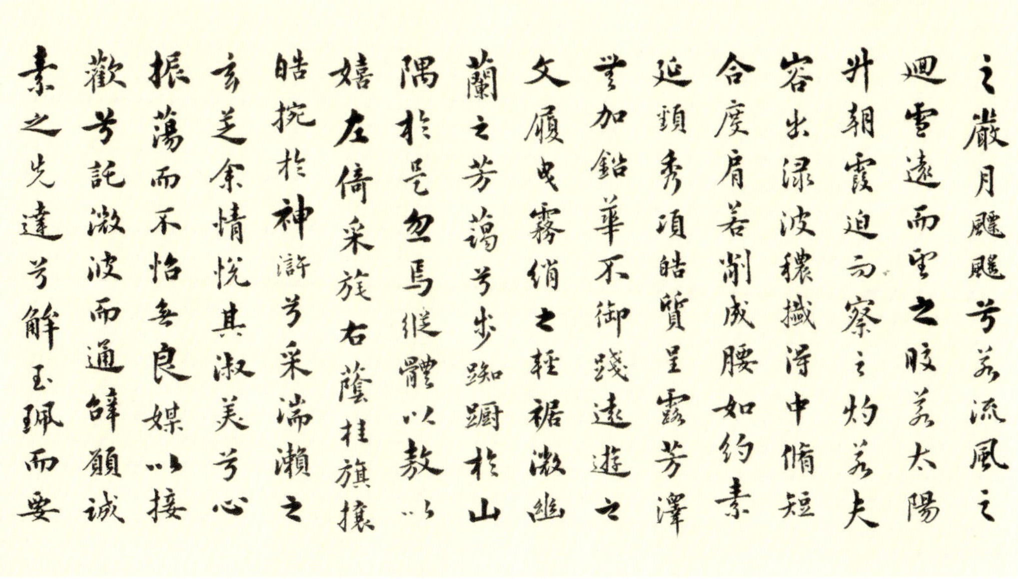
之蔽月飄颻兮若流風之
迴雪遠而望之皎若太陽
升朝霞迫而察之灼若芙
蕖出淥波穠纖得中脩短
合度肩若削成腰如約素
延頸秀項皓質呈露芳澤
無加鉛華不御踐遠遊之
文履曳霧綃之輕裾微幽
蘭之芳藹兮步踟躕於山
隅於是忽焉縱體以遨以
嬉左倚采旄右蔭桂旗攘
皓腕於神滸兮采湍瀨之
玄芝余情悅其淑美兮心
振蕩而不怡無良媒以接
歡兮託微波而通辭願誠
素之先達兮解玉珮而要

节临《洛神赋》（132cm×248cm）（1926 年）

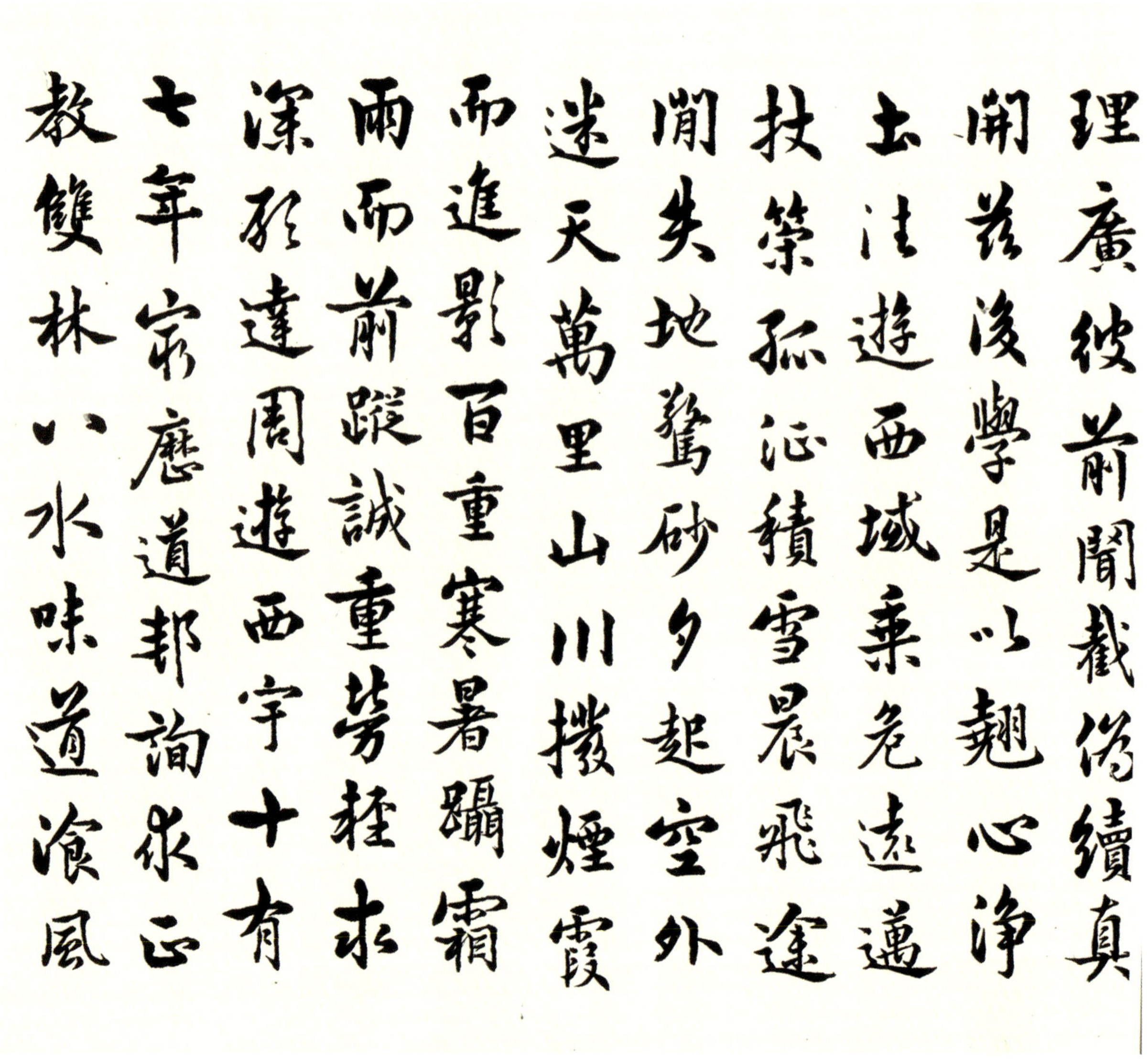

节临《洛神赋》（局部）（1923年）

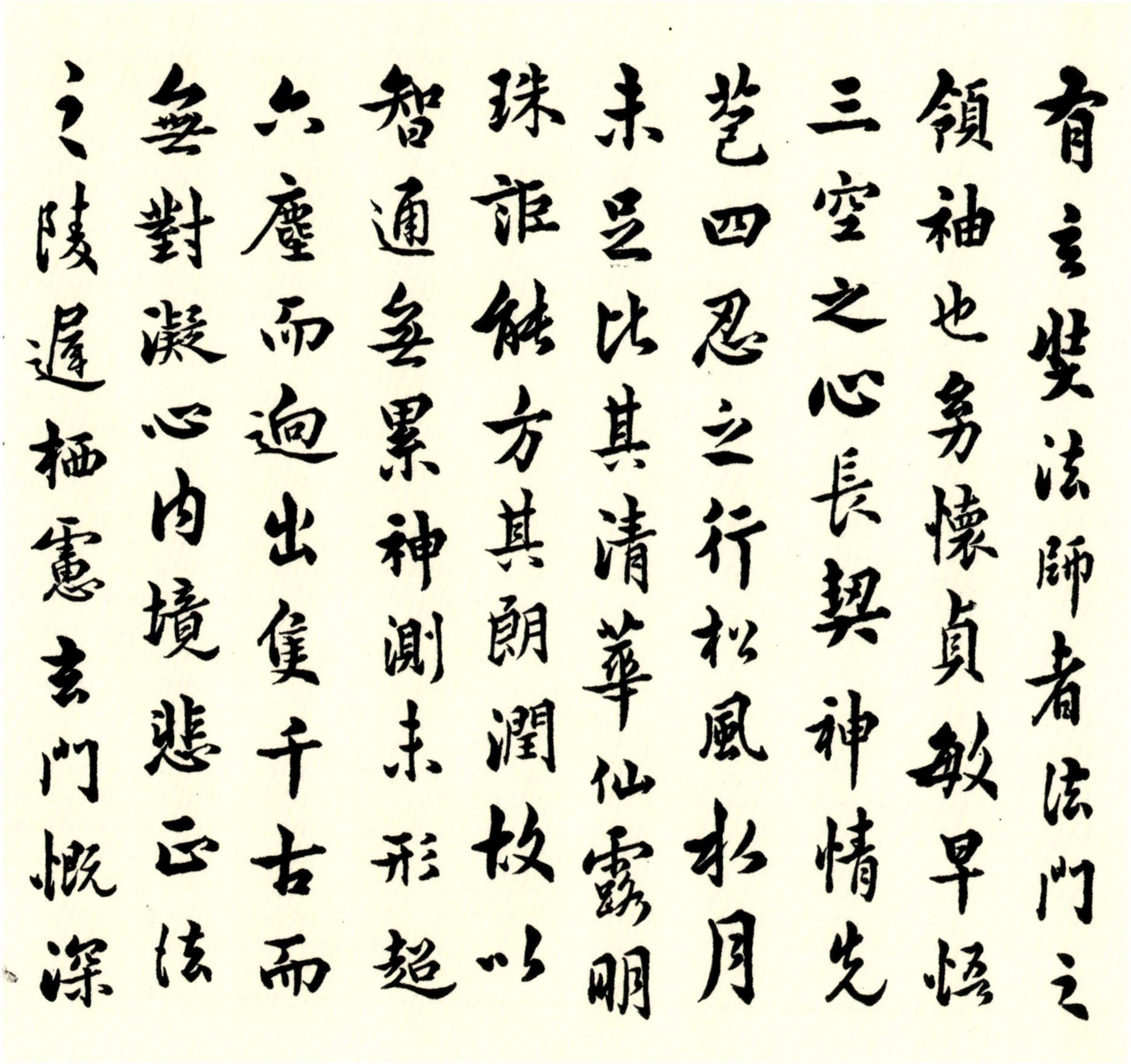

节临《洛神赋》（局部）（1923 年）

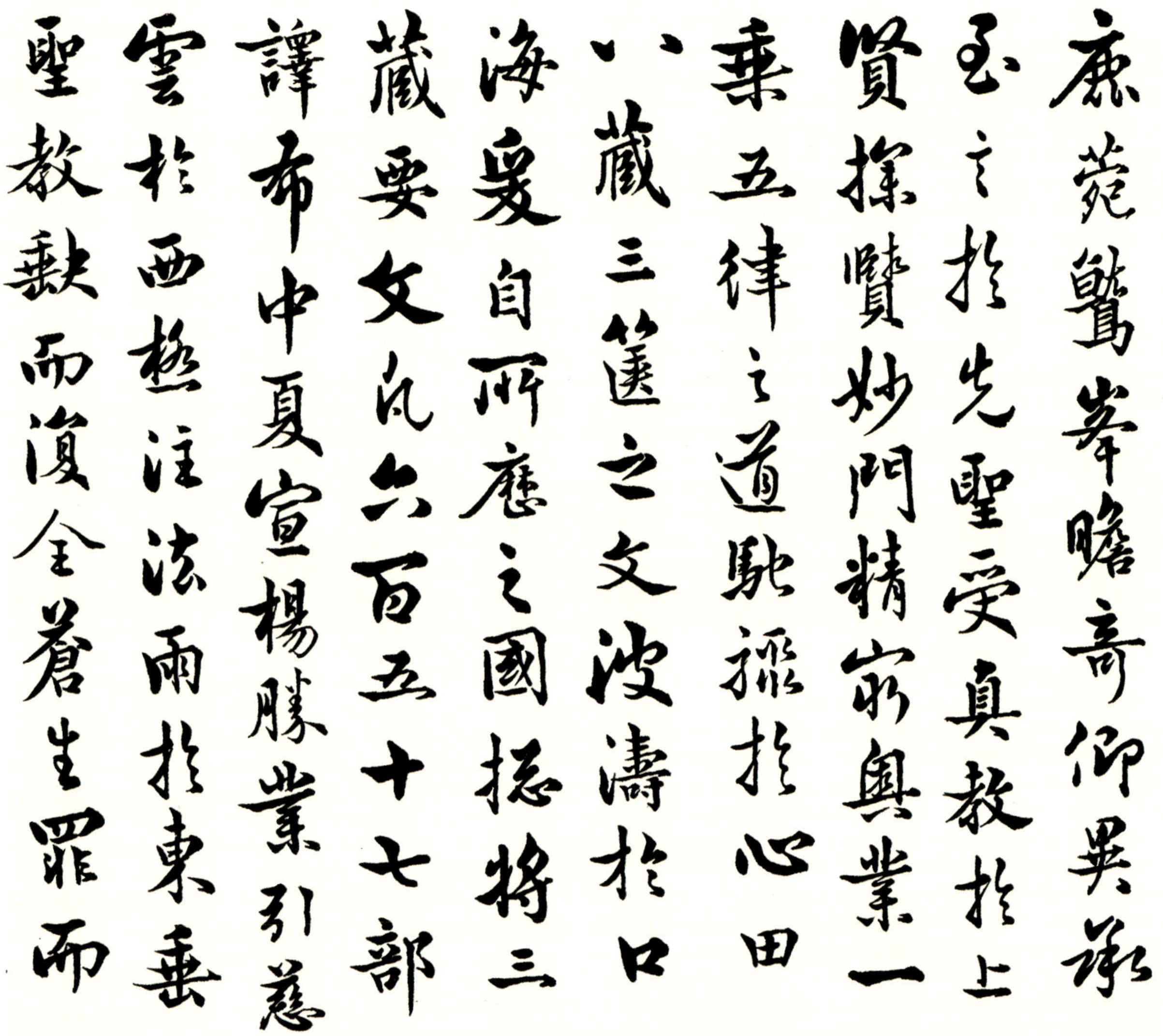

节临《洛神赋》（局部）（1923 年）

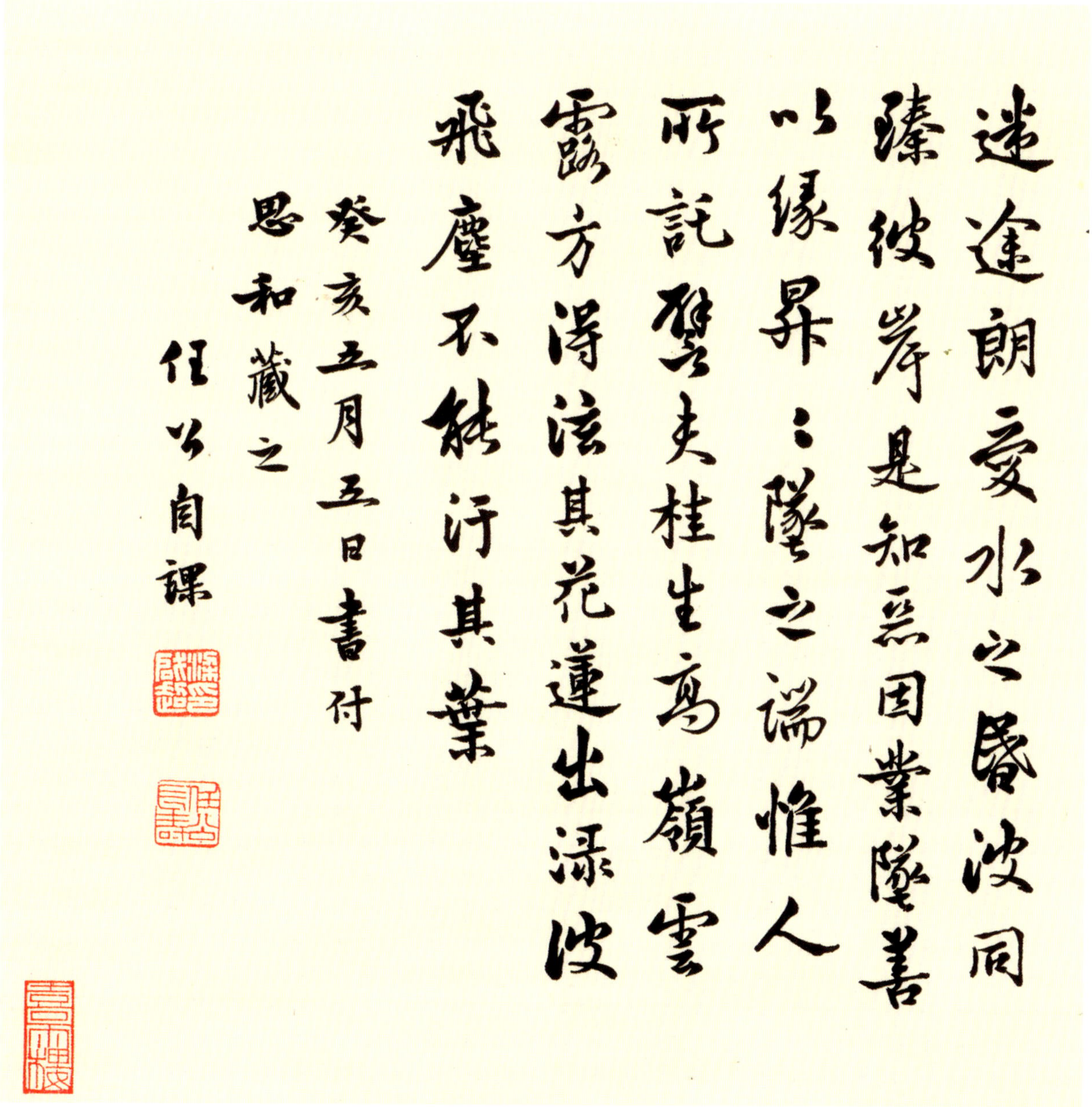

节临《洛神赋》（局部）（1923 年）

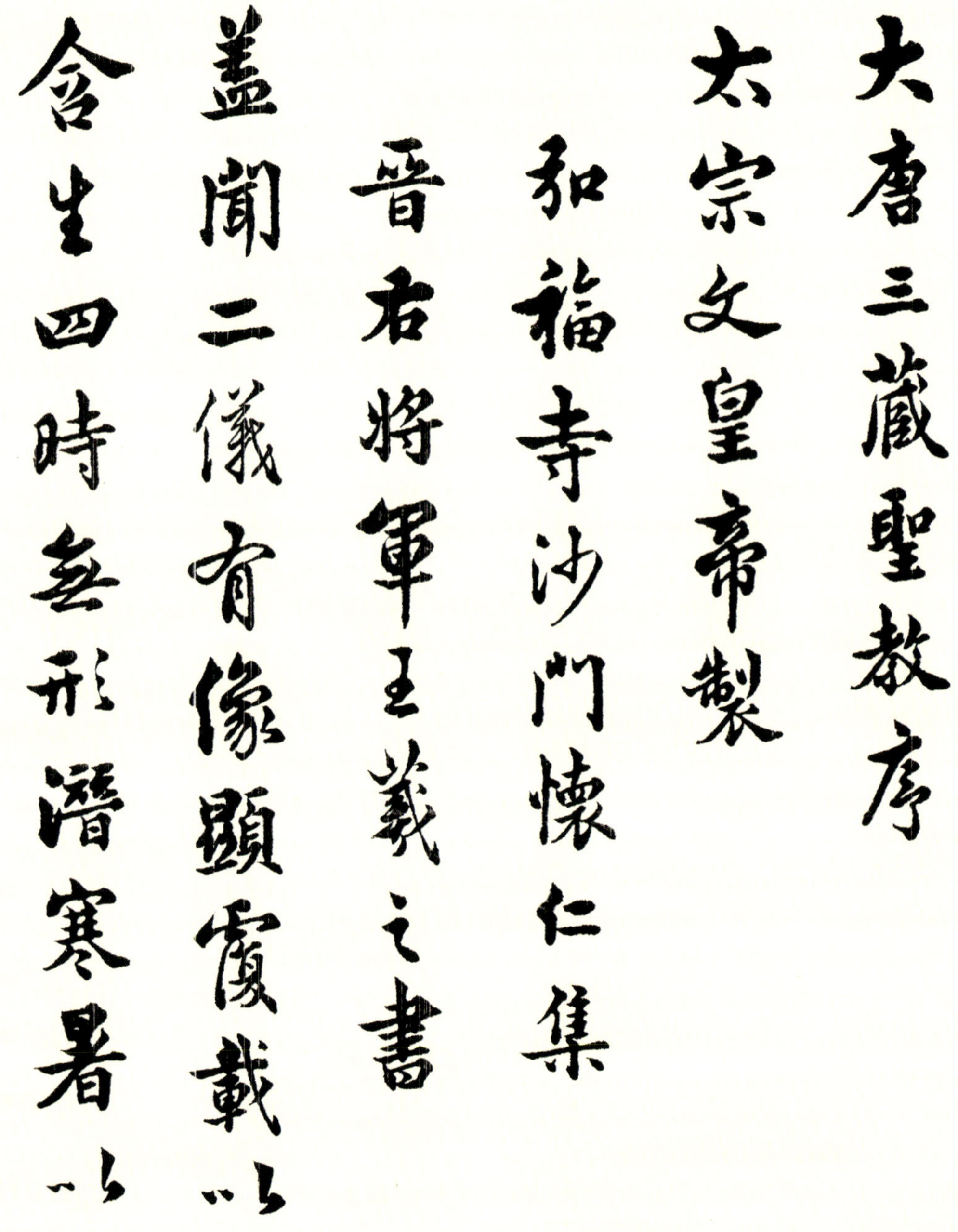
大唐三藏聖教序
太宗文皇帝製
弘福寺沙門懷仁集
晉右將軍王羲之書
蓋聞二儀有像顯覆載以
含生四時無形潛寒暑以

临《怀仁集王圣教》（局部）（1923年）

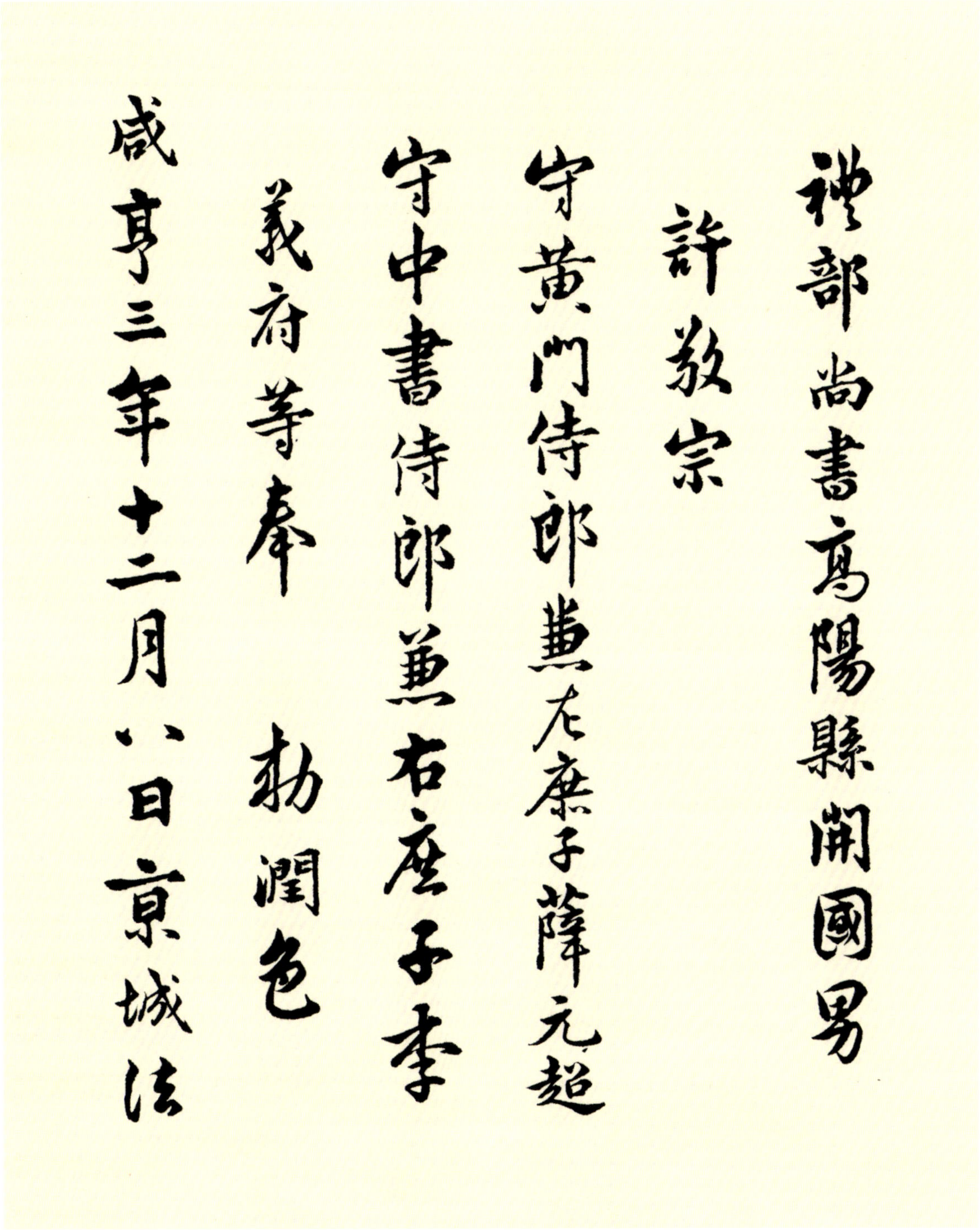
禮部尚書高陽縣開國男
許敬宗
守黃門侍郎兼左庶子薛元超
守中書侍郎兼右庶子李
義府等奉 勅潤色
咸亨三年十二月八日京城法

临《怀仁集王圣教》（局部）（1923年）

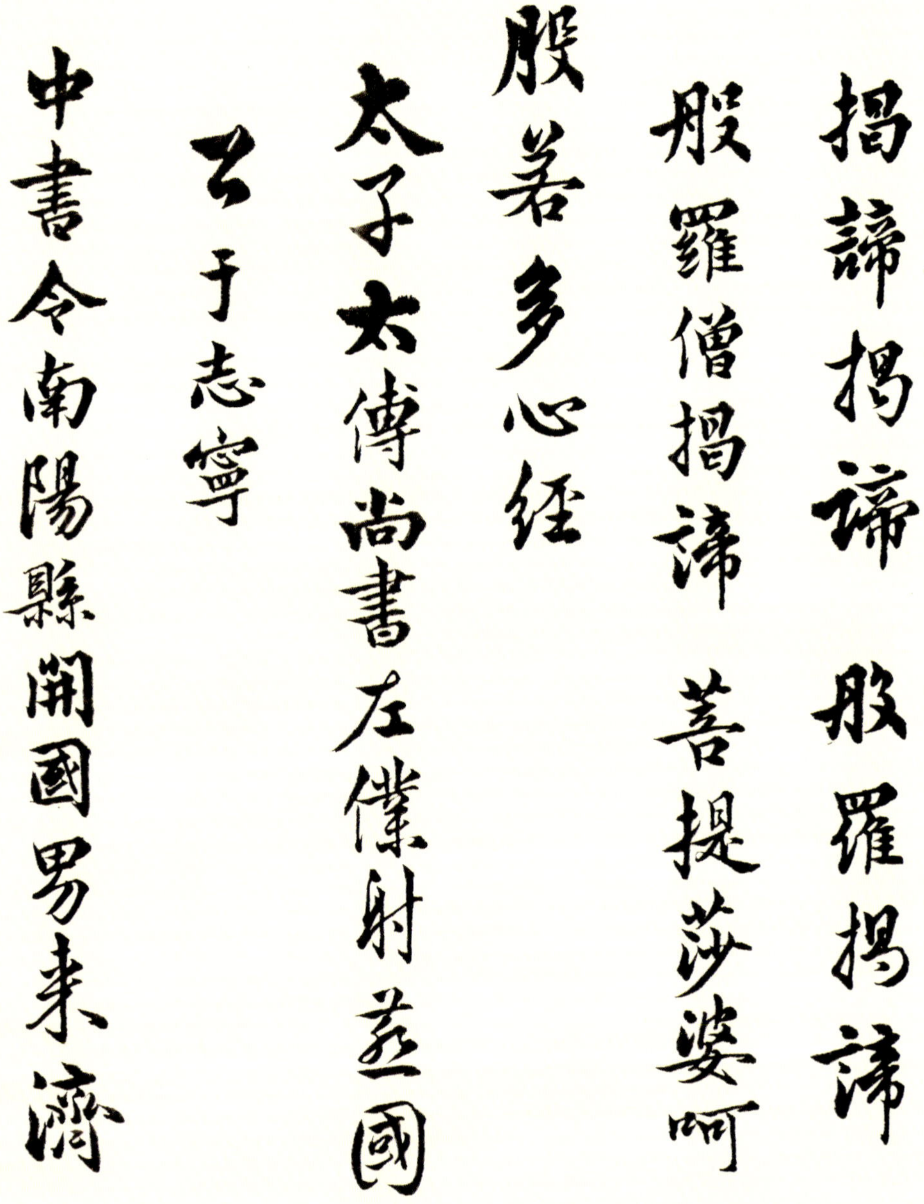

临《怀仁集王圣教》（局部）（1923 年）

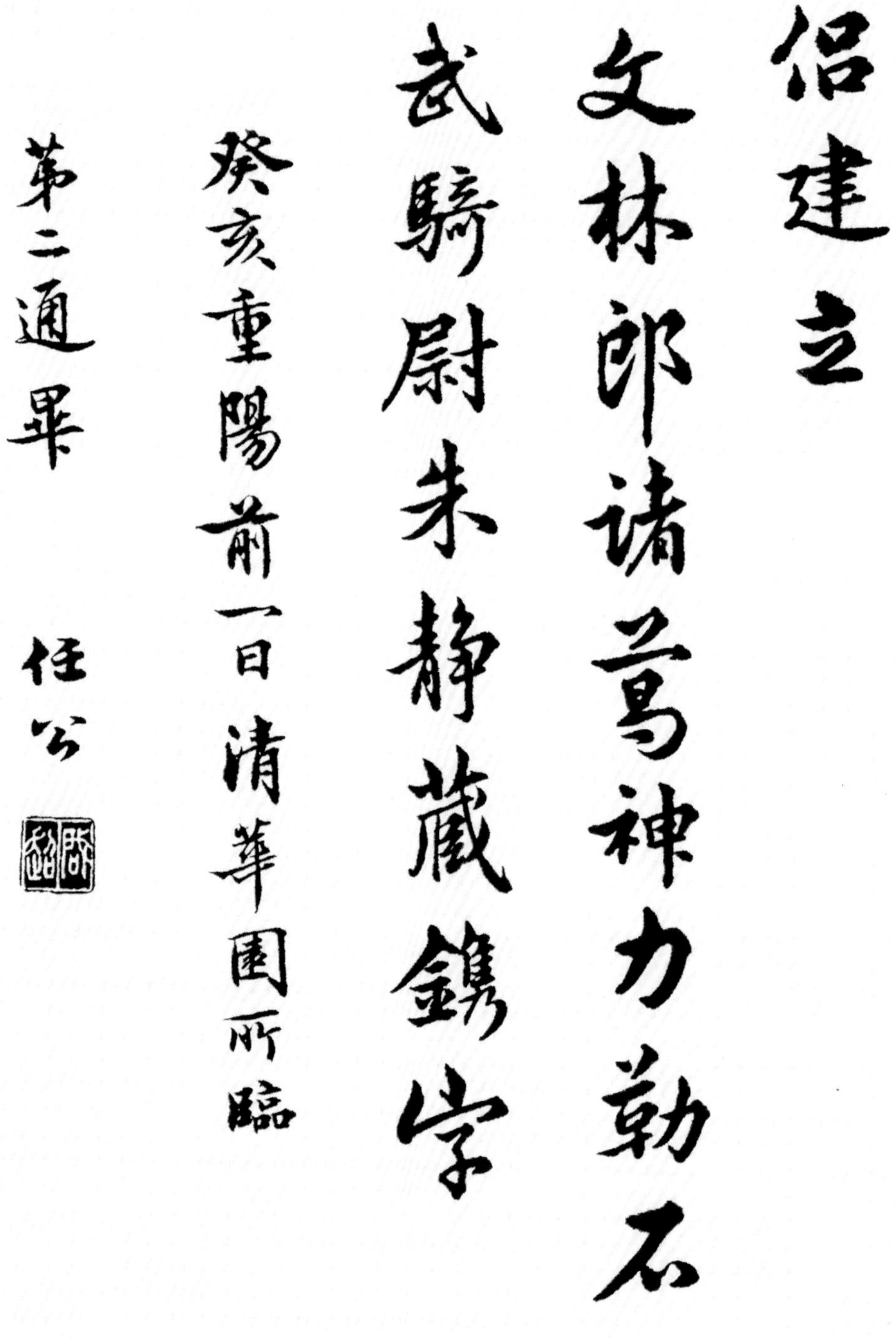

临《怀仁集王圣教》（局部）（1923 年）

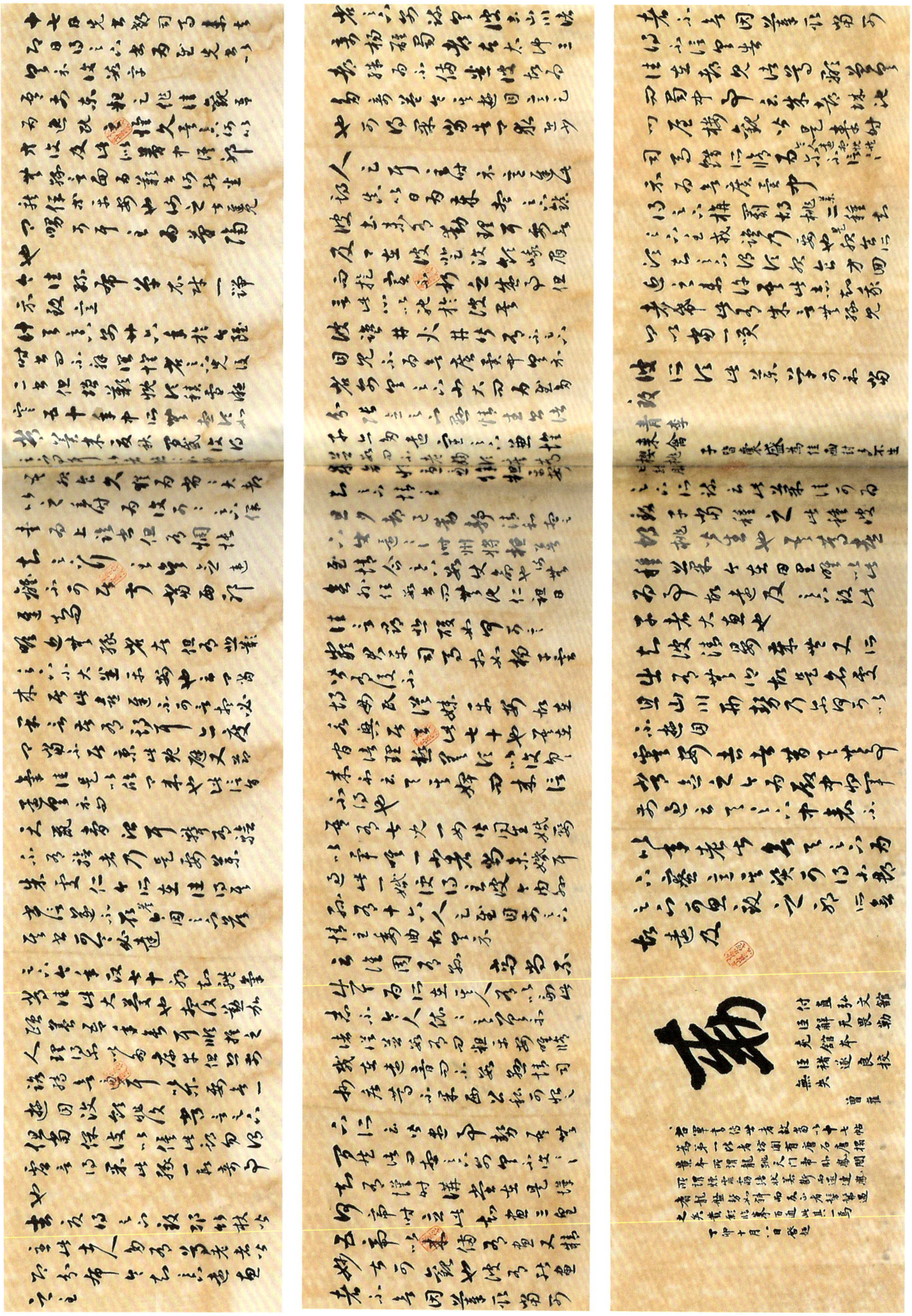

临《十七帖》（28cm×376cm）（1927年）

临《司马景和妻墓志》

二、题跋

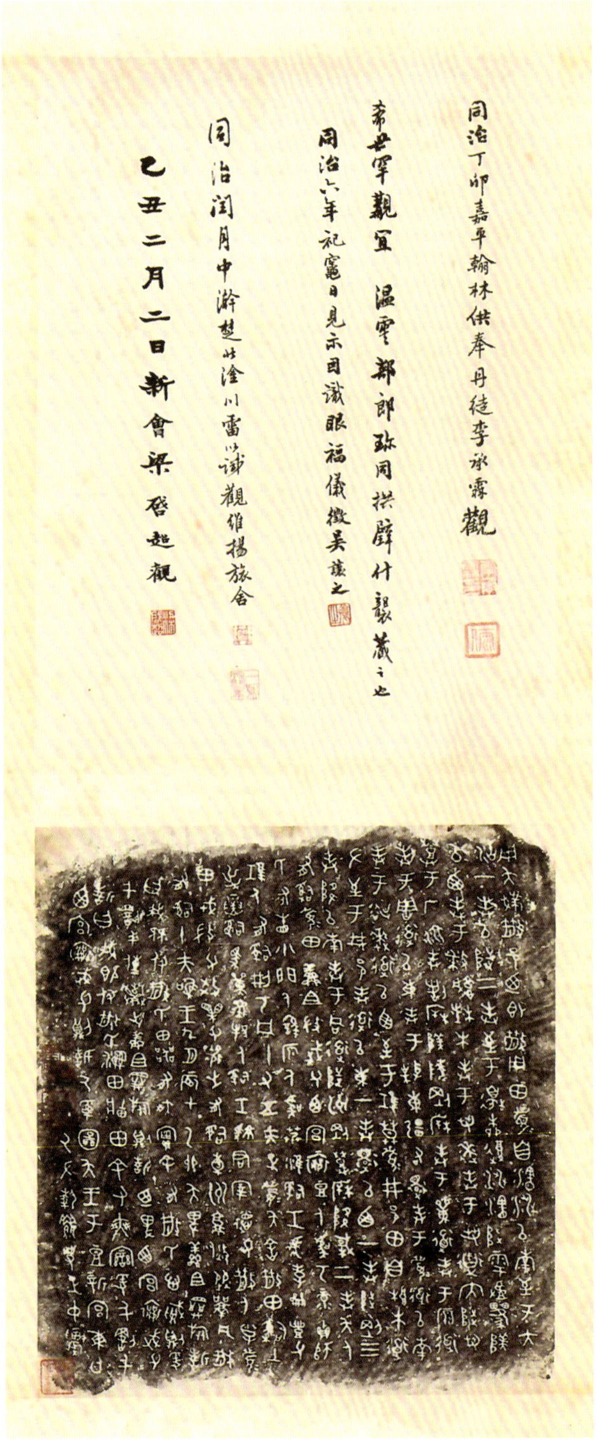

跋《散氏盘》（1925 年）

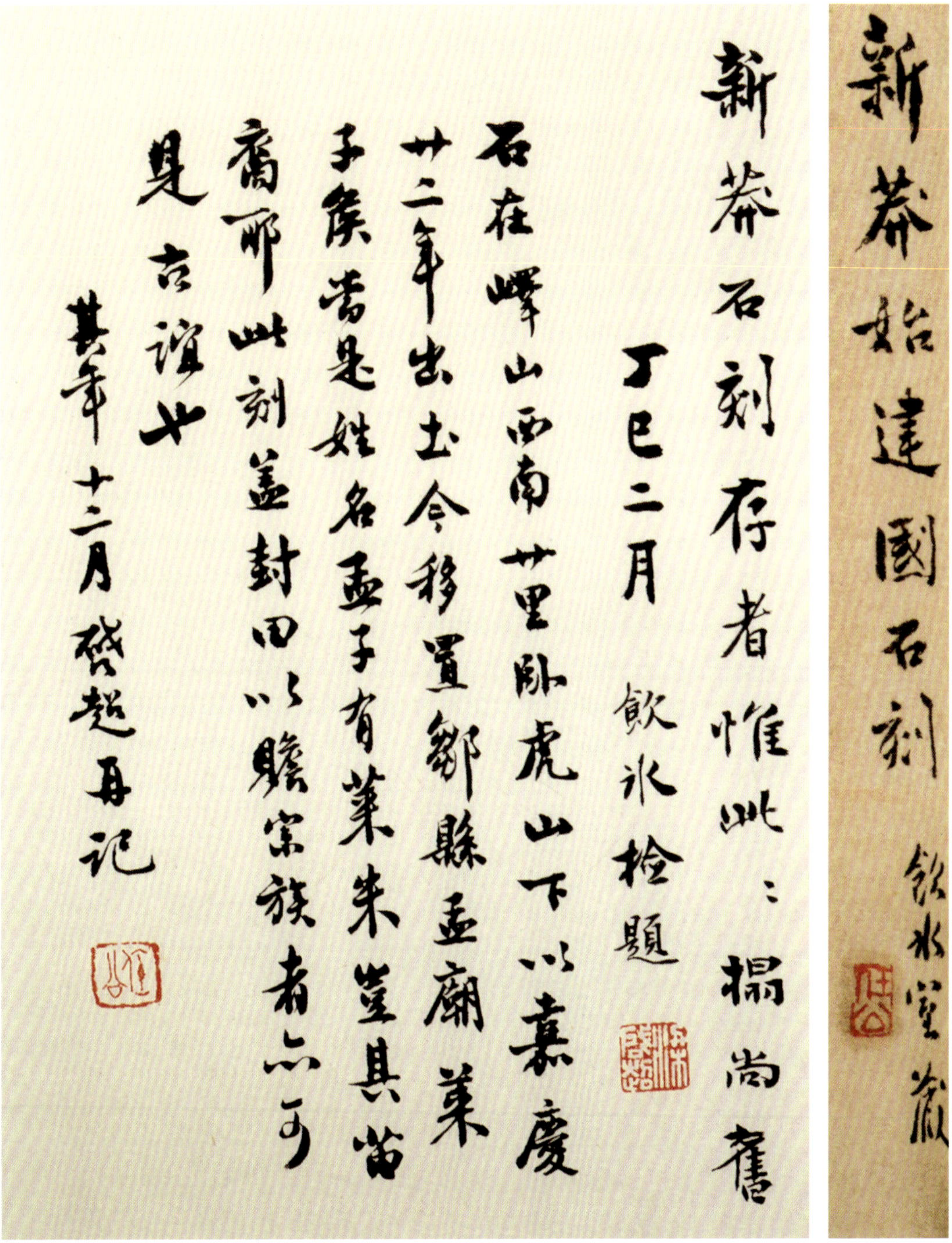

跋《莱子侯刻石》（1917年）

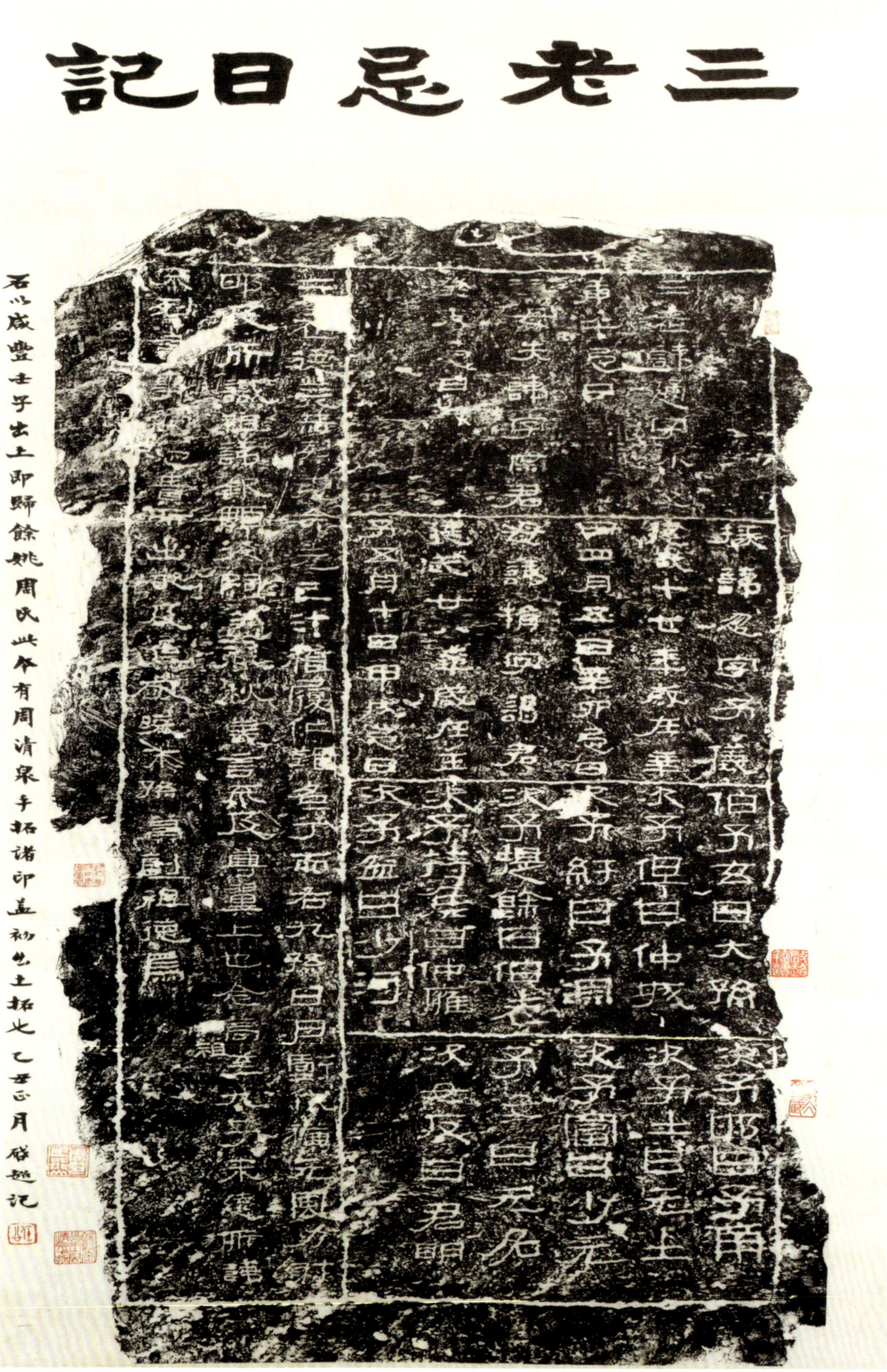

跋《三老讳字忌日记》（1925年）

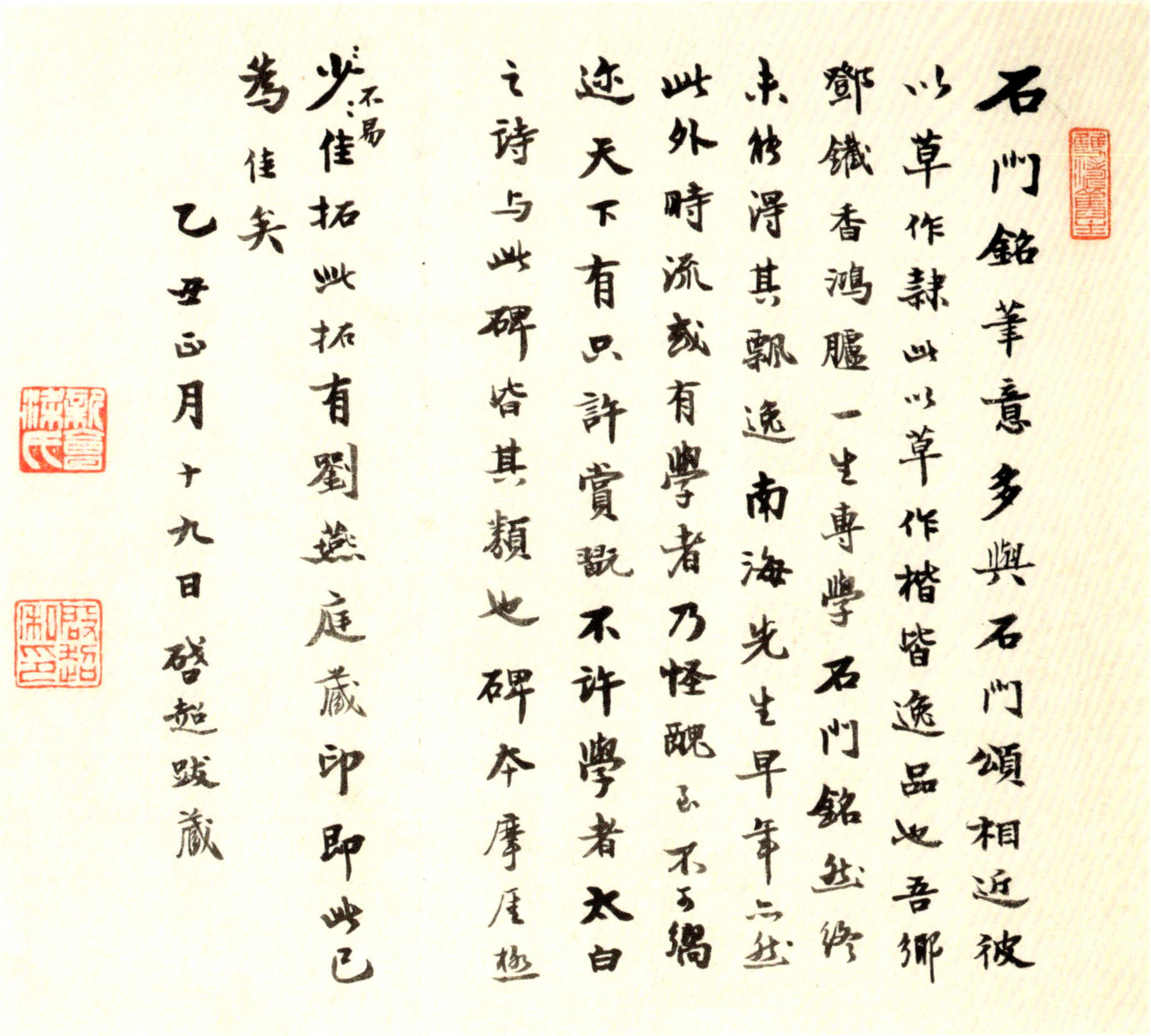
石門銘筆意多與石門頌相近彼
以草作隸此以草作楷皆逸品也吾鄉
鄧鐵香鴻臚一生專學石門銘然終
未能得其飄逸南海先生早年亦然
此外時流或有學者乃怪醜至不可嚮
邇天下有只許賞鑒不許學者太白
之詩與此碑皆其類也碑本摩崖極
少佳拓此拓有劉燕庭藏印即此已
為佳矣
乙丑正月十九日啓超跋藏

跋《石门铭》（1925年）

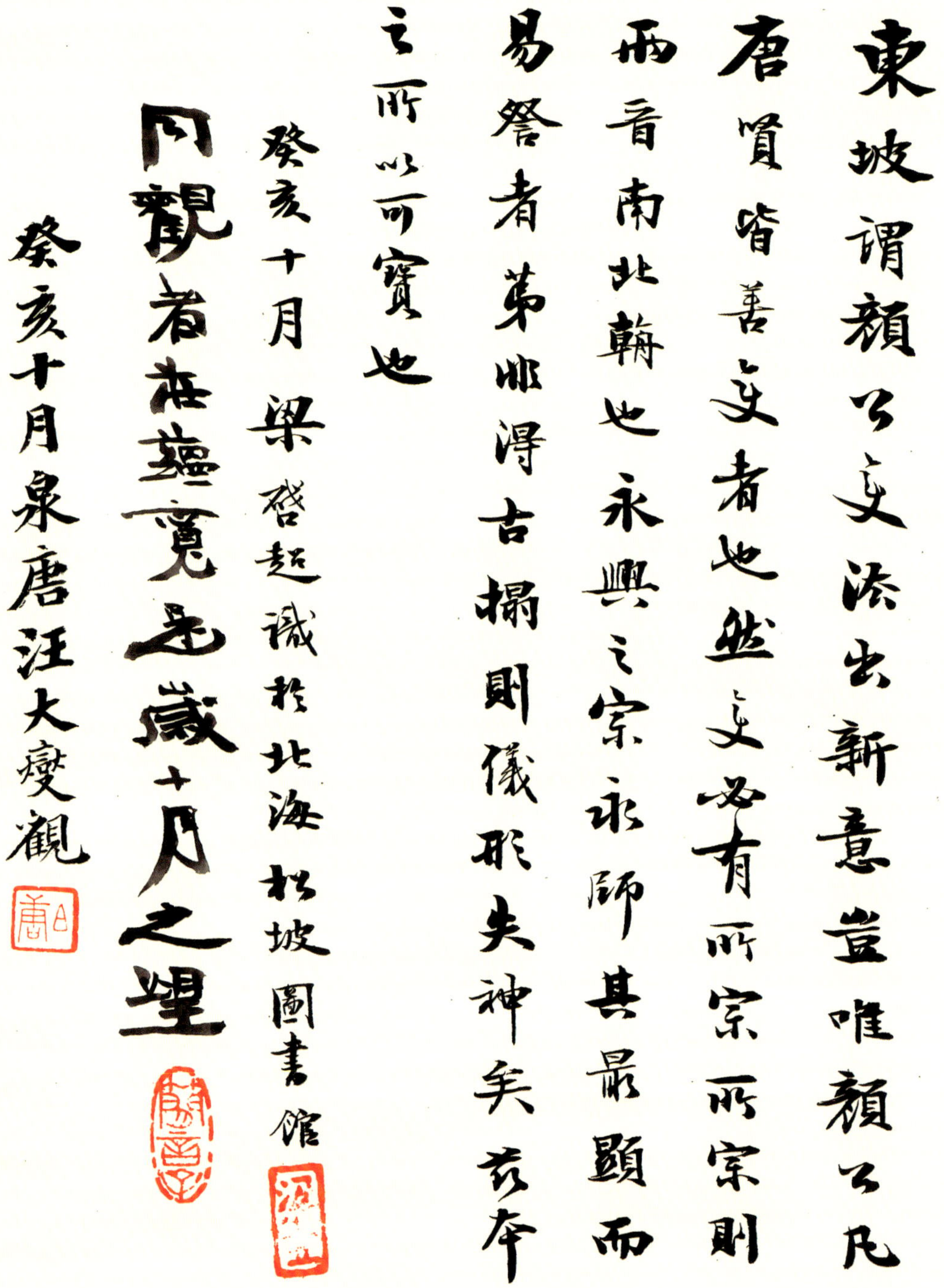

跋《宋拓智永真草千字文》（1923年）

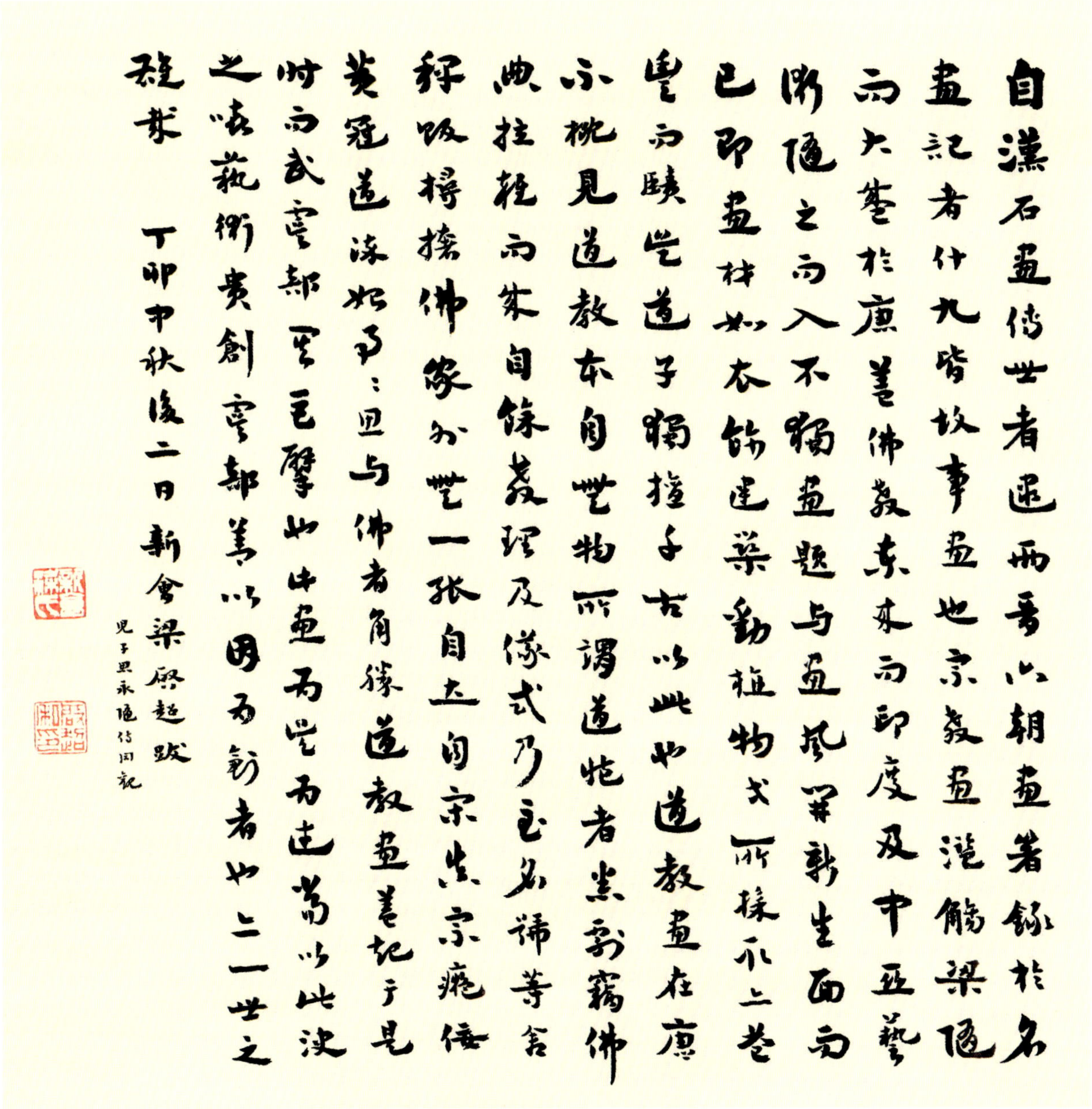

跋《朝元仙仗图》（1927年）

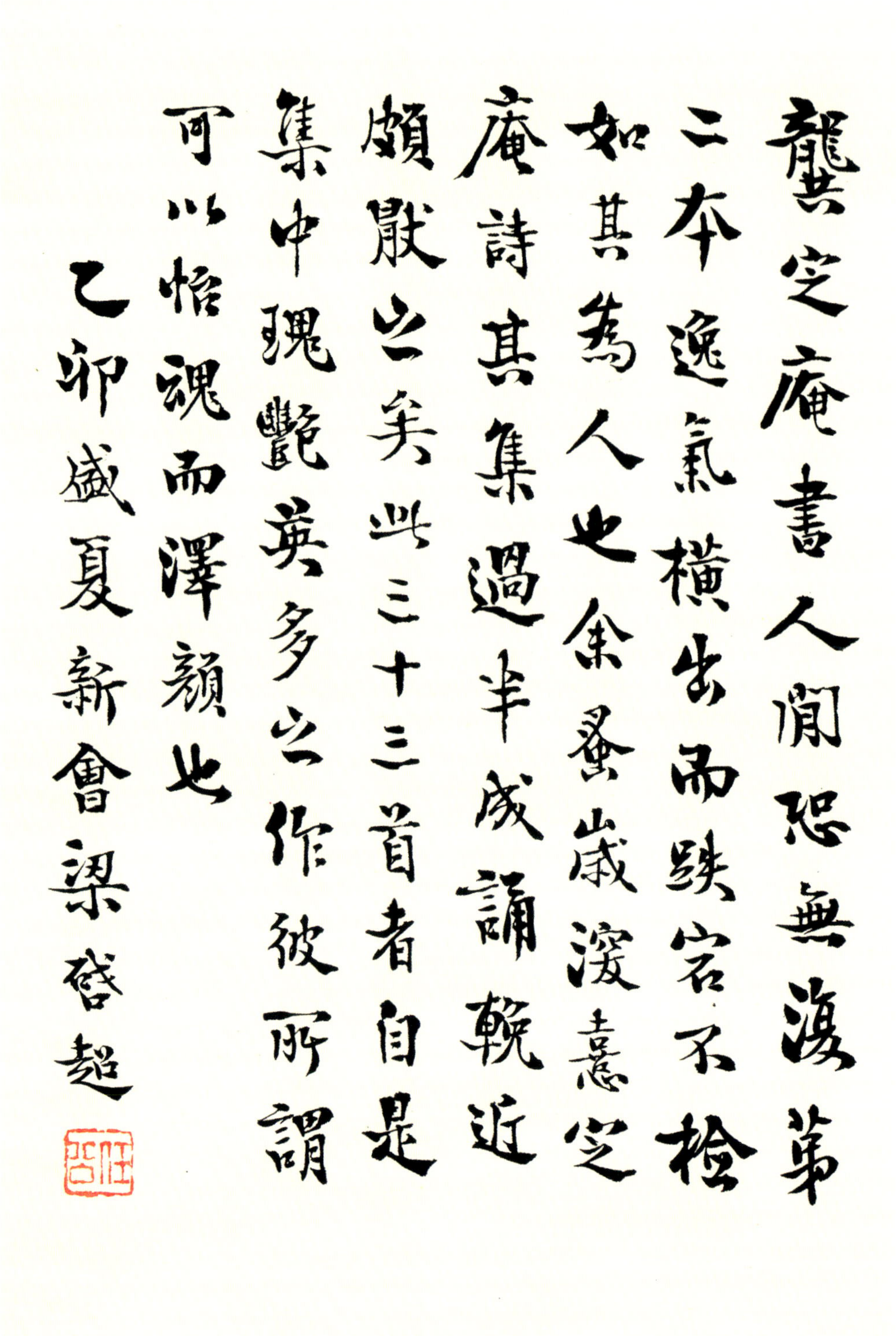

龔定庵書人間怨無復第二本逸氣橫出而跌宕不檢如其為人也余蚤歲深憙定庵詩其集過半成誦輓近頗厭之矣此三十三首者自是集中瑰艷英多之作彼所謂可以怡魂而澤顏也

乙卯盛夏新會梁啓超

跋《龚定庵自写试卷》（1915年）

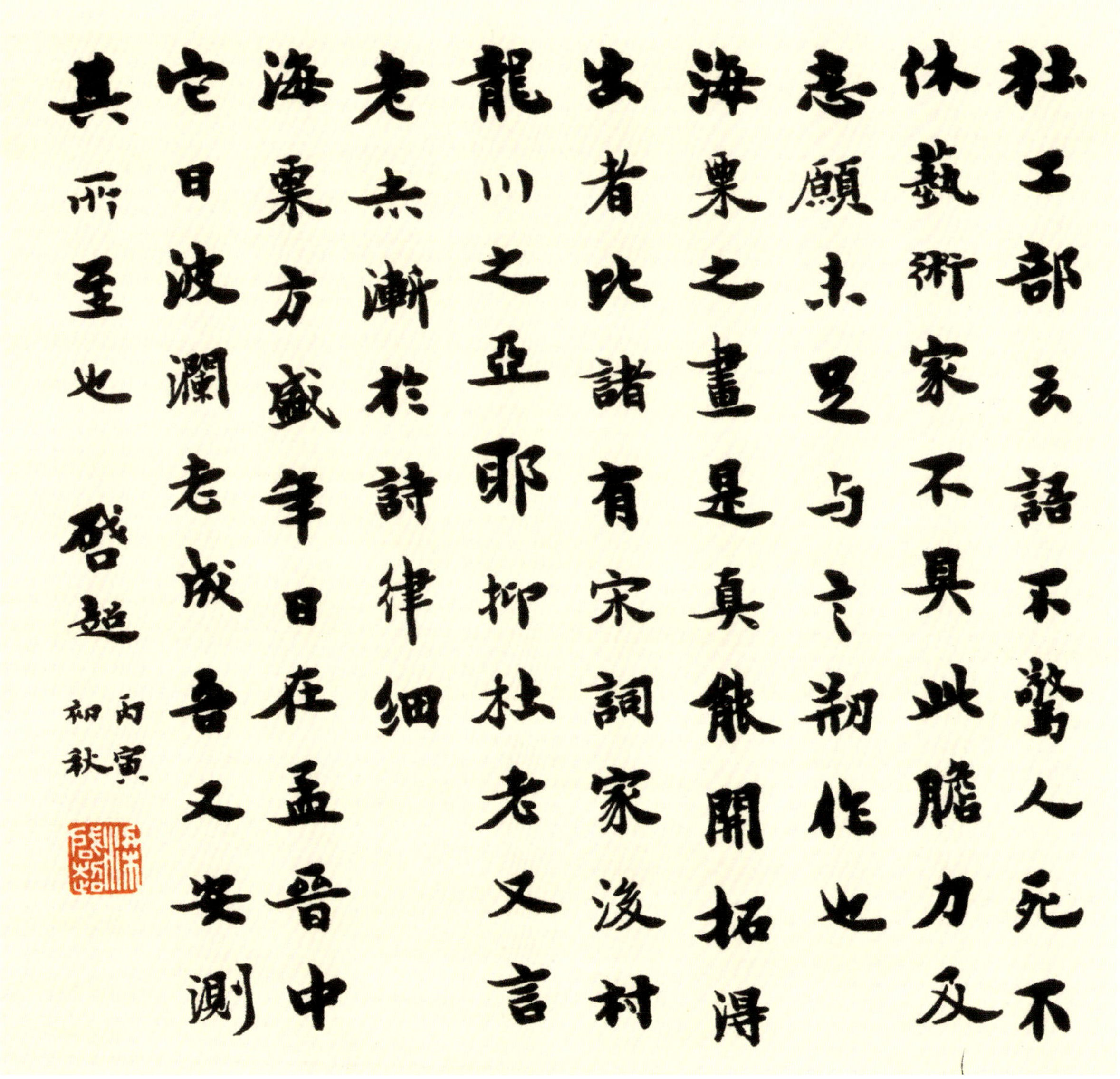
杜工部云語不驚人死不
休藝術家不具此膽力及
志願未足与言創作也
海粟之畫是真能開拓得
出者比諸有宋詞家後村
龍川之亞耶抑杜老又言
老去漸於詩律細
海粟方盛年日在孟晉中
它日波瀾老成又安測
其所至也
啟超
丙寅初秋

题《海粟近作》（1926 年）

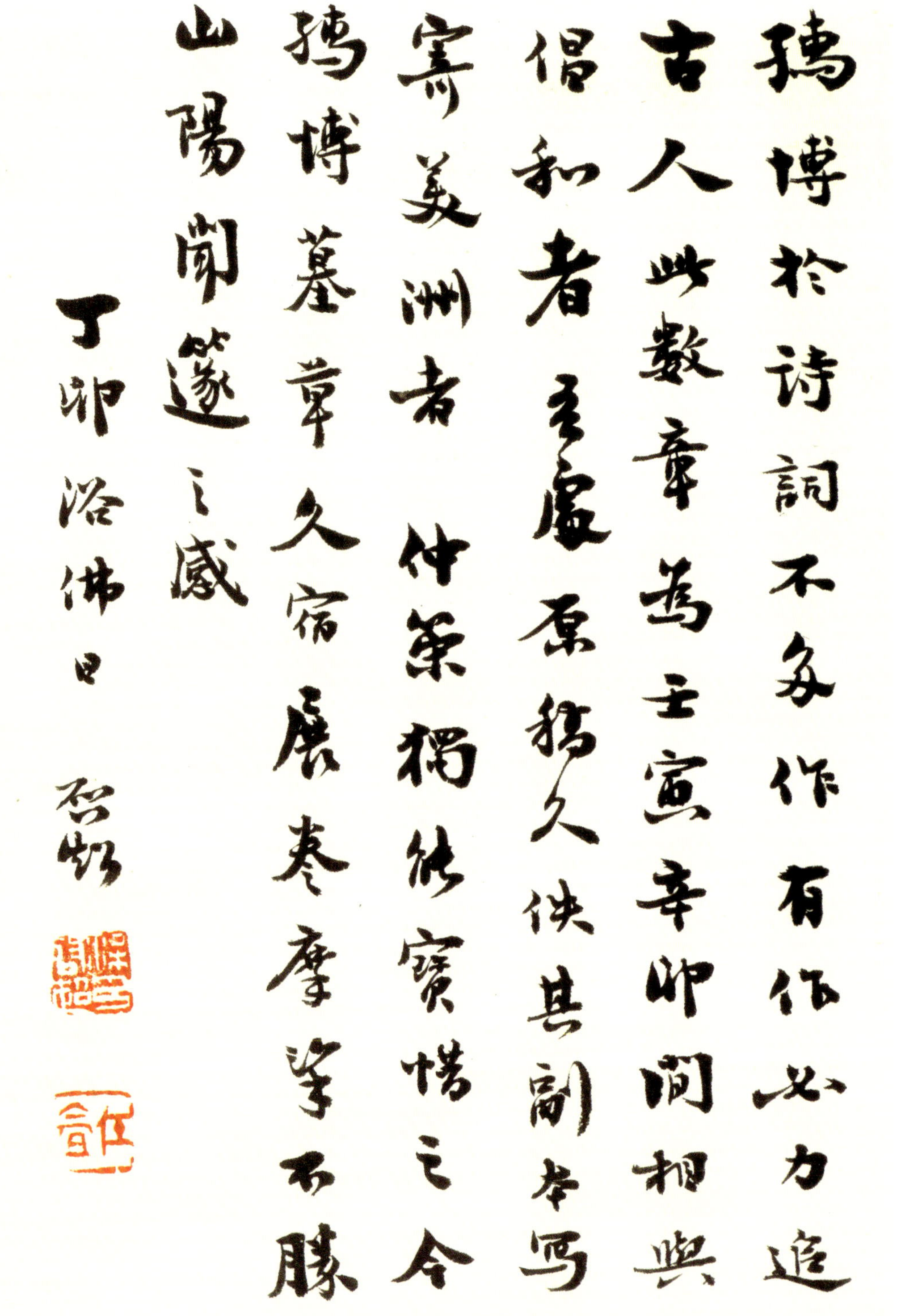

跋《麦孟华诗词稿》（1927 年）

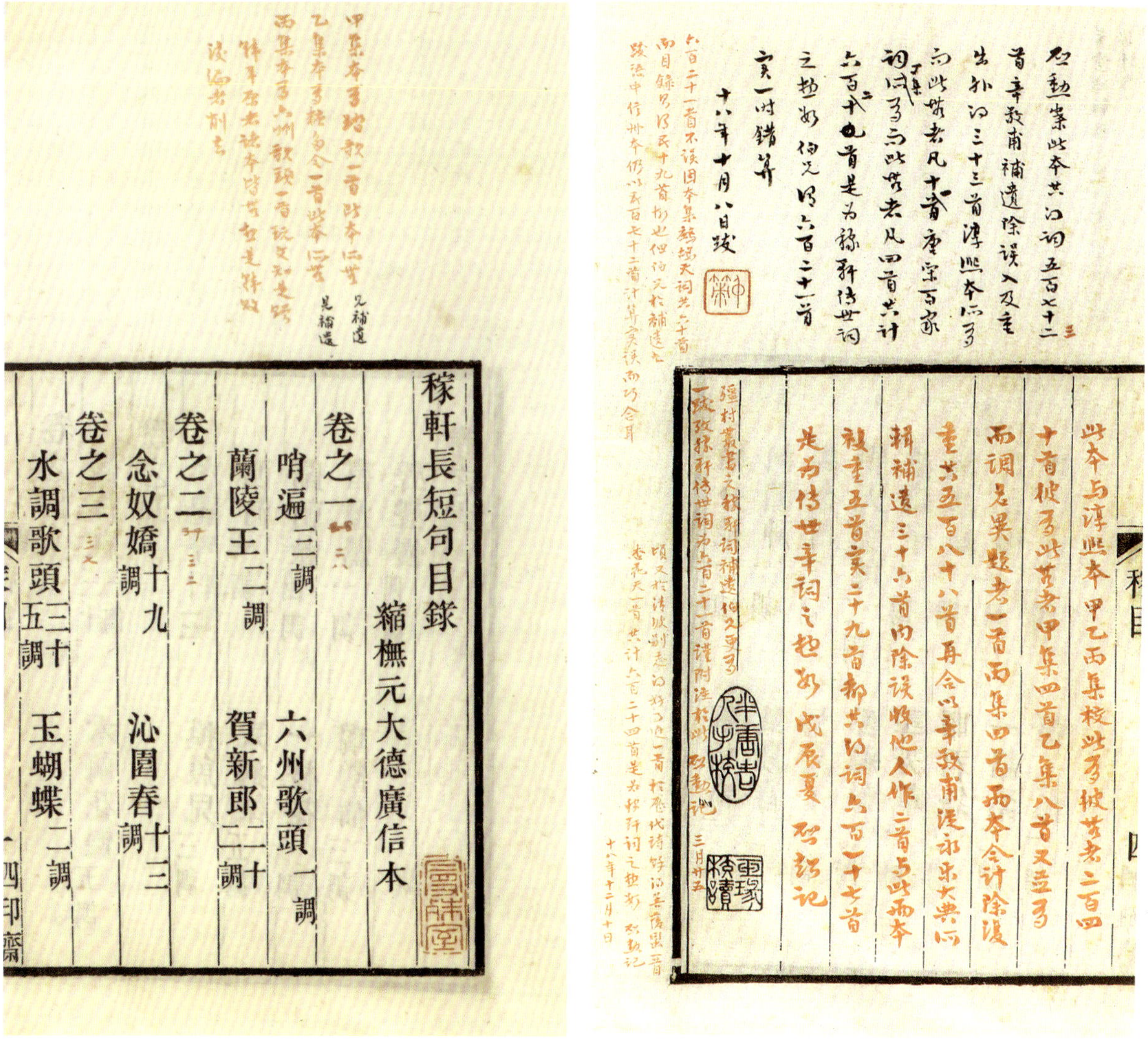
稼軒長短句目錄
縮橅元大德廣信本
卷之一
哨遍三調　六州歌頭一調
蘭陵王二調　賀新郎二十二調
卷之二
念奴嬌十九　沁園春十三調
卷之三
水調歌頭三十五調　玉蝴蝶二調
四印齋

啟勳案此本共得詞五百七十三首，辛敬甫補遺除誤入及重出外得三十三首，淳熙本所有而此無者凡十首，唐宋百家詞（丁集）所有而此無者凡四首，共計六百廿二首，是為稼軒傳世詞之總數。但只得六百二十一首，實一時錯算。十八年十月八日跋

此本與淳熙本甲乙丙集校，此多於彼者二百四十首，彼多於此者甲集四首，乙集八首，又並多兩調名異題者一首，丙集四首。兩本合計除復重共五百八十八首，再合以辛敬甫注永樂大典所輯補遺三十六首，內除誤收他人作二首與此兩本複重五首，實二十九首，都共得詞六百一十七首，是為傳世辛詞之總數。戊辰夏　啟超記

批并跋《四印斋所刻词》（1928 年）

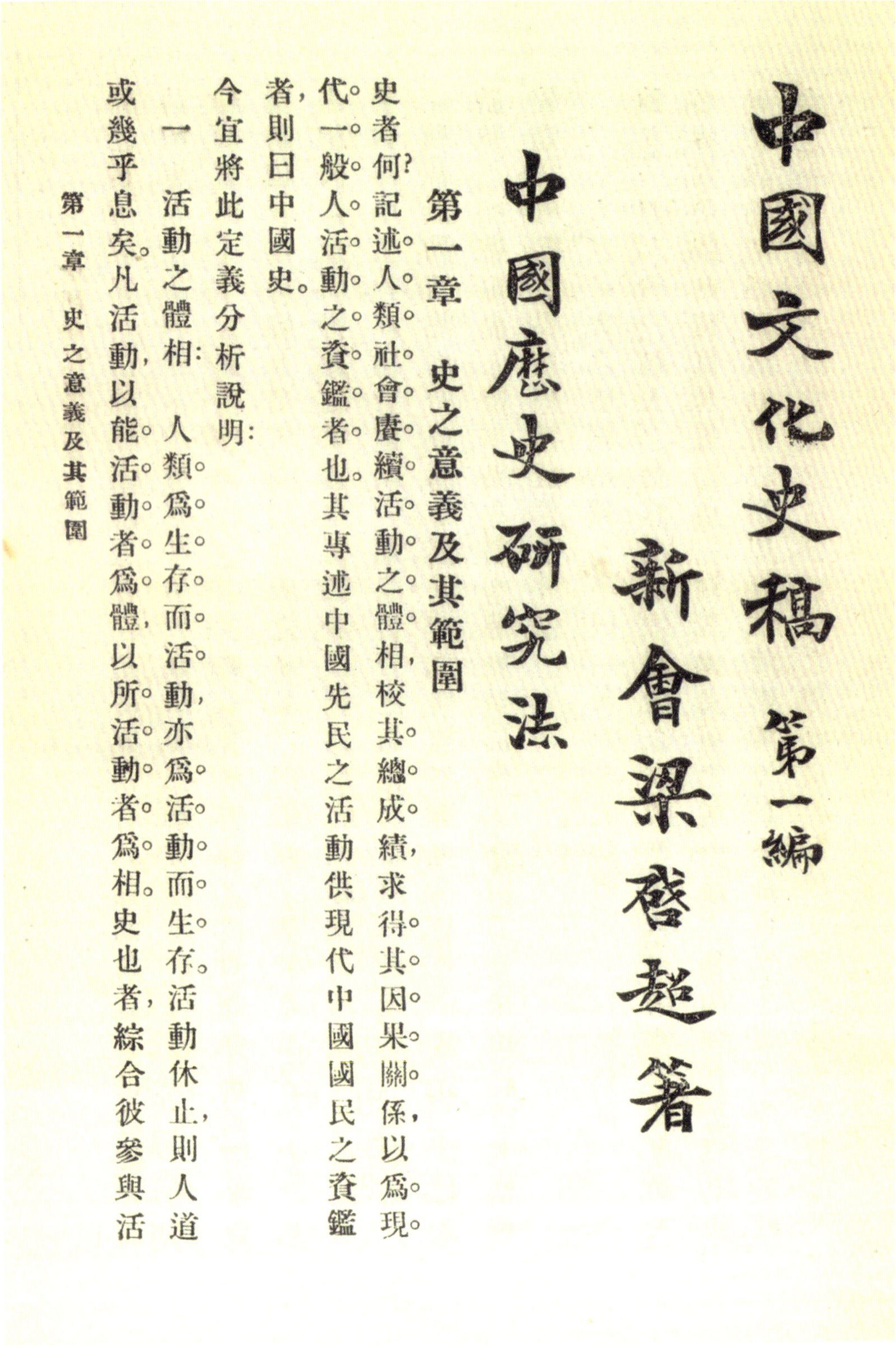
中國文化史稿 第一編

新會梁啓超著

中國歷史研究法

第一章 史之意義及其範圍

史者何?記述人類社會賡續活動之體相，校其總成績，求得其因果關係，以爲現代一般人活動之資鑑者也。其專述中國先民之活動供現代中國國民之資鑑者，則曰中國史。

今宜將此定義分析說明:

一 活動之體相: 人類爲生存而活動，亦爲活動而生存。活動休止，則人道或幾乎息矣。凡活動，以能活動者爲體，以所活動者爲相。史也者，綜合彼參與活

第一章 史之意義及其範圍

题《中国历史研究法》书名（1922年）

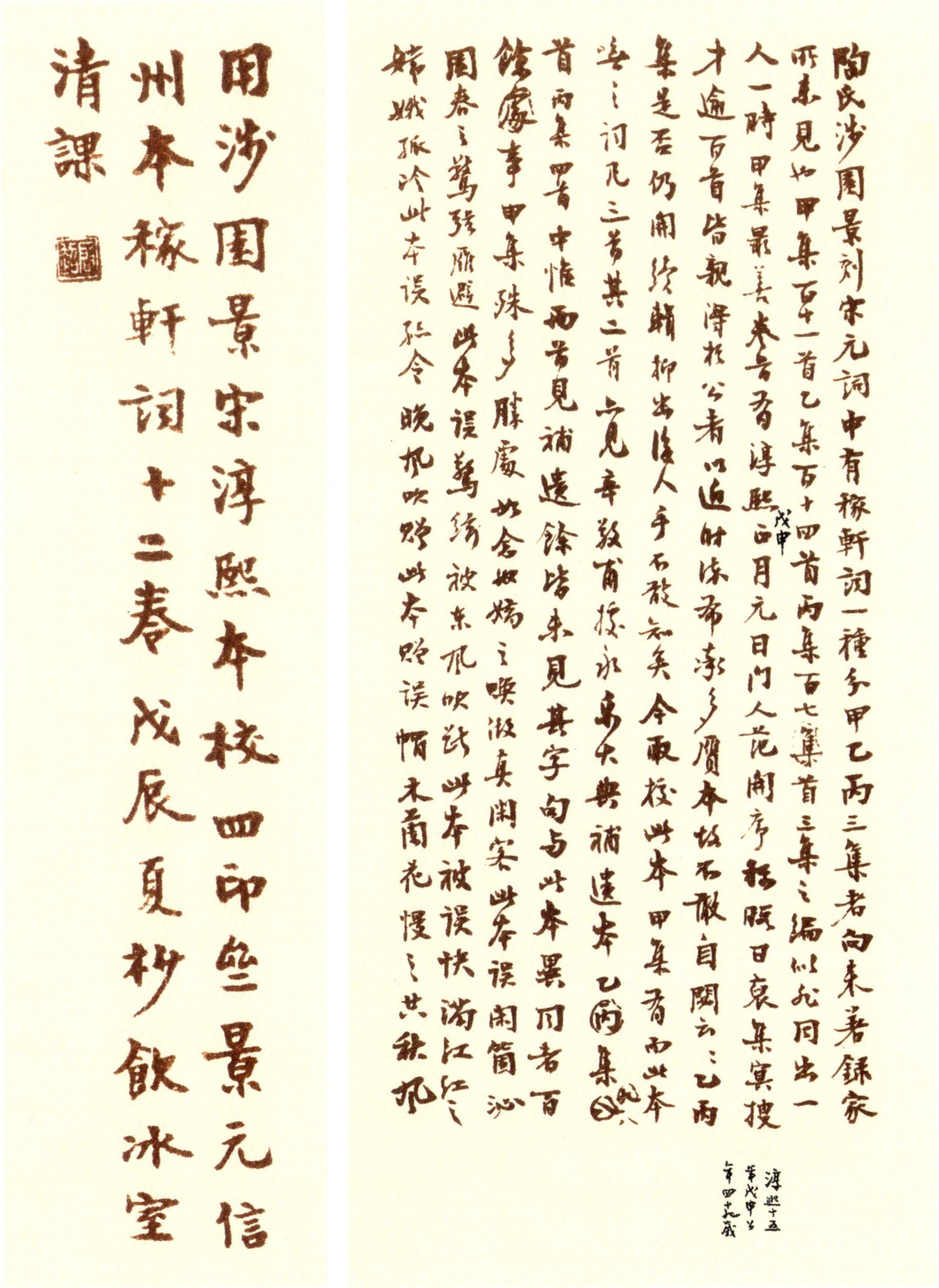
陶氏涉園景刻宋元詞中有稼軒詞一種分甲乙丙三集者向來著錄家
所未見也甲集百十一首乙集百十四首丙集百七集首三集之編似非同出一
人一時甲集最善者有淳熙戊申正月元日門人范開序稱頃日裒集冥搜
才逾百首皆親得於公者以近時流布漸多賈本故不敢自閟云云乙丙
集是否仍開續輯抑出後人手不敢知矣今取校此本甲集有而此本
無之詞凡三首其二首亦見本集有校補遺本乙丙集凡八
首丙集四首中惟兩首見補遺餘皆未見其字句與此本異同者百
餘處事甲集殊多勝處如念奴嬌之嘆淑真閑笑此本誤閑窗沁
園春之鶯聲雁邐此本誤鶯縿被東風吹就此本被誤快滿江紅之
婷娥孤冷此本誤孤令 晚風吹燈此本燈誤帽 木蘭花慢之共秋風
淳熙十五年戊申公年四十九歲

用涉園景宋淳熙本校四印齋景元信
州本稼軒詞十二卷 戊辰夏杪飲冰室
清課

手批《稼轩词》（1928年）

手批《稼轩词》（1928年）

稼軒詞補遺

歷城　辛棄疾　幼安

生查子　和夏中玉

一天霜月明，幾處砧聲起。客夢已難成，秋色無邊際。　旦夕是重陽，菊有黃花蘂。只怕又登高，未飲心先醉。

滿江紅

老子當年，飽經慣、花期酒約。行樂處、輕裘緩帶，繡鞍金絡。明月樓臺簫鼓夜，梨花院落鞦韆索。共何人、對飲五三鍾，顏如玉。　嗟往事，空蕭索。懷新恨，又飄泊。但年來何待，許多幽獨。海水連天凝望遠，山風吹雨征衫薄。向此際、羸馬獨駸駸，情懷惡。

草堂詩餘有金菊對芙蓉一首，諸本皆無，但不類稼軒作。

而出之，幾何不有亡書之歎也。卷中訛誤間亦未免。刊既畢，為條舉所校者如右。壬子立冬後四日彊邨遺民朱孝臧跋。

稼軒詞以元大德本（信州十二卷本）為最備，凡五百七十二首。宋淳熙本甲乙丙三集合計三百三十二首，內十七首為大德本所無。此本補遺三十六首，除誤收東坡者二首外，一首複大德本，四首複淳熙本，其為諸本所未見者實二十九首。三本互除複重，都得詞六百一十八首，是為傳世稼軒詞之總數。淳熙本甲集有范開序，云近時流布海內者率多贗本，此六百十八首中未必盡為稼軒作，然已無從辨別，過而存之可耳。　戊辰先立秋三日啓超跋。

後五日復見明吳訥唐宋百家詞所收稼軒集，乃淳熙本，惟更有丁集，凡詞百首，內五首與乙集重出，其為諸本所無者又五首，內一首係誤入龍洲詞，實多出四首，都計六百二十一首，實傳世稼軒詞總數。　啓超又記

手批《稼轩词》（1928 年）

三、手稿

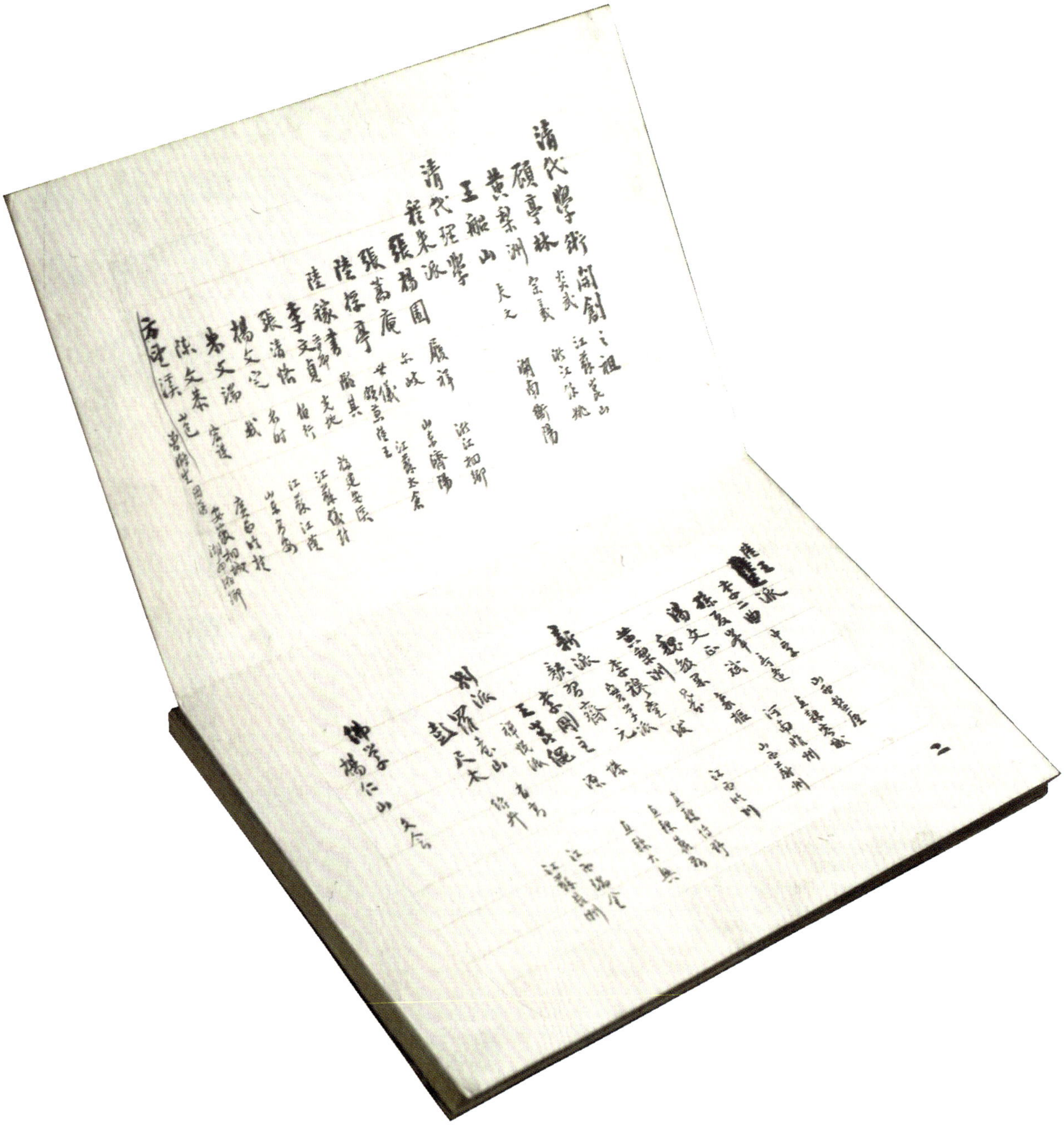

清代學術開創之祖
顧亭林 炎武 江蘇崑山
黃梨洲 宗羲 浙江餘姚
王船山 夫之 湖南衡陽

《清代学术讲稿》（1918 年）

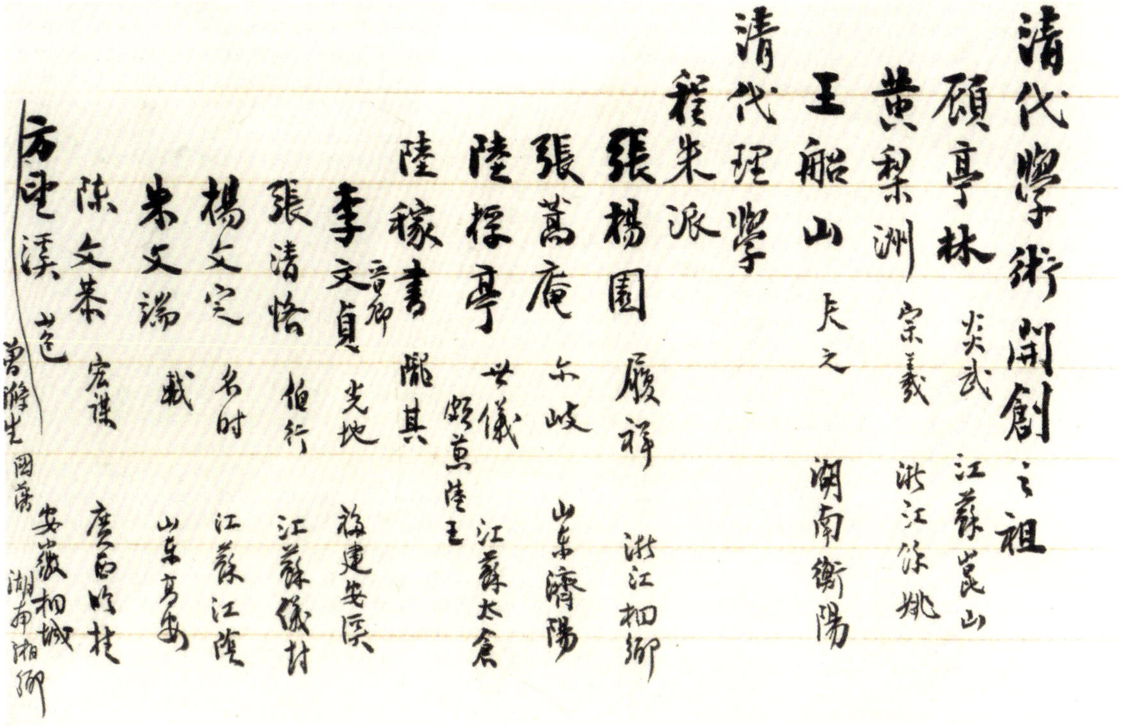
清代學術開創之祖
顧亭林 炎武 江蘇崑山
黃梨洲 宗羲 浙江餘姚
王船山 夫之 湖南衡陽
清代理學
程朱派
張楊園 履祥 浙江桐鄉
張蒿庵 尔岐 山東濟陽
陸桴亭 世儀 頗兼陸王 江蘇太倉
陸稼書 隴其
李文貞 晉卿 光地 福建安溪
張清恪 伯行 江蘇儀封
楊文定 名时 江蘇江陰
朱文端 軾 山東高安
陳文恭 宏謀 廣西臨桂
方望溪 苞 安徽桐城
曾滌生 國藩 湖南湘鄉

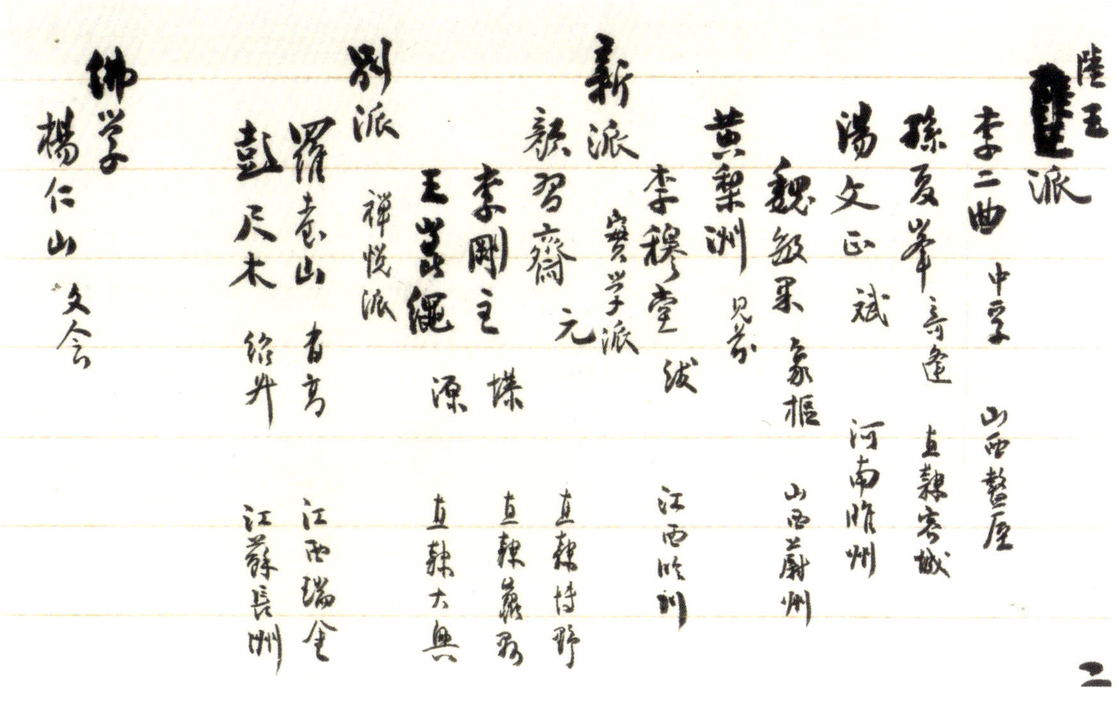
陸王派
李二曲 中孚 山西盩厔
孫夏峰 奇逢 直隸容城
湯文正 斌 河南睢州
魏敏果 象樞 山西蔚州
黃梨洲 見前
李穆堂 紱 江西臨川
新派 實學派
顏習齋 元 直隸博野
李剛主 塨 直隸蠡縣
王崑繩 源 直隸大興
別派 禪悅派
羅臺山 有高 江西瑞金
彭尺木 紹升 江蘇長洲
佛学
楊仁山 文会
二

《清代学术讲稿》（1918 年）

清代經學

顧亭林 見前 江蘇崑山
閻百詩（大可） 若璩 尚書 山西太原
胡朏明 渭 易書 浙江德清
惠定宇 棟 易 江蘇吳縣
錢竹汀 大昕 易 浙江嘉定
戴東原 震 江蘇休寧
段茂堂 玉裁 說文 江蘇金壇
阮芸臺（文達） 元 江蘇儀徵
孔巽軒 廣森 公羊 山東曲阜
王懷祖 念孫 江蘇高郵
王伯申（文簡） 引之 念孫子
孫淵如 星衍 江蘇陽湖
凌次仲 廷堪 儀禮 安徽歙縣
張皋文 惠言 易 江蘇武進
焦里堂 循 易 江蘇甘泉

胡竹村 培翬 江西績溪
莊方耕 存與 述 公羊 江蘇武進
劉申受 逢祿 公羊 江蘇陽湖
陳卓人 立 公羊 江蘇句容
桂未谷 馥 山東曲阜
陳碩甫 奐 毛詩 江蘇長洲
俞蔭甫 樾 浙江仁和
孫仲容 詒讓 浙江瑞安
陳樸園 喬樅 福建侯官
王菉友 筠 山東安邱
鄭子尹 珍 貴州遵義

經學別派

王船山 見前
萬充宗 斯大 浙江鄞縣
徐健菴 乾學 江蘇崑山
顧震滄 棟高 江蘇無錫
朱竹垞 彝尊 浙江秀水
全謝山 祖望
朱子襄（九江先生） 次琦 廣東南海
陳蘭甫（東塾） 澧 廣東番禺
魏默深 源 湖南邵陽

四

《清代学术讲稿》（1918 年）

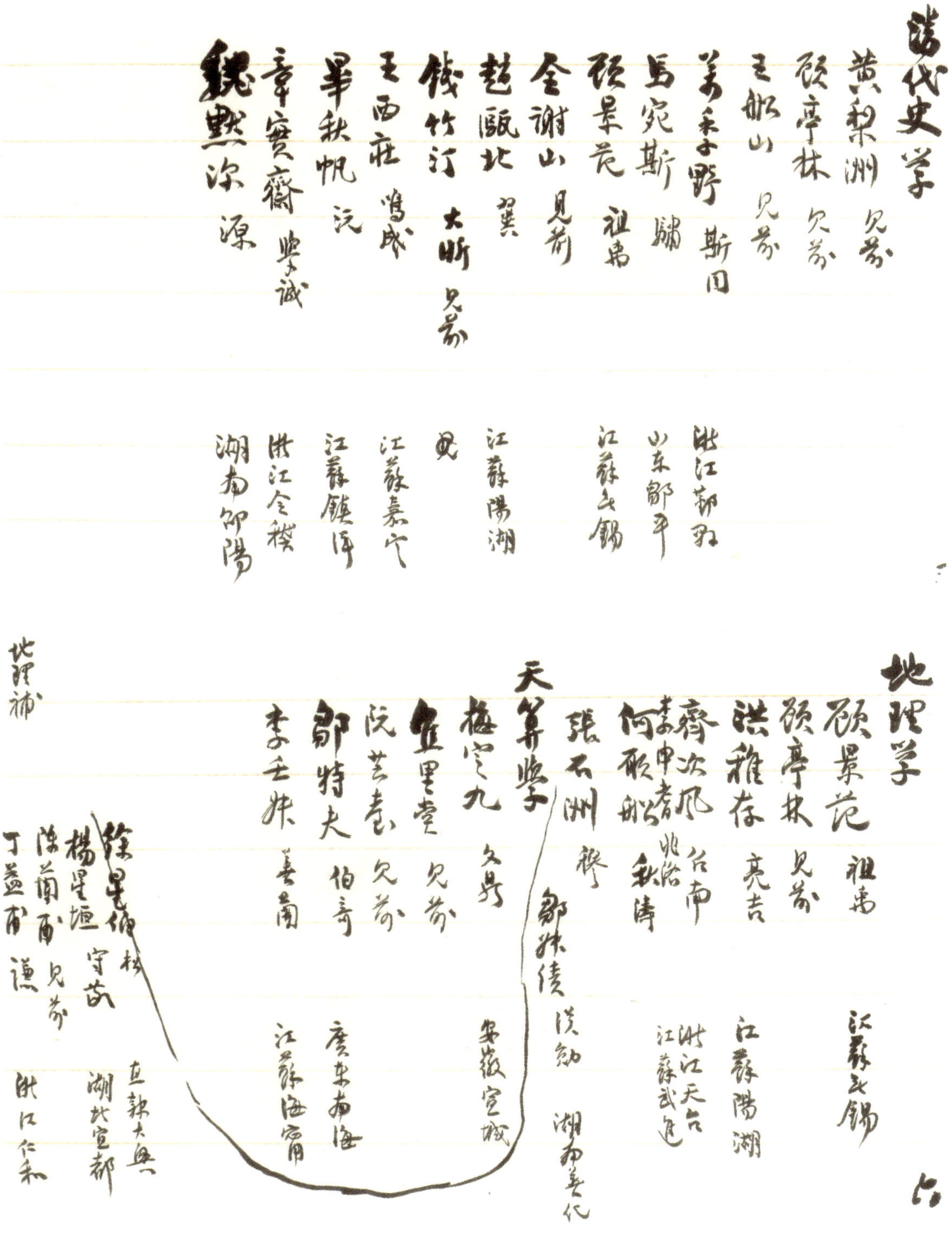

清代史学

黄梨洲 見前
顧亭林 見前
王船山 見前
萬季野 斯同 浙江鄞縣
馬宛斯 驌 山東鄒平
顧景范 祖禹 江蘇無錫
全謝山 見前
趙甌北 翼 江蘇陽湖
錢竹汀 大昕 見前 見
王西莊 鳴盛 江蘇嘉定
畢秋帆 沅 江蘇鎮洋
章實齋 學誠 浙江會稽
魏默深 源 湖南邵陽

地理学

顧景范 祖禹 江蘇無錫
顧亭林 見前
洪稚存 亮吉 江蘇陽湖
齊次風 召南 浙江天台
李申耆 兆洛 江蘇武進
何願船 秋濤
張石洲 穆
鄒叔績 漢勛 湖南新化

天算學

梅定九 文鼎 安徽宣城
焦里堂 見前
阮芸臺 見前
鄒特夫 伯奇 廣東南海
李壬叔 善蘭 江蘇海寧

地理補

徐星伯 松 直隸大興
楊星垣 守敬 湖北宜都
陳蘭甫 澧 見前
丁益甫 謙 浙江仁和

《清代学术讲稿》（1918年）

目録及校勘學

紀曉嵐 昀　直隸獻縣

阮芸臺

何義門 焯

盧雅雨 見曾　山東德州

黃蕘圃 丕烈　江蘇吳縣

顧千里 廣圻

楊星吾 見前

羅叔蘊 振玉　浙江上虞

金石學

顧亭林 見前

朱竹垞 見前

翁覃谿 方綱　直隸大興

王蘭泉 昶　江蘇青浦

黃小松 易　浙江錢塘

吳荷屋 榮光　廣東南海

陳壽卿 介祺　山東濰縣

七

潘伯寅 祖蔭　江蘇吳縣

吳清卿 大澂　江蘇吳縣

張叔未 廷濟　浙江嘉興

楊星吾 見前

羅叔蘊 見前

王蓮生 懿榮　山東福山

列前

《清代学术讲稿》（1918年）

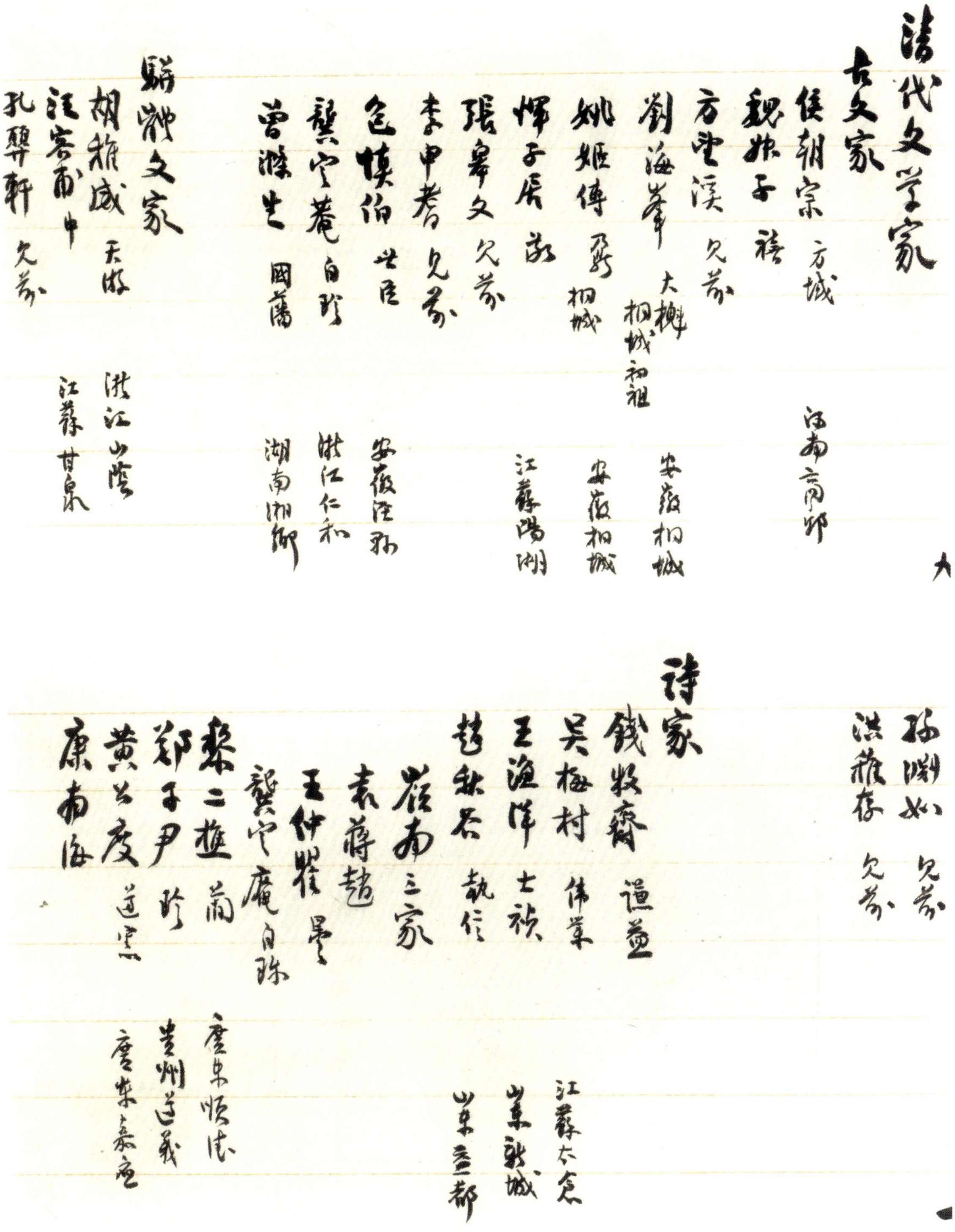
清代文学家

古文家

侯朝宗 方域 河南商邱
魏叔子 禧
方望溪 欠考
刘海峯 大櫆 桐城初祖 安徽桐城
姚姬传 鼐 桐城 安徽桐城
恽子居 敬 江苏阳湖
张皋文 欠考
李申耆 欠考
包慎伯 世臣 安徽泾县
龚定庵 自珍 浙江仁和
曾涤生 国藩 湖南湘乡

骈体文家

胡稚威 天游 浙江山阴
汪容甫 中 江苏甘泉
孔巽轩 欠考
孙渊如 欠考
洪稚存 欠考

诗家

钱牧斋 谦益
吴梅村 伟业 江苏太仓
王渔洋 士禛 山东新城
赵秋谷 执信 山东益都
岭南三家
袁蒋赵
王仲瞿 昙
龚定庵 自珍
黎二樵 简 广东顺德
郑子尹 珍 贵州遵义
黄公度 遵宪 广东嘉应
康南海

《清代学术讲稿》（1918年）

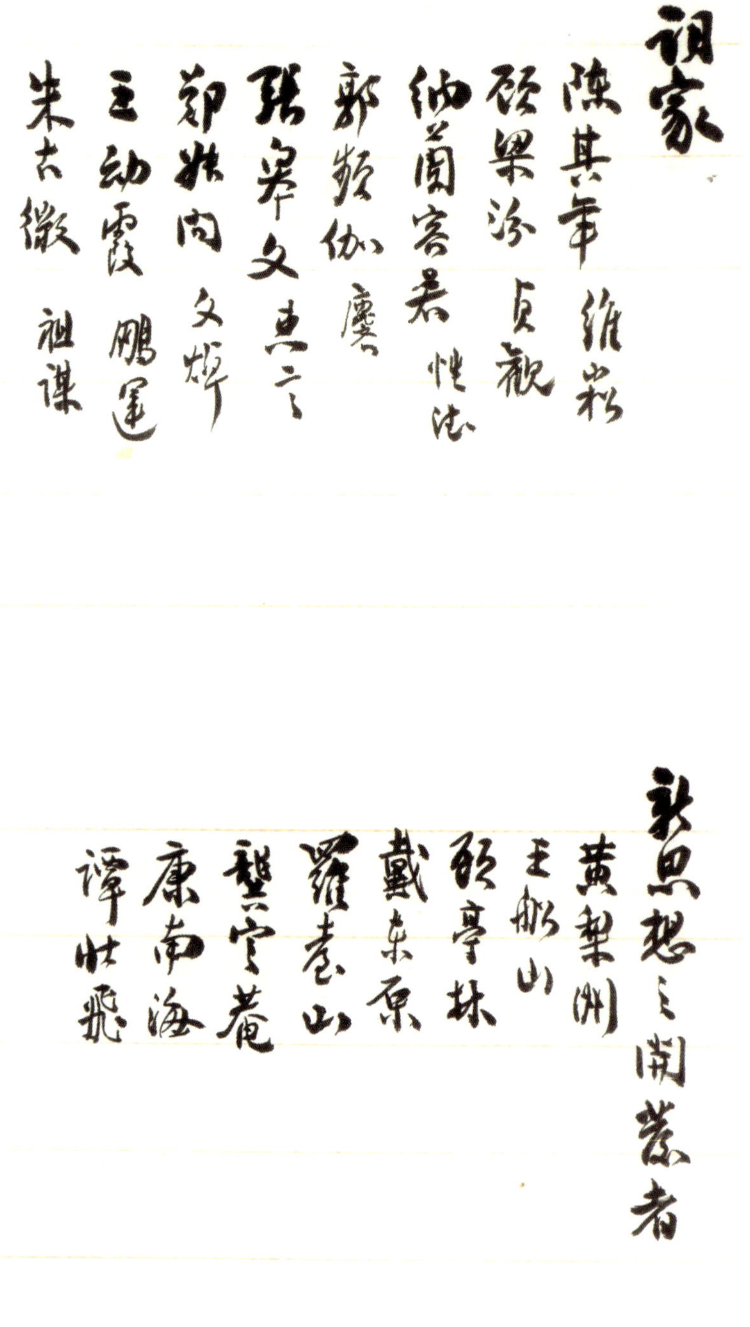

詞家
陳其年 維崧
顧梁汾 貞觀
納蘭容若 性德
郭頻伽 麐
張皋文 惠言
鄭叔問 文焯
王幼霞 鵬運
朱古微 祖謀

新思想之開發者
黃梨洲
王船山
顧亭林
戴東原
羅臺山
龔定庵
康南海
譚壯飛

《清代学术讲稿》（1918 年）

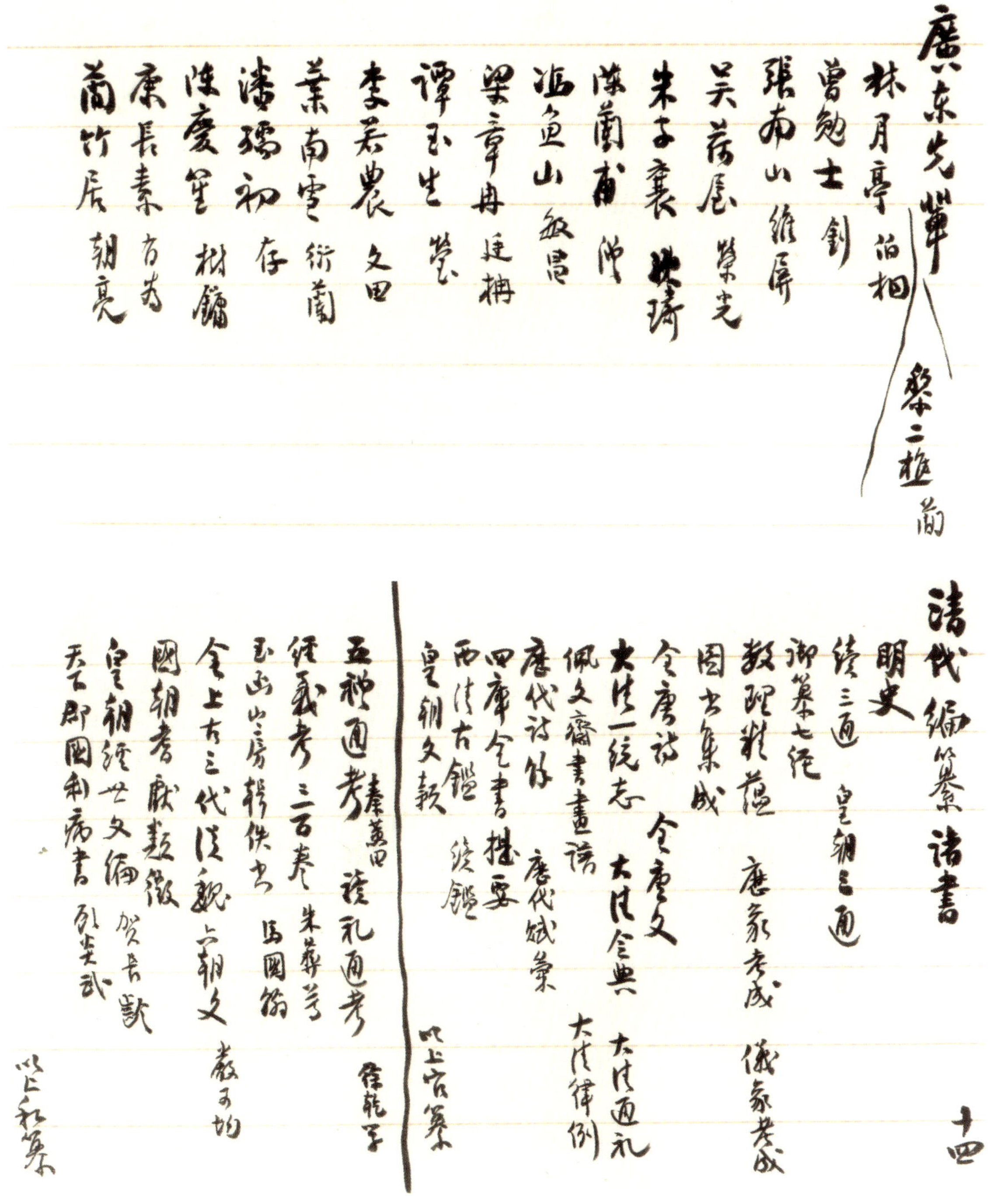
廣東先輩

林月亭 伯桐
曾勉士 釗
張南山 維屏
吳荷屋 榮光
朱子襄 次琦
陳蘭甫 澧
馮魚山 敏昌
梁章冉 廷枏
譚玉生 瑩
李若農 文田
葉南雪 衍蘭
潘孺初 存
陳慶笙 樹鏞
康長素 有為
簡竹居 朝亮

黎二樵 簡

清代編纂諸書 十四

明史
續三通 皇朝三通
御纂七經
數理精蘊 歷象考成 儀象考成
圖書集成
全唐詩 全唐文
大清一統志 大清會典 大清通禮
佩文齋書畫譜 大清律例
歷代詩餘 歷代賦彙
四庫全書提要
西清古鑑 續鑑
皇朝文穎
以上官纂

五禮通考 秦蕙田 讀禮通考 徐乾學
經義考 三百卷 朱彝尊
玉函山房輯佚書 馬國翰
全上古三代漢魏六朝文 嚴可均
國朝耆獻類徵
皇朝經世文編 賀長齡
天下郡國利病書 顧炎武
以上私纂

《清代学术讲稿》（1918年）

清代最有價值之著述

顧炎武日知錄
黃宗羲明儒學案
顧祖禹讀史方輿紀要
顧棟高春秋大事表
胡渭禹貢錐指
閻若璩古文尚書疏證
孫星衍尚書今古文注疏
簡朝亮尚書集注述疏
陳奐詩毛氏傳疏
胡承珙儀禮正義
孫詒讓周禮正義
陳立公羊義疏
郝懿行爾雅義疏

段玉裁說文解字注
桂馥說文義證
王念孫廣雅疏證
孫詒讓墨子閒詁
王念孫經傳釋詞 讀書雜志
王引之經義述聞
俞樾古書疑義舉例
阮元經籍籑詁
章學誠文史通義
陳澧東塾讀書記
趙翼廿二史劄記

《清代学术讲稿》（1918年）

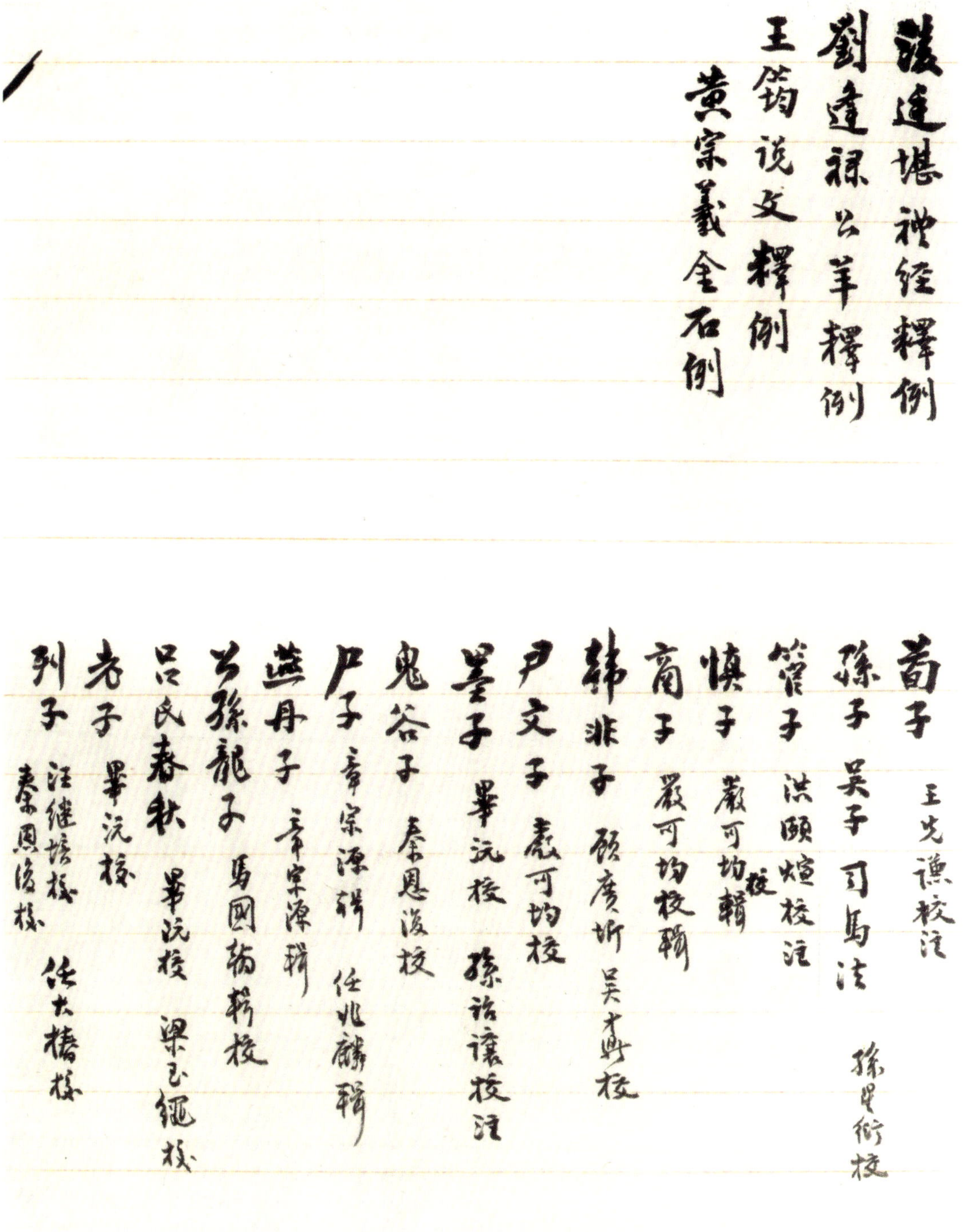

凌廷堪禮經釋例
劉逢祿公羊釋例
王筠說文釋例
黃宗羲金石例

荀子 王先謙校注
孫子 吳子 司馬法 孫星衍校
管子 洪頤煊校注
慎子 嚴可均輯校
商子 嚴可均校輯
韓非子 顧廣圻 吳鼒校
尹文子 嚴可均校
墨子 畢沅校 孫詒讓校注
鬼谷子 秦恩復校
尸子 章宗源輯 任兆麟輯
燕丹子 章宗源輯
公孫龍子 馬國翰輯校
呂氏春秋 畢沅校 梁玉繩校
老子 畢沅校
列子 汪繼培校 秦恩復校 任大椿校

《清代学术讲稿》（1918年）

素問 錢熙祚校 張琦注
周髀算經 戴震校
九章算術 戴震校
逸周書 盧文弨校 朱右曾校注 陳逢衡注
國語 顧廣圻校 汪遠孫校注 洪亮吉疏
戰國策 顧廣圻校 盧見曾校
山海經 畢沅校 郝懿行疏
竹書紀年 洪頤煊校 陳逢衡注
穆天子傳 洪頤煊校 丁謙校注
世本 孫馮翼輯 嚴可均輯 張澍輯 秦嘉謨輯補
孔子家語 盧文弨校
晏子春秋 孫星衍校注

列女傳 王照圓校注 梁端校注
新序 陳壽祺校注
說苑 陳壽祺校注
水經注 戴震校釋 趙一清校釋 楊守敬校釋

《清代学术讲稿》（1918 年）

金石

石刻文
銅器款識文
瓦當及塼文
錢文
印文
龜甲文
竹簡文

目錄 叢書
四庫未收書
紀 阮芸臺 黃蕘圃
范氏天一閣
錢氏絳雲樓

史學
考證 趙錢王
校勘
補表志
分類
義例 章
私著 文史 魏默

地理 大清一統志 省志
考古 西域
漢志 水經
洪北江 李申耆

天算
宣州 東原
王錫闡 梅定九

徐曰仁 愛
錢緒山 德洪
王龍谿 畿
羅近溪 汝芳
王心齋 艮
李卓吾 何心隱
羅念菴 洪先
顧憲成 涇陽
高攀龍 景逸
劉宗周
呂叔簡 坤
李見羅 材
聶雙江 豹
朱之瑜
黃宗羲
孫鍾元 奇逢
智旭 蕅益
德清 憨山
徐光啟
李之藻
楊光先
王弇州
楊升菴
張天如
毛晉
明儒言行錄

《清代学术讲稿》（1918 年）

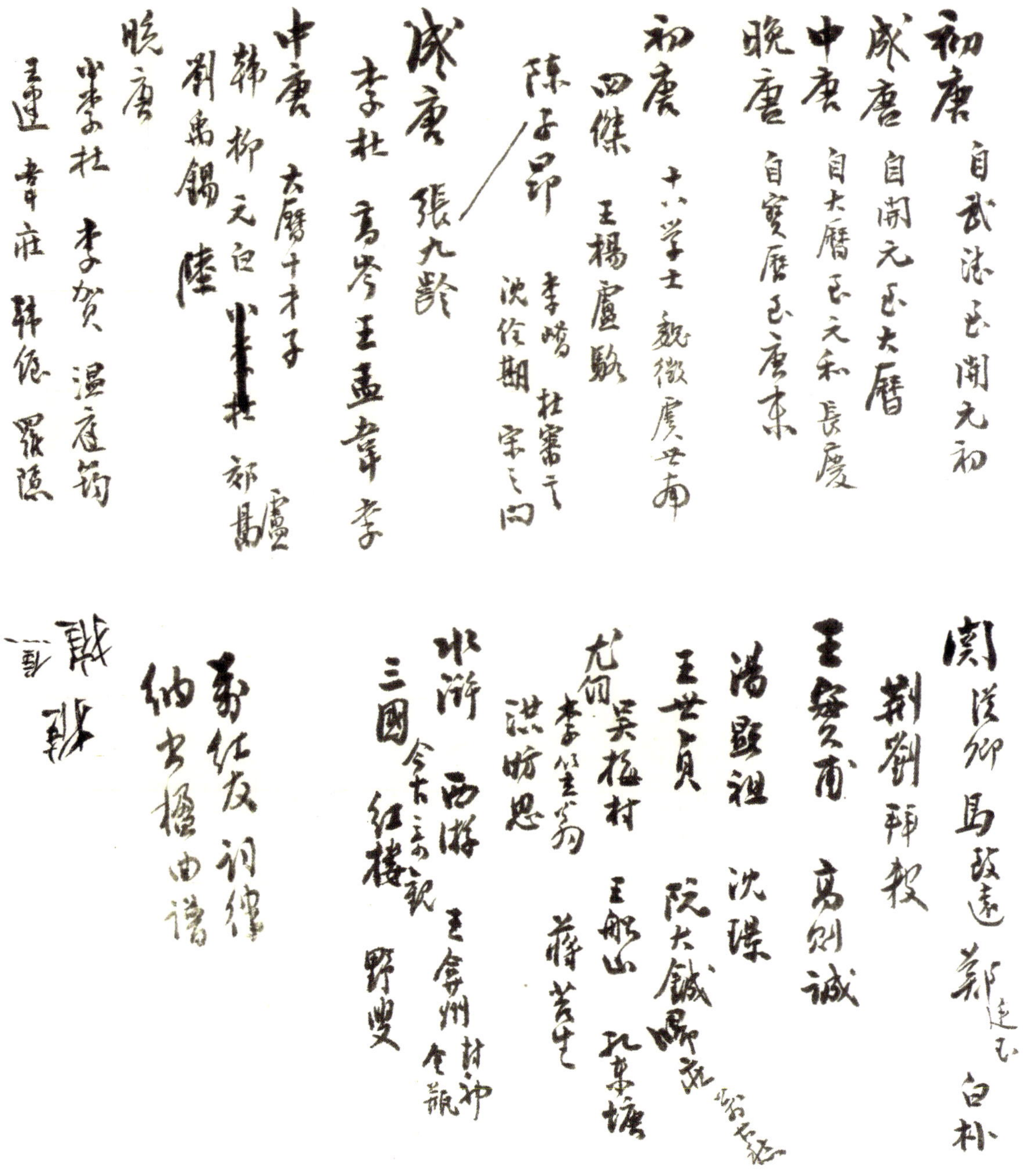

《清代学术讲稿》（1918年）

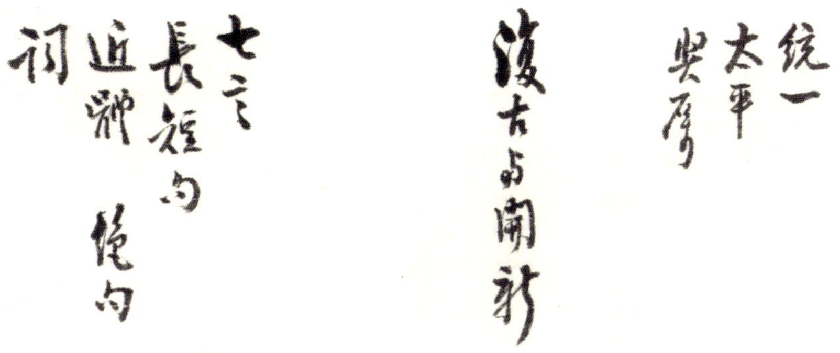

统一
太平
实学
復古与开新
七言
长短句
近体 绝句
词

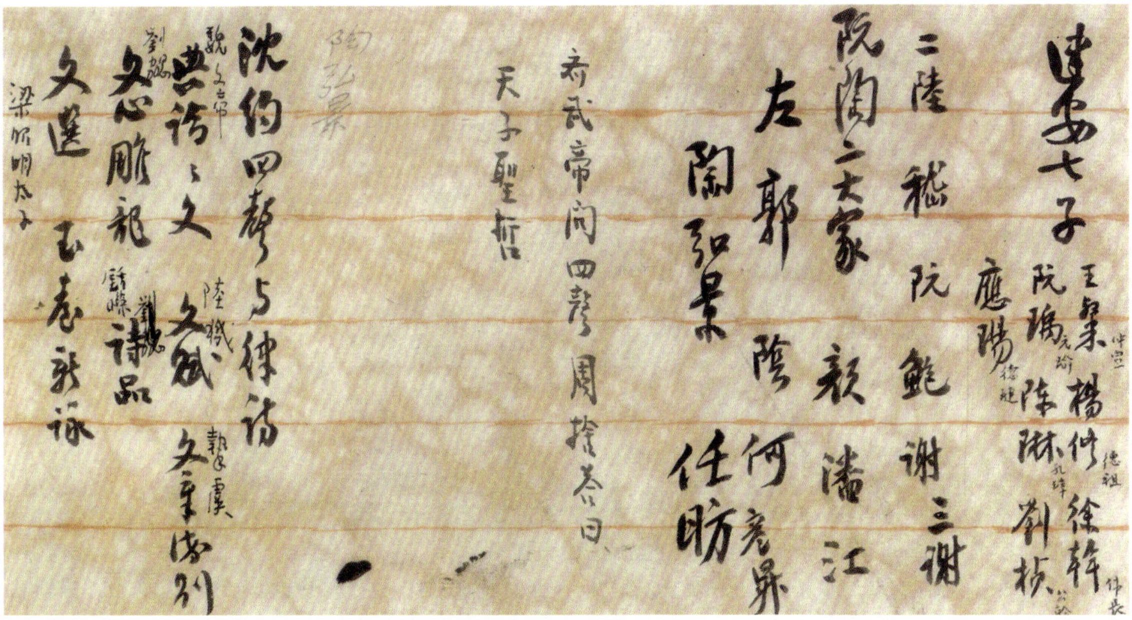

建安七子 王粲 仲宣 杨修 德祖 徐干 伟长 阮瑀 元瑜 陈琳 孔璋 刘桢 公干 应玚 德琏
二陆 嵇 阮 鲍 谢 三谢
阮陶二大家 颜 潘 江
左 郭 阴 何 孝升 任昉
陶弘景
齐武帝问四声 周捨答曰
天子圣哲
沈约四声与律诗
诗之文 文赋 陆机 挚虞 文章流别
文心雕龙 刘勰 诗品 钟嵘
文选 昭明太子 梁 玉台新咏

《清代学术讲稿》（1918 年）

學問之趣味

八月　日在東南大學講演

我是箇主張趣味主義的人。倘若用化學化分「梁啓超」這件東西，把裏頭所含一種原素名叫「趣味」的抽出來，只怕所賸下僅有箇〇了。我以為：凡人必常常生活於趣味之中，生活才有價值。若哭喪著臉捱過幾十年，那麼，生命便成沙漠，要來何用？中國人見面最喜歡用的一句話：「近來作何消遣？」這句話我聽著便討厭。話裏的意思，好像生活得不耐煩了，

《学问之趣味》讲演稿（1922年）

幾十年日子沒有法子過，勉強找些事情來消他遣他。一箇人若生活於這種狀態之下，我勸他不如早日投海！我覺得天下萬事萬物都有趣味，我只嫌二十四點鐘不能擴充到四十八點，不彀我享用。我一年到頭不肯歇息，問我忙什麼？忙的是我的趣味。我以為這便是人生最合理的生活，我常常想運動別人也學我這種生活。

凡屬趣味，我一概都承認他是好的。但怎麼樣纔算「趣味」，不能不下一箇注腳。我說：「凡一件事做下去不會生出

《学问之趣味》讲演稿（1922 年）

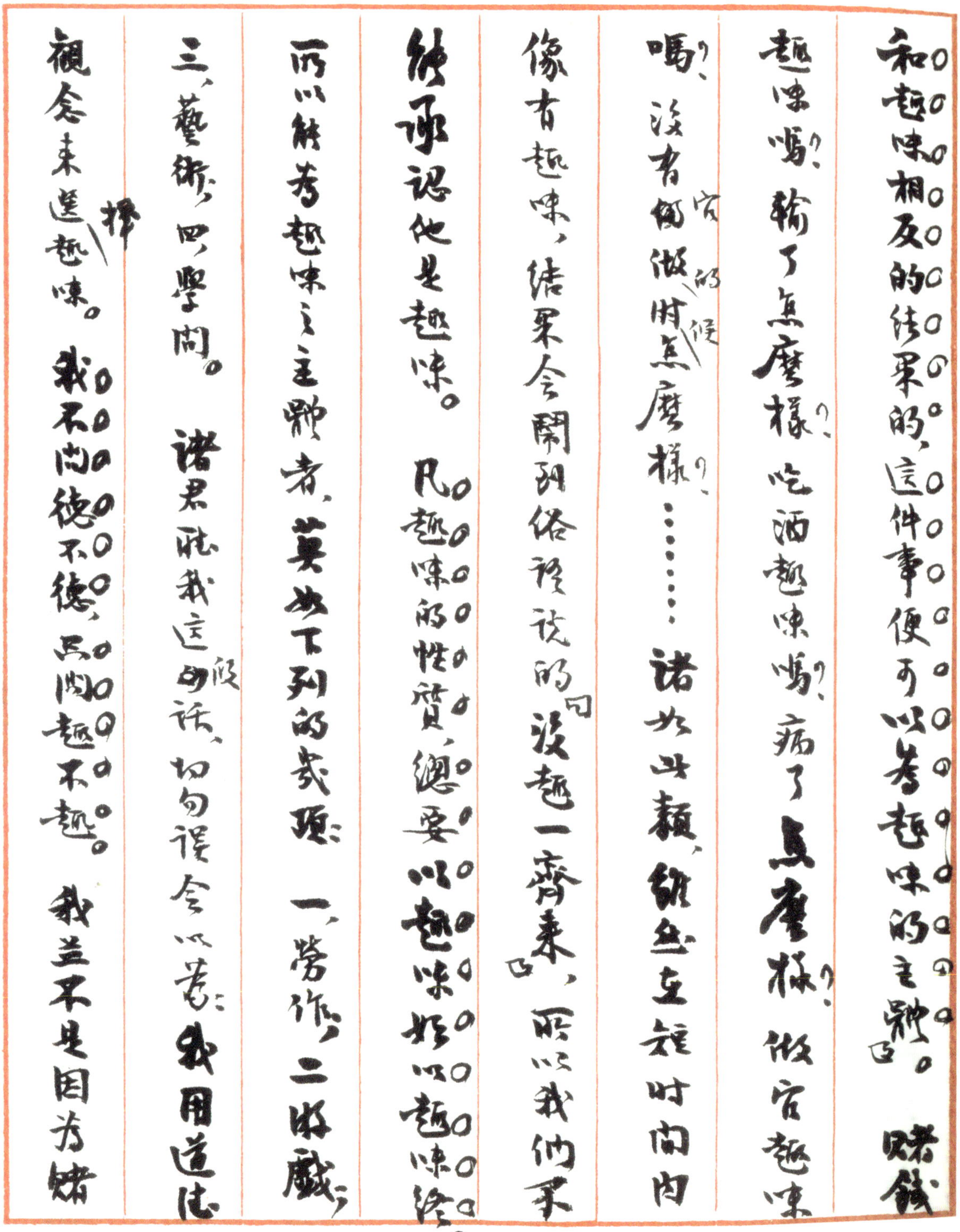

和趣味相反的結果的，這件事便可以為趣味的主體。賭錢趣味嗎？輸了怎麼樣？吃酒趣味嗎？病了怎麼樣？做官趣味嗎？沒有官做的時候怎麼樣？……諸如此類，雖然在短時間內像有趣味，結果會鬧到俗語說的"沒趣"一齊來，所以我們不能承認他是趣味。凡趣味的性質，總要以趣味始以趣味終。所以能為趣味之主體者，莫如下列的幾項：一、勞作，二、遊戲，三、藝術，四、學問。諸君聽我這段話，切勿誤會以為：我用道德觀念來選擇趣味。我不問德不德，只問趣不趣。我並不是因為賭

《学问之趣味》讲演稿（1922年）

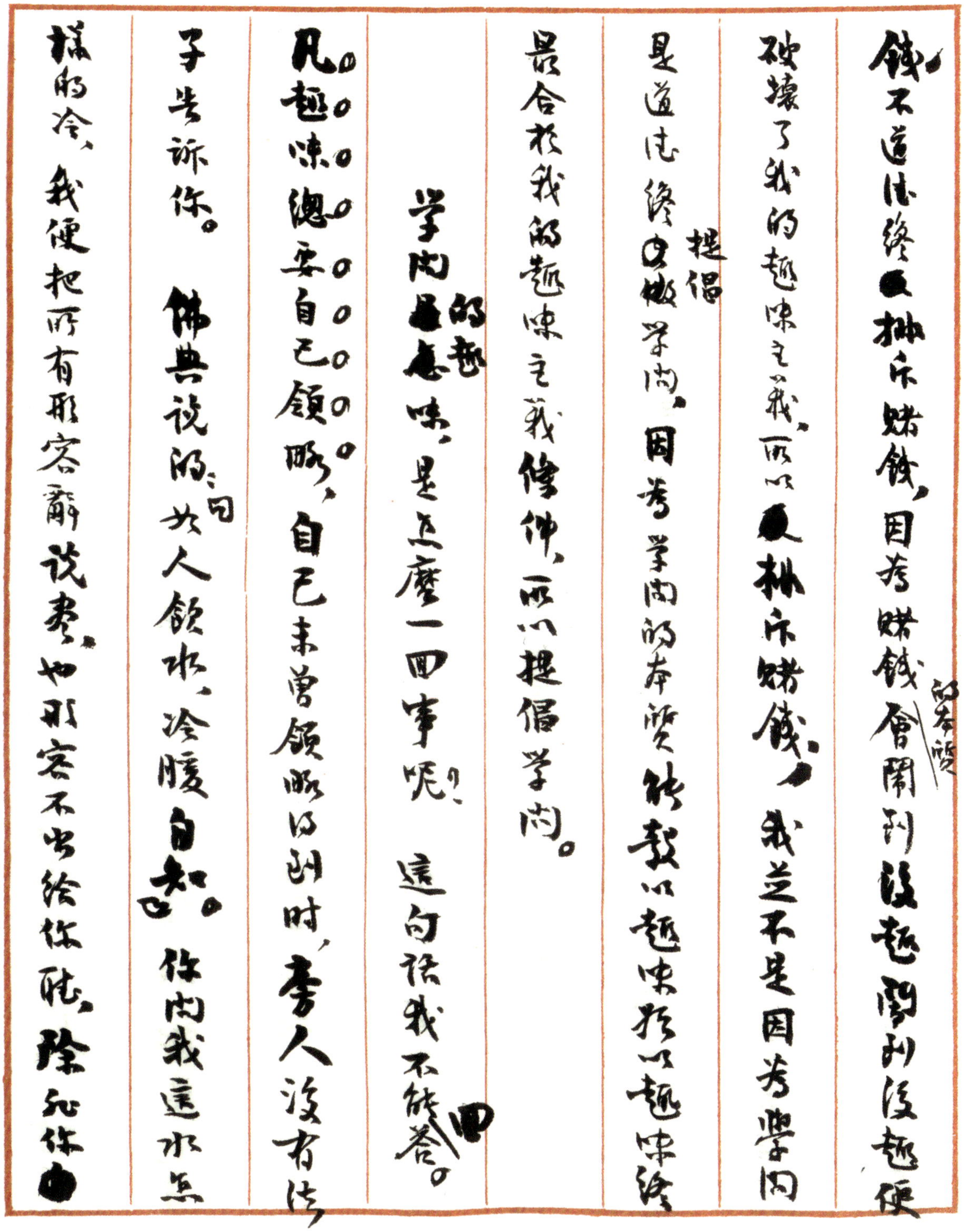

錢，不道德，總排斥賭錢，因爲賭錢的本質會鬧到沒趣，鬧到沒趣便破壞了我的趣味主義，所以排斥賭錢。我並不是因爲學問是道德總提倡做學問。因爲學問的本質能夠以趣味始以趣味終，最合於我的趣味主義條件，所以提倡學問。

學問的趣味，是怎麼一回事呢？這句話我不能回答。

凡。趣。味。總。要。自。己。領。略。自己未曾領略得到時，旁人沒有法子告訴你。佛典說的：「如人飲水，冷暖自知。」你問我這水怎樣的冷，我便把所有形容詞說盡，也形容不出給你聽，除非你自

《学问之趣味》讲演稿（1922年）

己親自嚐一口。我這題目——學問之趣味，並不是要說學問如何如何的有趣味，只要說如何如何便會嘗得著學問的趣味。

諸君要嘗學問的趣味嗎？據我所經歷過的有下列幾條路應走：

第一、無所為（為讀去聲）趣味主義最重要的條件是「無所為而為」。凡有所為而為的事，都是以別一件事為目的而以這件事為手段，為達目的起見勉強用手段，目的達到

《学问之趣味》讲演稿（1922 年）

時，手段便拋卻。例如學生為畢業證書而做學問，著作家為版權而做學問，這種做法，便是以學問為手段，便是有所為。有所為雖然有時也可以為引起趣味的一種方便，但到趣味真發生時，必定要和「所為者」脫離關係。你問我「為什麼做學問？」我便答道：「不為什麼。」再問，我便答道：「為學問而學問」；或者答道：「為我的趣味。」諸君切勿以為我這些話掉弄虛機；人類合理的生活本來如此。小孩子為什麼遊戲？為遊戲而遊戲。人為什麼生活？為生活而生活。為遊戲而遊戲，遊戲便有趣；為體操分數而

《学问之趣味》讲演稿（1922年）

遊戲，遊戲便無趣。
第二、不息。「鴉片煙怎樣會上癮？」「天天吃。」「上癮」
這兩個字，和「天天」這兩個字是離不開的。凡人類的本能，只要
那部分閣久了不用，他便會麻木，會生鏽。十年不跑路，兩條
腿一定會廢了，每天跑一點鐘，跑上幾個月，一天不得跑時，腿
便發癢。人類為理性的動物，「學問慾」原是固有本能之一
種，只怕你出了學校便和學問告辭，把所有經營學問的器
官一齊打落冷宮，把學問的胃口弄壞了，便山珍海錯擺

《学问之趣味》讲演稿（1922年）

在面前也不願意動筷子。 諸君啊！諸君倘若現在從事教育事業或將來想從事教育事業，自然沒有問題，很多機會來培養你學問胃口。若是做別的職業呢？我勸你每日除本業正當勞作之外，最少總要騰出一點鐘，研究你所嗜好的學問。一點鐘那裏不消耗了？千萬別要錯過，鬧成了學問胃口弱的證候，白白自己剝奪了一種人類應享之特權啊！

第三，深入的研究。 趣味總是慢慢的來，越引越多，像倒喫甘蔗，越往下越得好處。 假如你雖然每

《学问之趣味》讲演稿（1922 年）

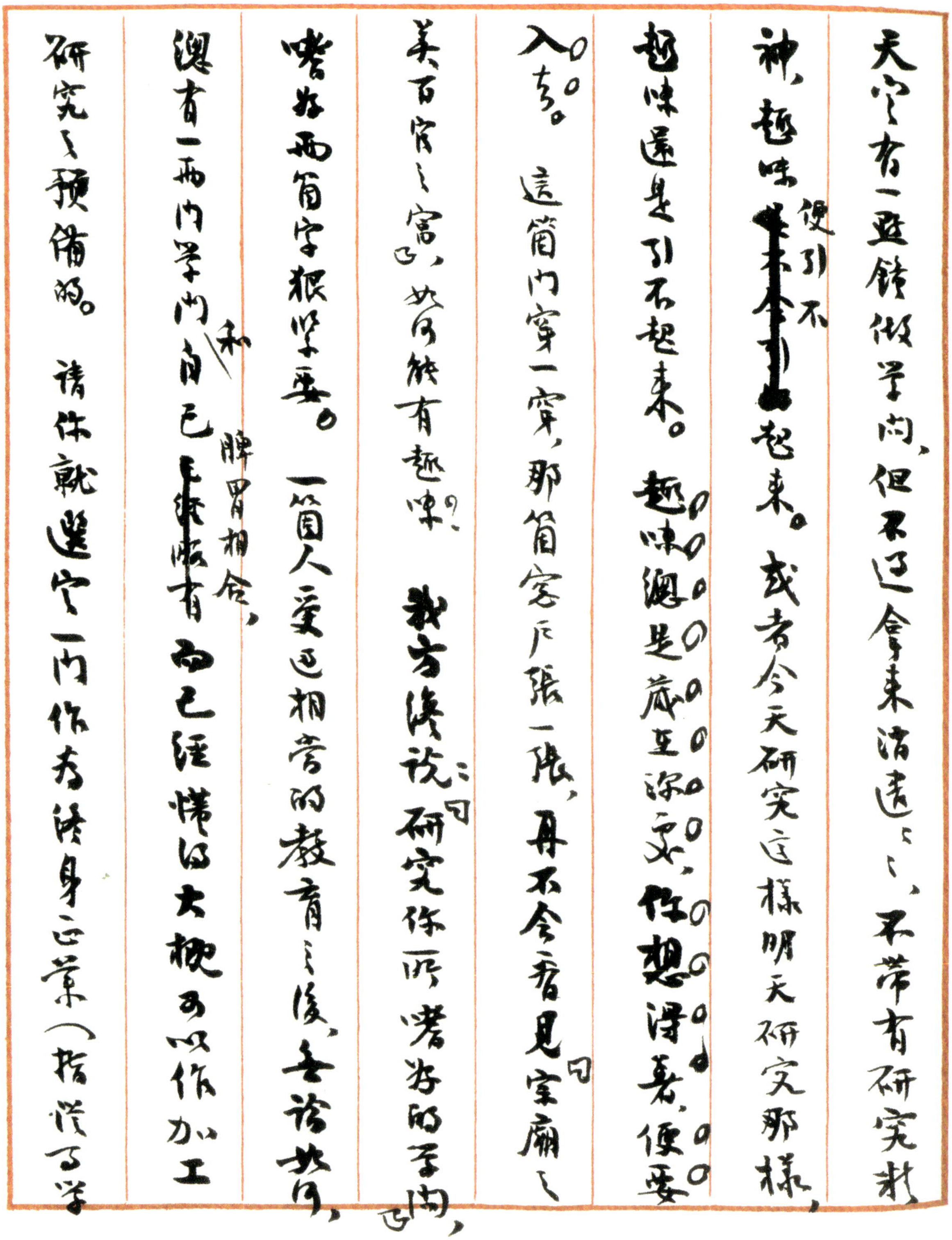
天定有一點鐘做學問，但不過拿來消遣消遣，不帶有研究精神，趣味便引不起來。或者今天研究這樣明天研究那樣，趣味還是引不起來。趣味總是藏在深處，你想得著，便要入去。這箇門穿一穿，那箇窗戶張一張，再不會看見宗廟之美，百官之富，如何能有趣味？我方纔說「研究你所嗜好的學問」，嗜好兩箇字很要緊。一箇人受過相當的教育之後，無論如何，總有一兩門學問和自己脾胃相合，而已經懂得大概可以作加工研究之預備的。請你就選定一門作為終身正業（指從事學

《学问之趣味》讲演稿（1922年）

者生活的人說）我作爲本業勞作以外的副業。

（指從事甚麼職業的人說）不怕範圍窄，越窄越便於聚精神；不怕問題難，越難越便於鼓勇氣。你只要肯一層一層的往裏面追，我保你一定被他引到「欲罷不能」的地步。

第四，找朋友。

趣味比方電，越磨擦越出。前兩段所說，是靠我本身和學問本身相磨擦；但仍恐怕我本身有時會停擺，發電力便弱了。所以常常要仰賴別人幫助。一個人總要有幾位共事的朋友，同時還要有幾位共

《学问之趣味》讲演稿（1922 年）

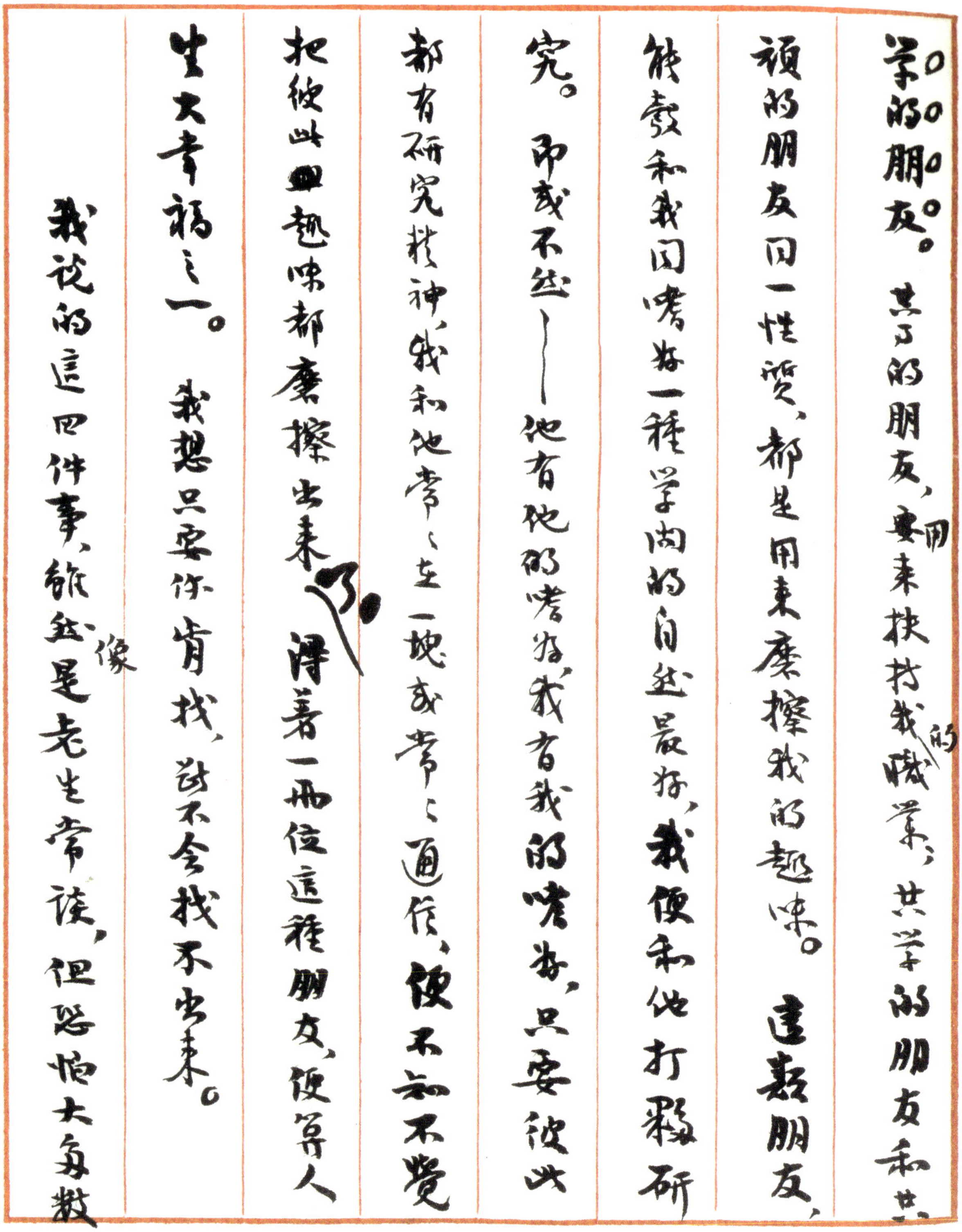

學的朋友。共事的朋友，用來扶持我的職業；共學的朋友和共頑的朋友同一性質，都是用來磨擦我的趣味。這類朋友，能彀和我同嗜好一種學問的自然最好，我便和他打夥研究。即或不然——他有他的嗜好，我有我的嗜好，只要彼此都有研究精神，我和他常常在一塊或常常通信，便不知不覺把彼此趣味都磨擦出來了。得着一兩位這種朋友，便算人生大幸福之一。我想只要你肯找，斷不會找不出來。

我說的這四件事，雖然像是老生常談，但恐怕大多數

《学问之趣味》讲演稿（1922 年）

人都不肯會這樣做？唉！世上人多麼可憐啊！有這種不假外求不會蝕本不會出毛病的趣味世界，竟自沒有幾箇人肯來享受！古書說的故事「野人獻曝」，我是嘗冬天曬太陽的滋味嘗得舒服透了，不忍一人獨享，特地恭恭敬敬的來告訴諸君。諸君或者會欣然采納吧？但我還有一句話：太陽雖好，總要諸君親自去曬，旁人卻替你曬不來。

《学问之趣味》讲演稿（1922年）

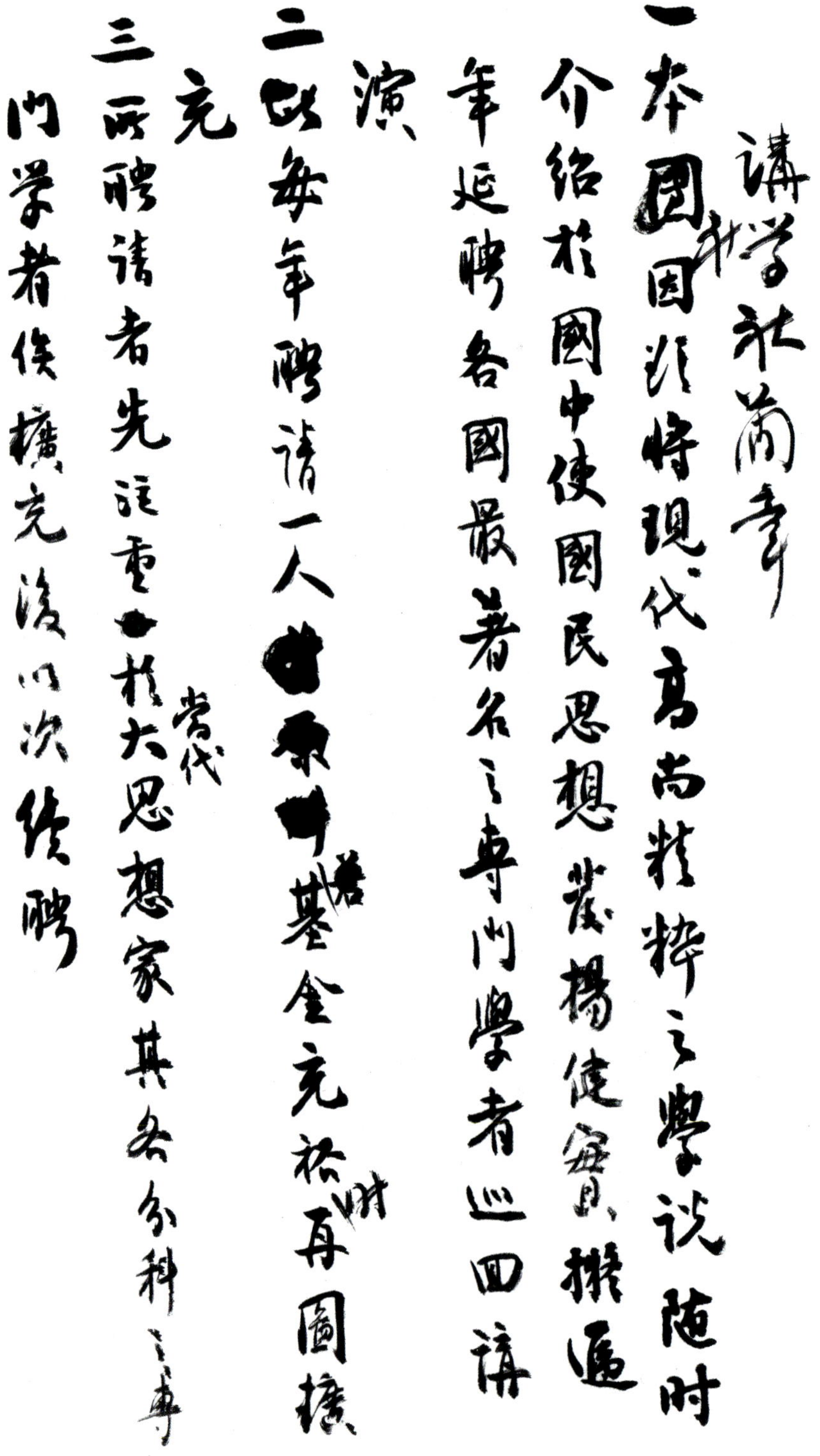
讲学社简章
一、本社因欲将现代高尚精粹之学说随时介绍于国中，使国民思想发扬健实，拟递年延聘各国最著名之专门学者巡回讲演。
二、以每年聘请一人……基金充之，时再图扩充。
三、所聘请者先注重于当代大思想家，其余各分科之专门学者，俟扩充后以次续聘。

讲学社简章（1920年左右）

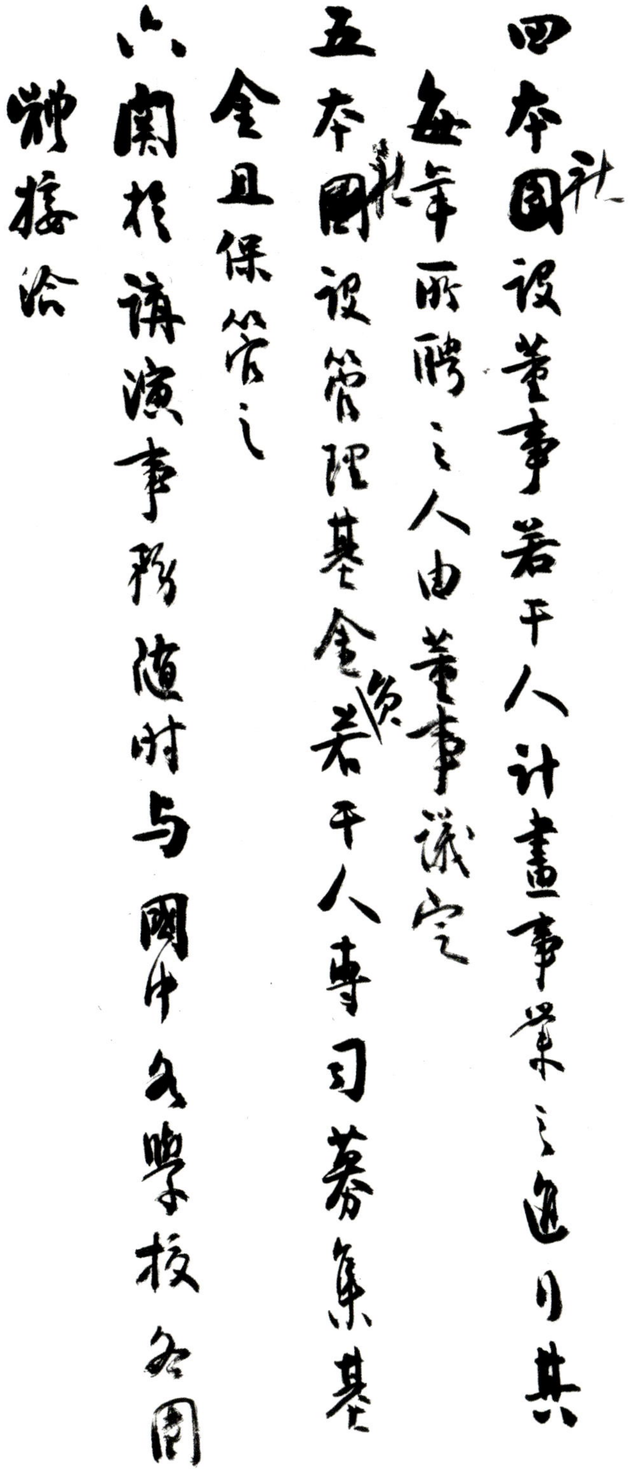
四本社设董事若干人计画事业之进行其每年所聘之人由董事议定
五本团设管理基金委员若干人专司募集基金且保管之
六关于讲演事务随时与国中各学校各团体接洽

讲学社简章（1920年左右）

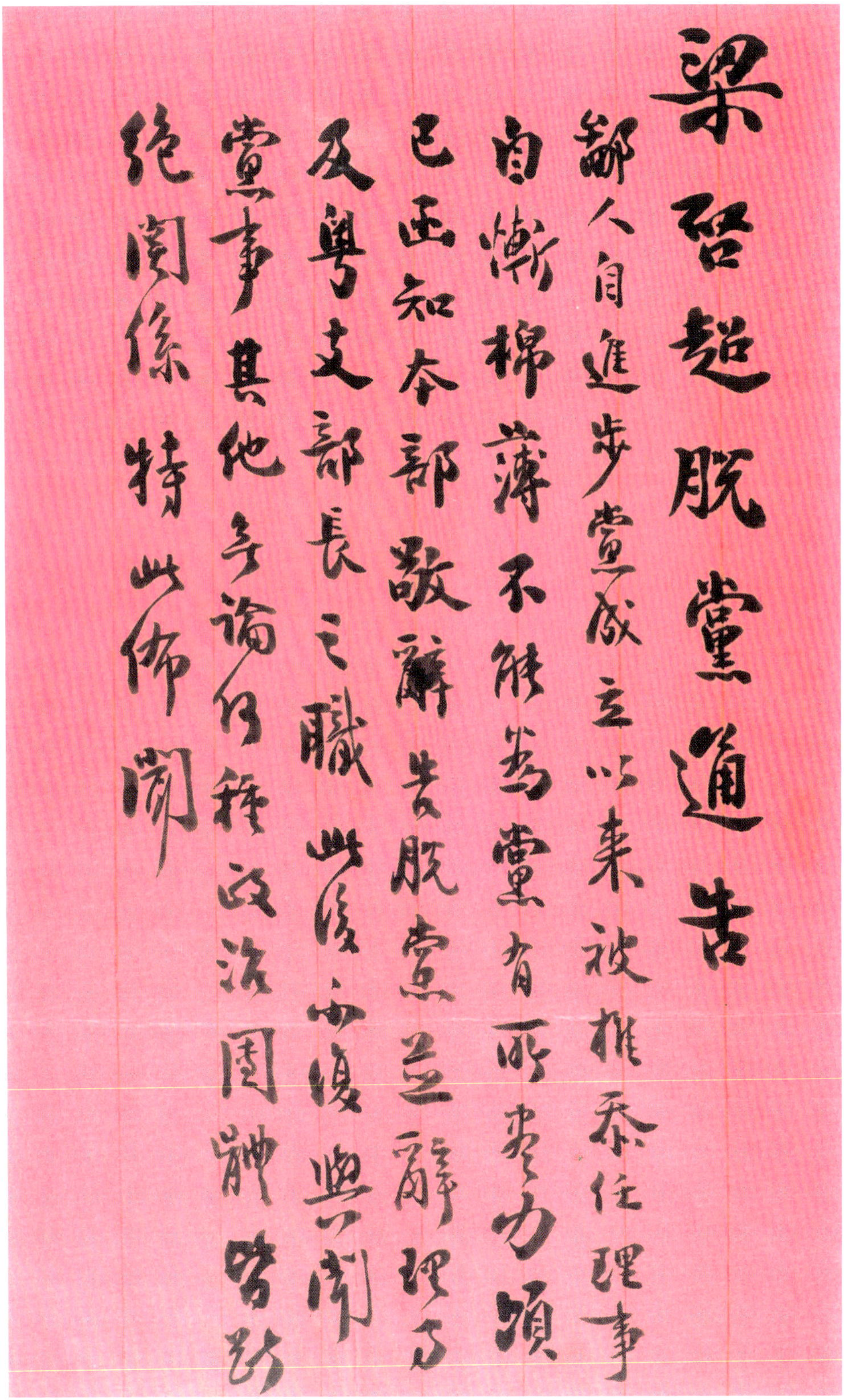

梁啓超脫黨通告

鄙人自進步黨成立以來被推忝任理事自慚棉薄不能為黨有所盡力頃已函知本部敬辭告脫黨並辭理事及粵支部長之職此後不復與聞黨事其他無論何種政治團體皆斷絕關係特此佈聞

梁启超脱党通告（1915 年）

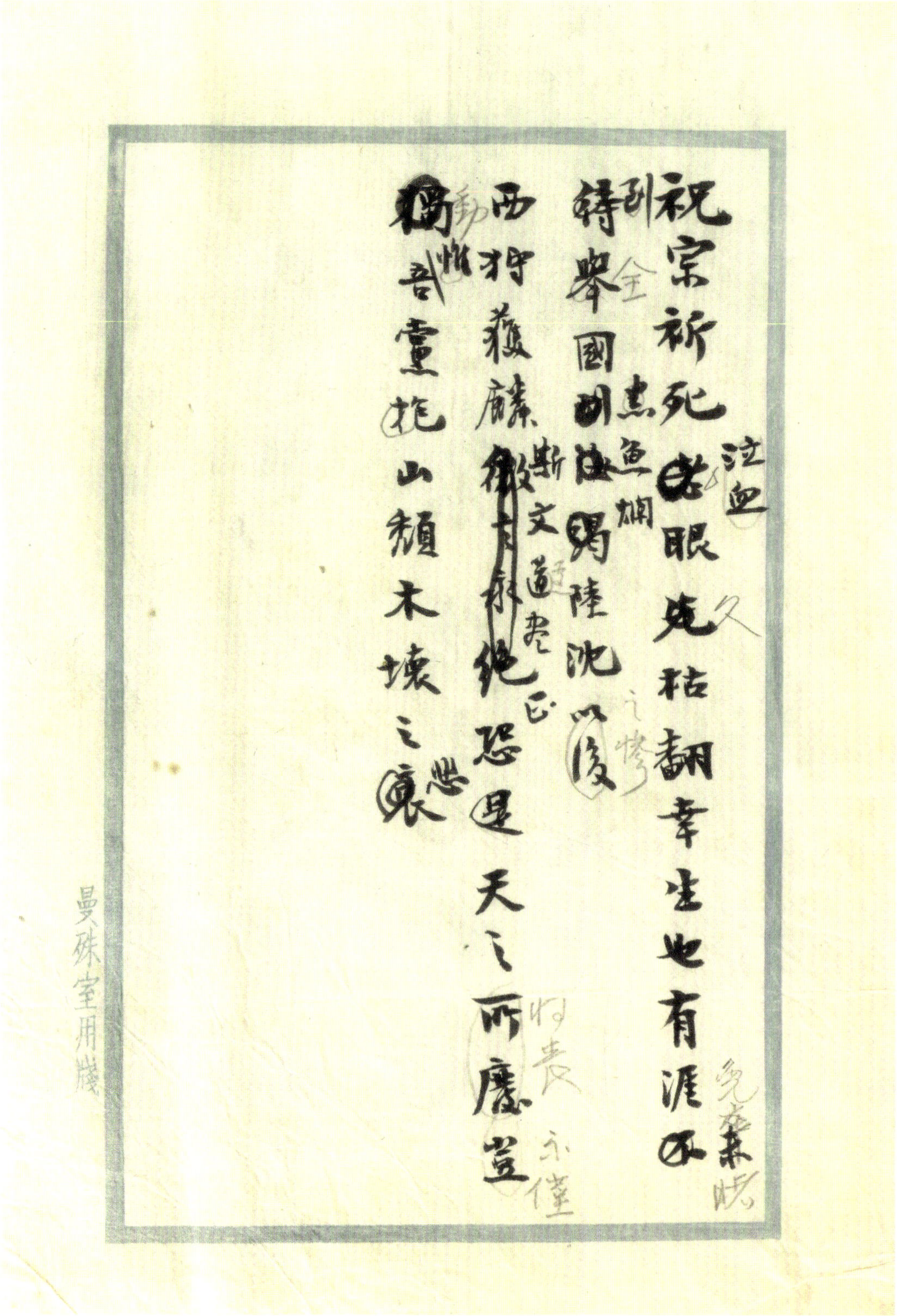

挽康有为联（草稿）（1927年）

四、信札

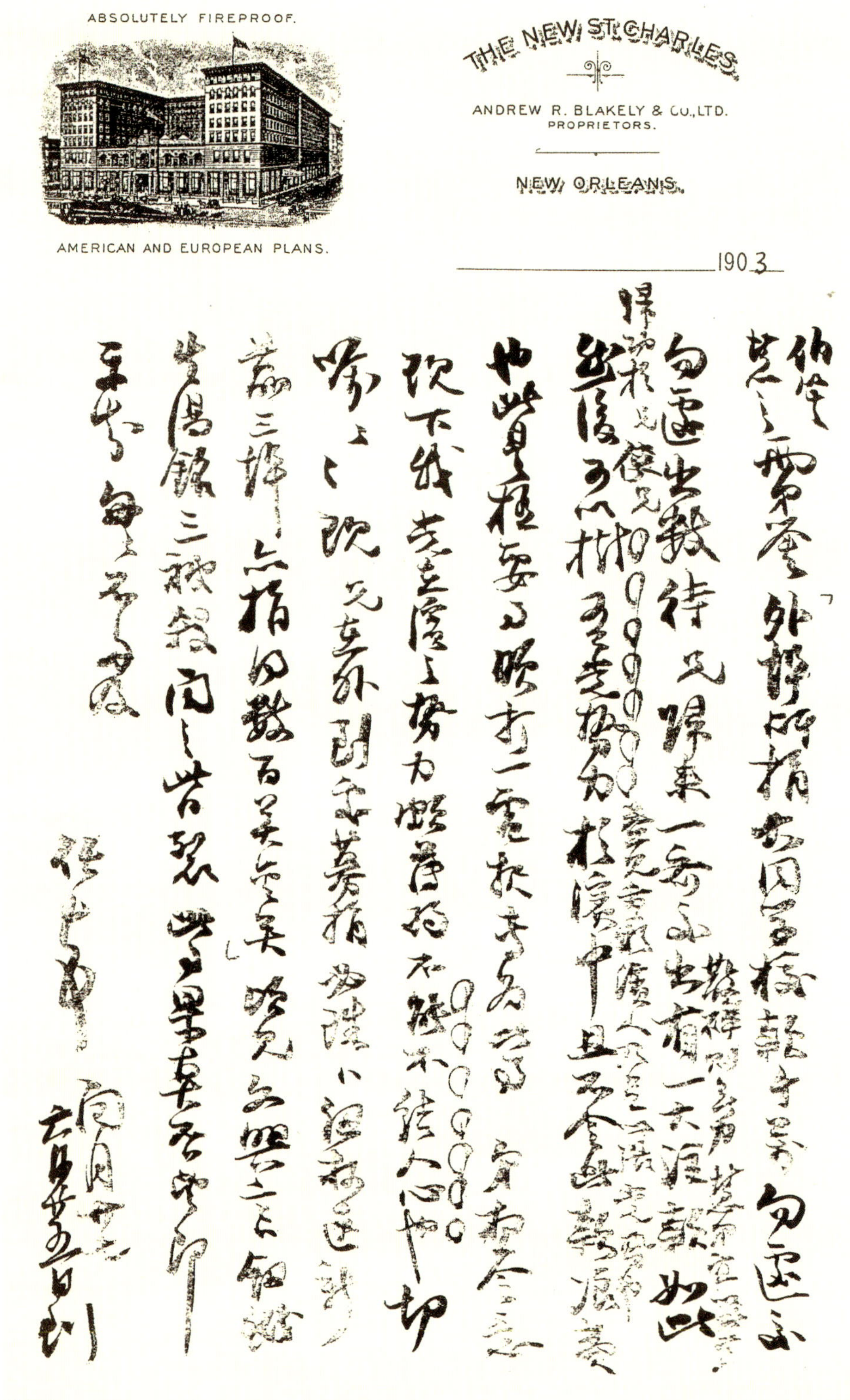

《致谭伯笙、黄慧之书》（1903年）

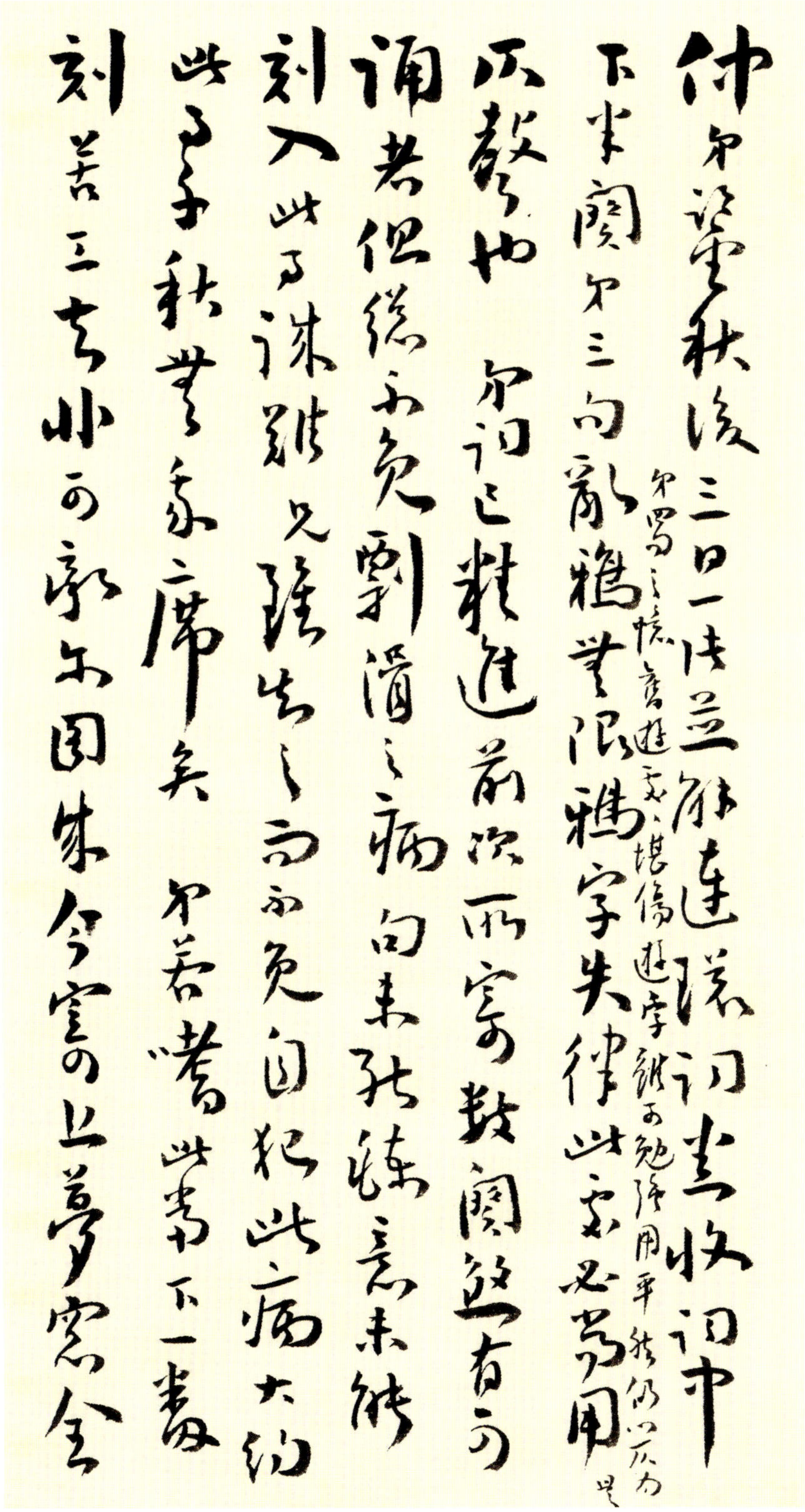

《致梁启勋书》（1909 年）

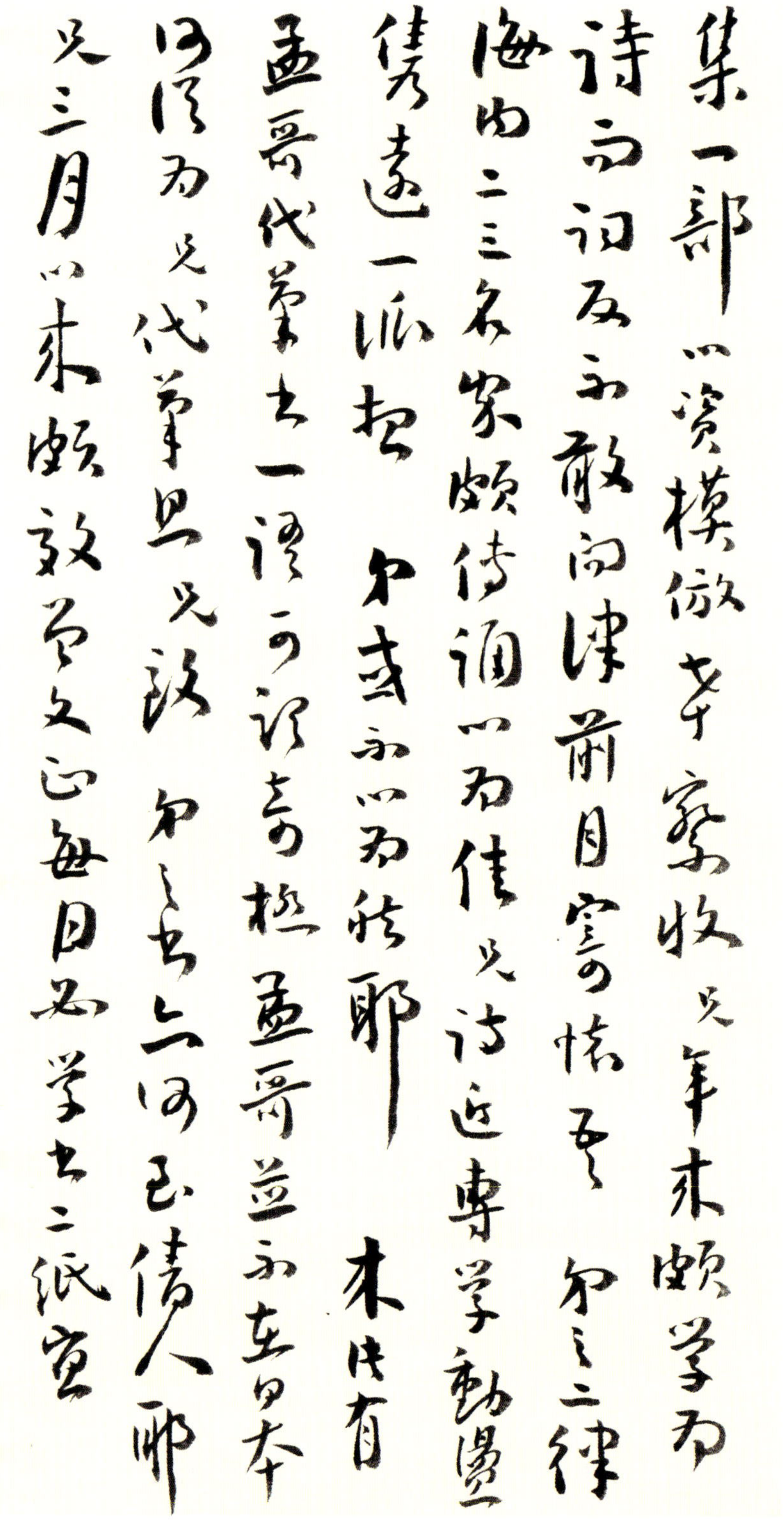

《致梁启勋书》（1909 年）

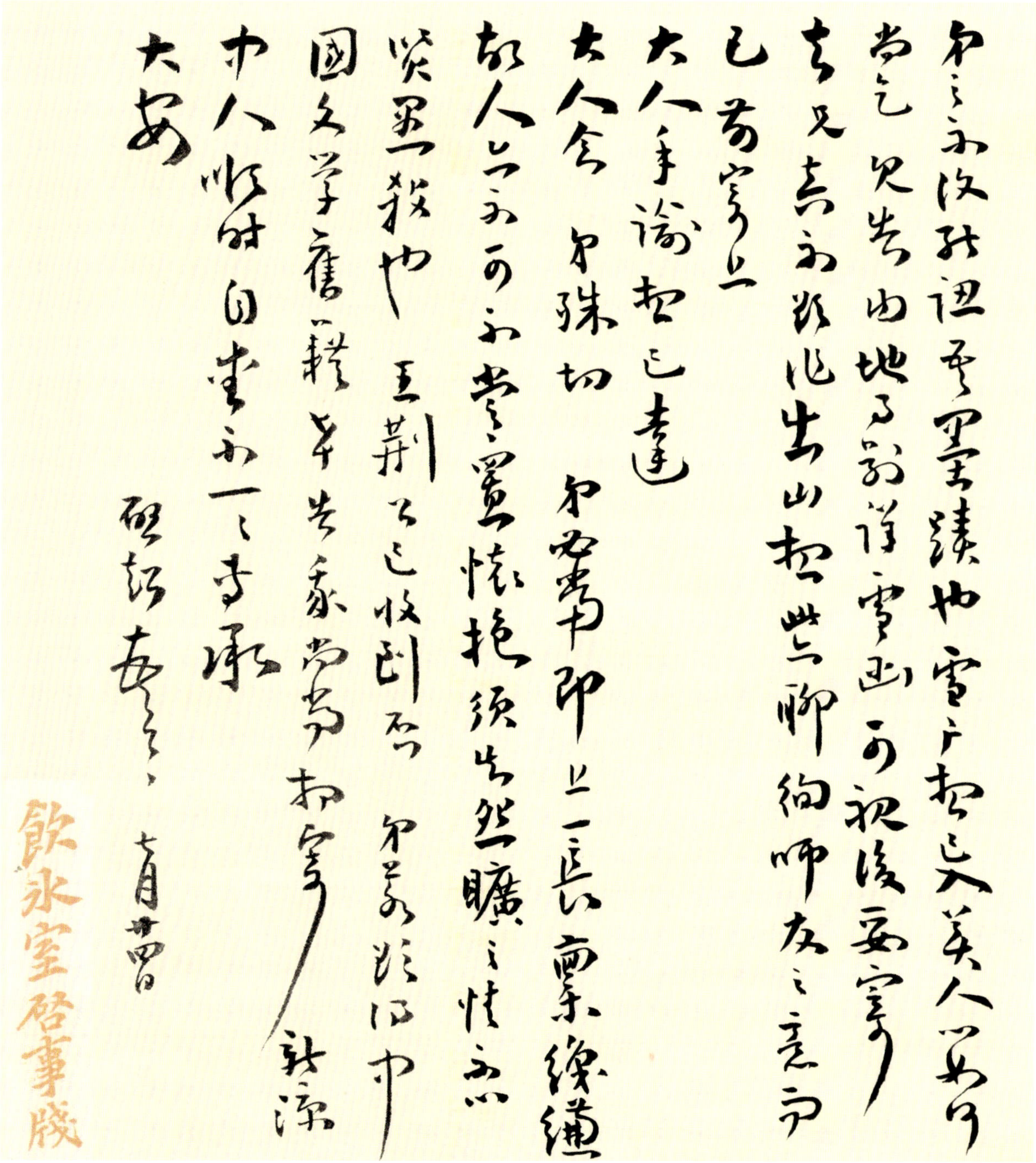

《致梁启勋书》（1909年）

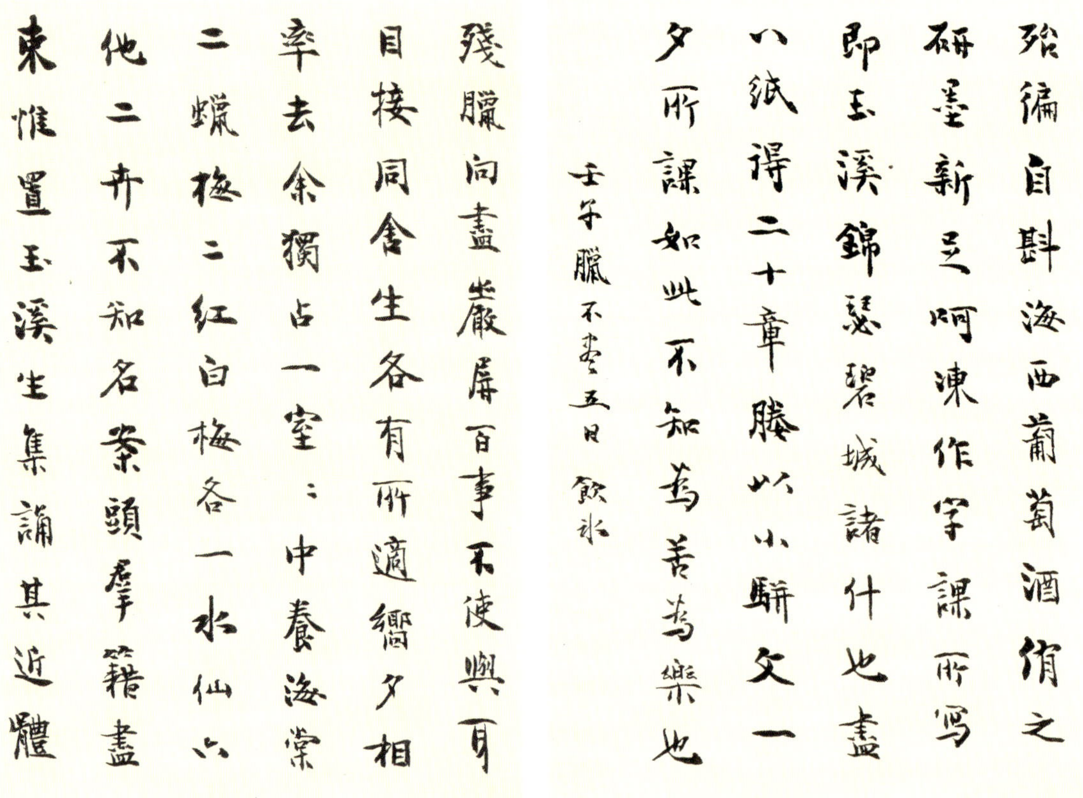

殆徧自斟海西葡萄酒侑之
研墨新之呵凍作字課所寫
即玉溪錦瑟碧城諸什也盡
八紙得二十章勝以小駢文一
夕所課如此不知為善為樂也
壬子臘不盡五日 飲冰

殘臘向盡嚴屏百事不使與耳
目接同舍生各有所適嚮夕相
率去余獨占一室：中養海棠
二蠟梅二紅白梅各一水仙六
他二卉不知名案頭羣籍盡
束惟置玉溪生集誦其近體

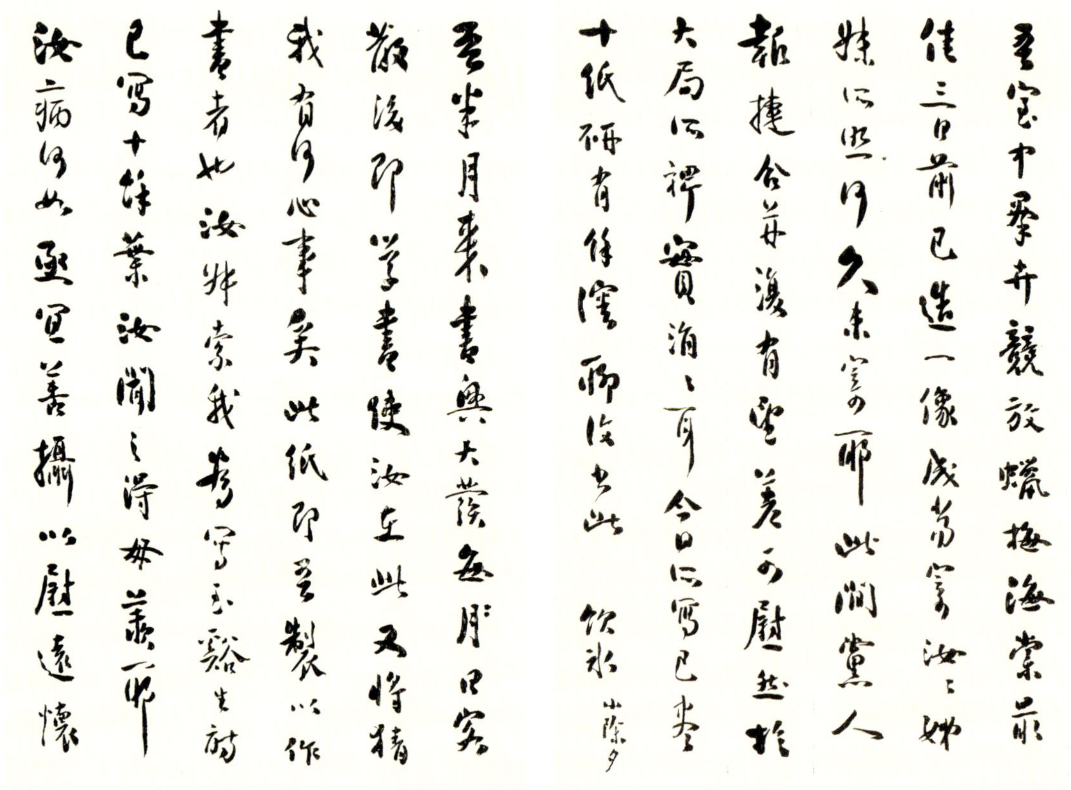

吾室中羣卉競放蠟梅海棠最
佳三日前已造一像戲為寫汝：妹
妹何照片久未寄耶此間黨人
報捷合并後有望差可慰然於
大局何裨實消：耳今日所寫已畢
十紙研者侍僕所收此 飲冰 小除夕

吾半月來書與大從無月日寄
數後即當書續汝在此又將精
我有何心事矣此紙即吾製以作
書者如汝非索我當寫示谿生耐
已寫十餘葉汝聞：得毋羨耶
汝病何如至宜善攝以慰遠懷

《致梁思顺书》（1913年）

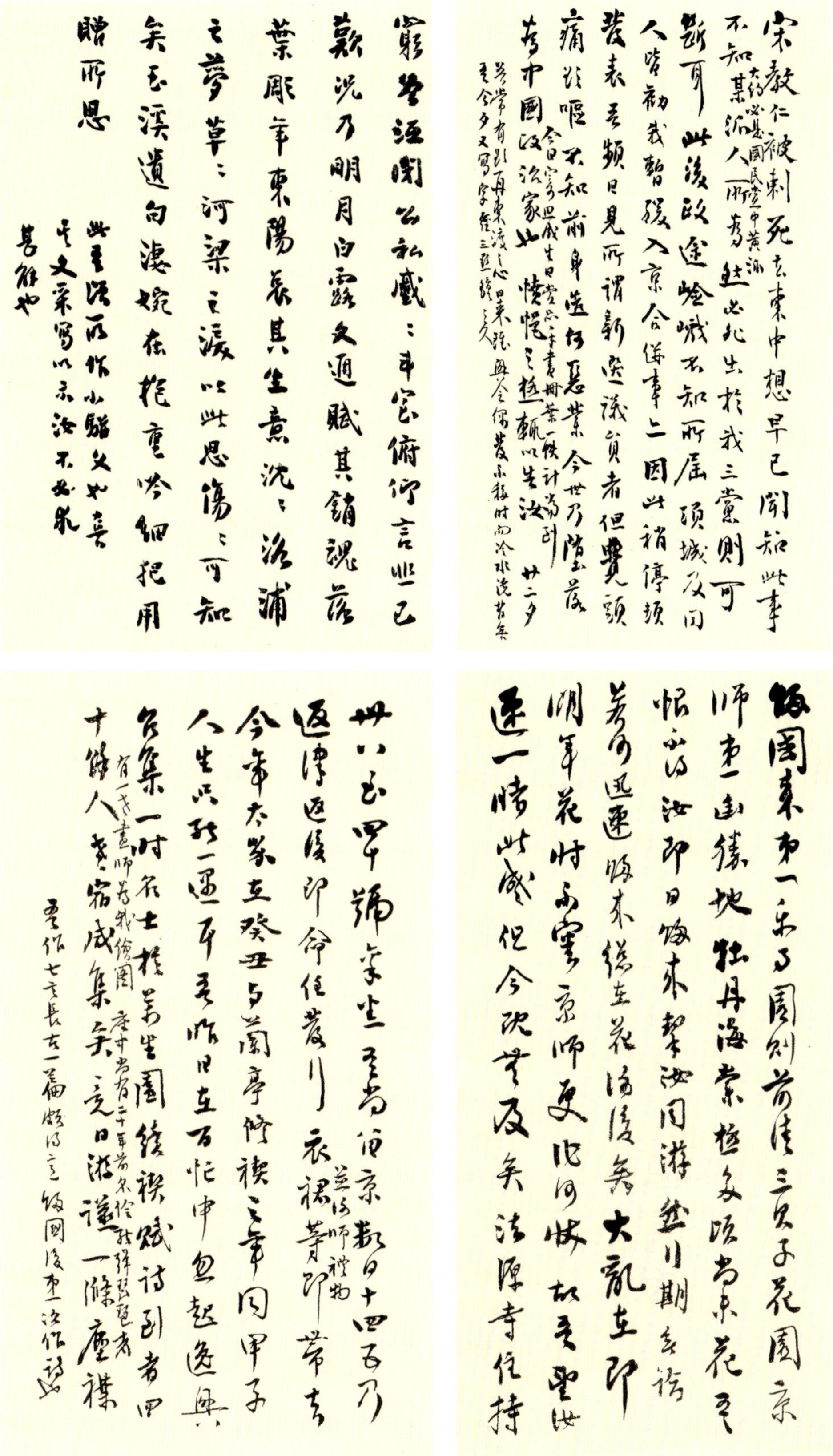

《致梁思顺书》（1913 年）

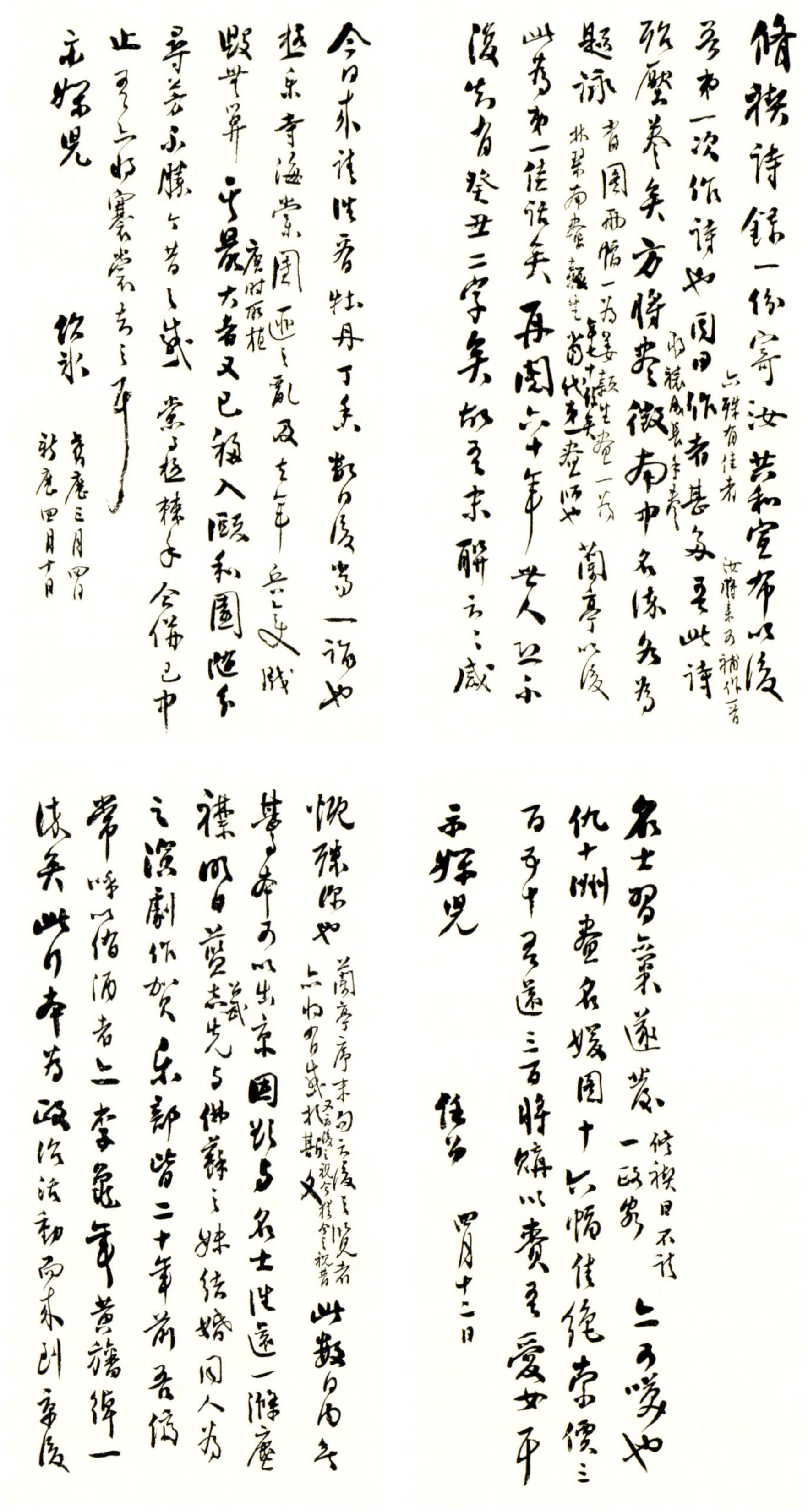

《致梁思顺书》（1913 年）

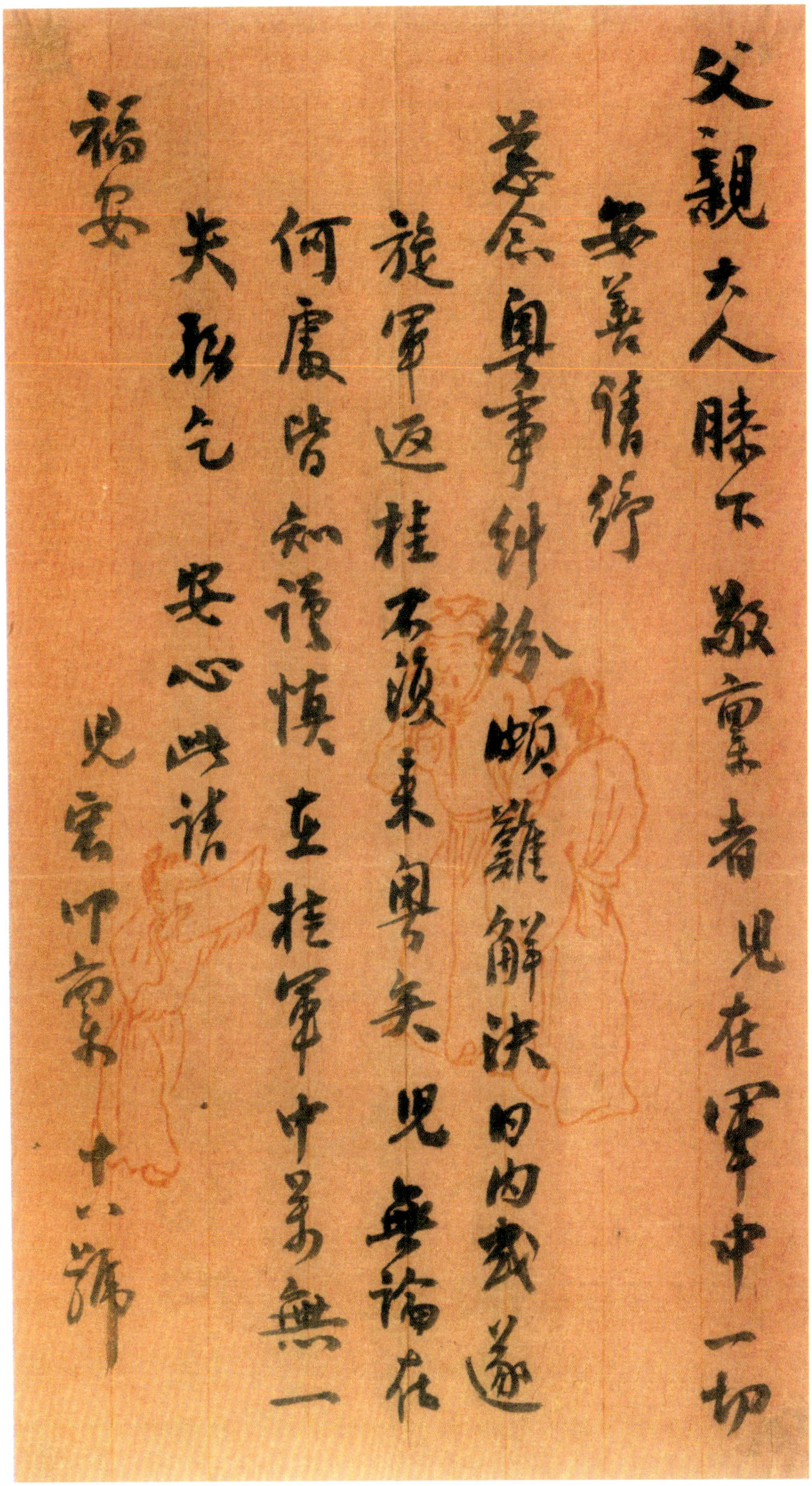
父親大人膝下：敬稟者，兒在軍中一切
安善，請紓
慈念。粵事糾紛，頗難解決，日內或遂
旋軍返桂，不復來粵矣。兒無論在
何處，皆知謹慎，在桂軍中萬無一
失。敬乞　安心。此請
福安
兒啓叩稟　十八號

《致父亲书》（1916年）

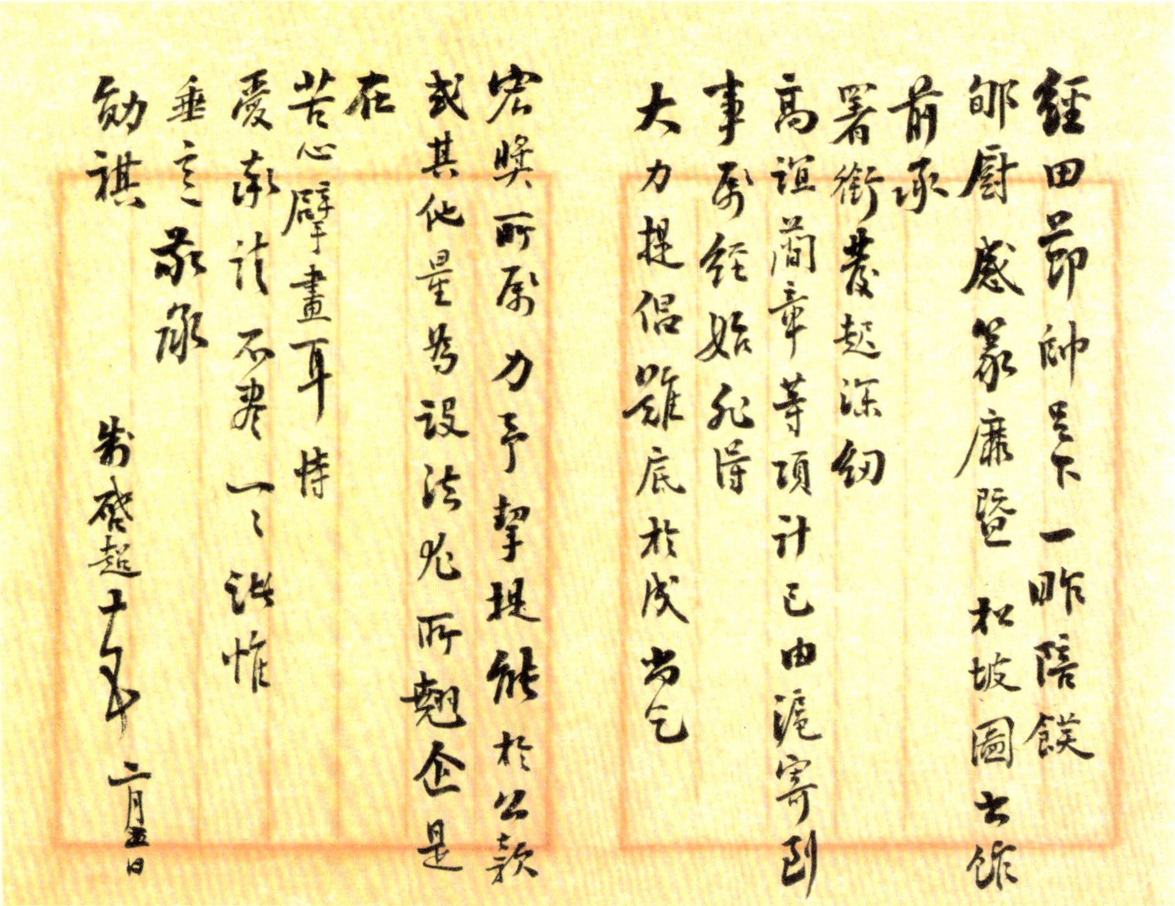

《致朱家宝书》（1916 年）

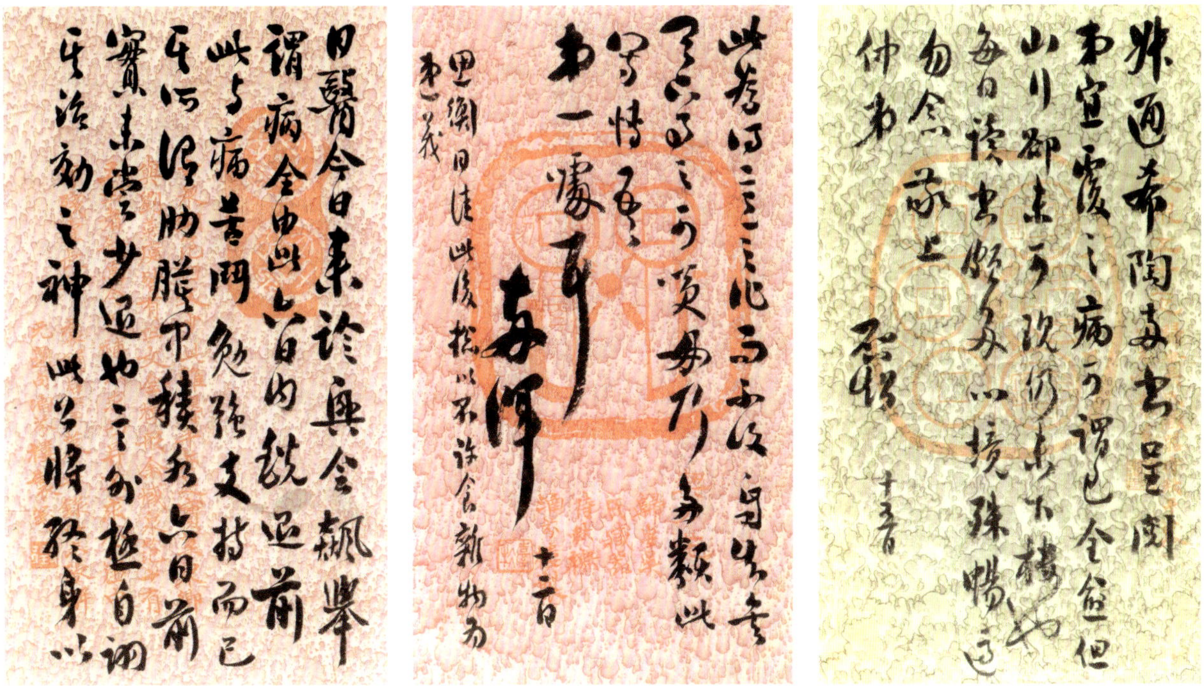

《致梁启勋书》（约 1918 年）

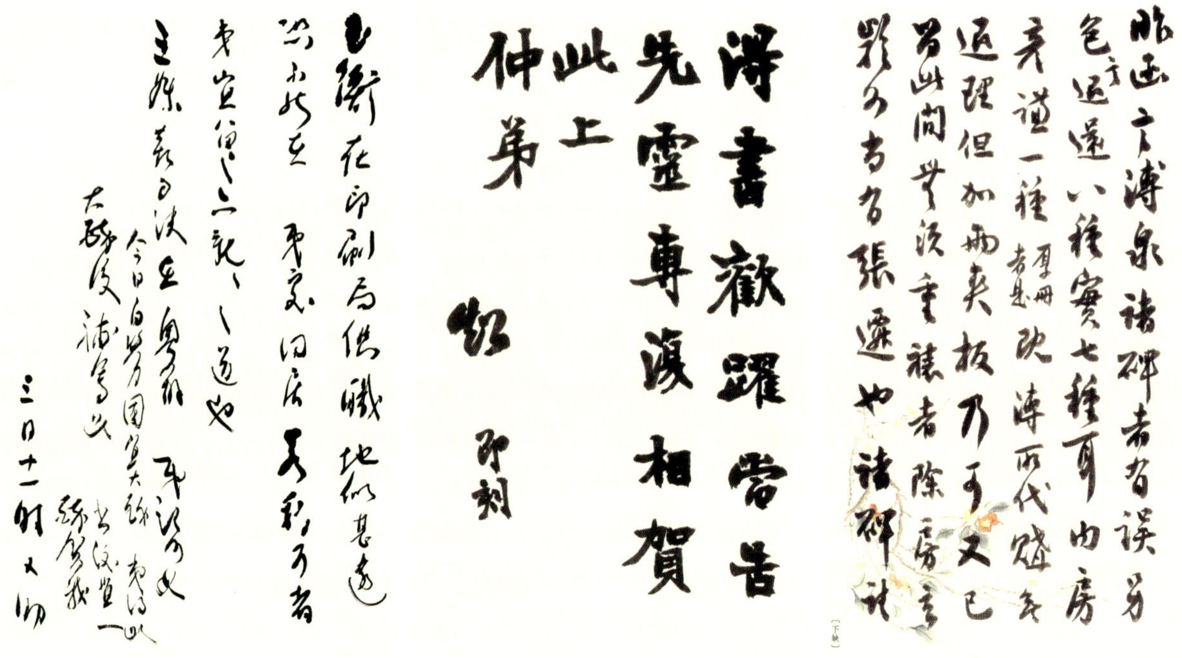

《致梁启勋书》（1918年）

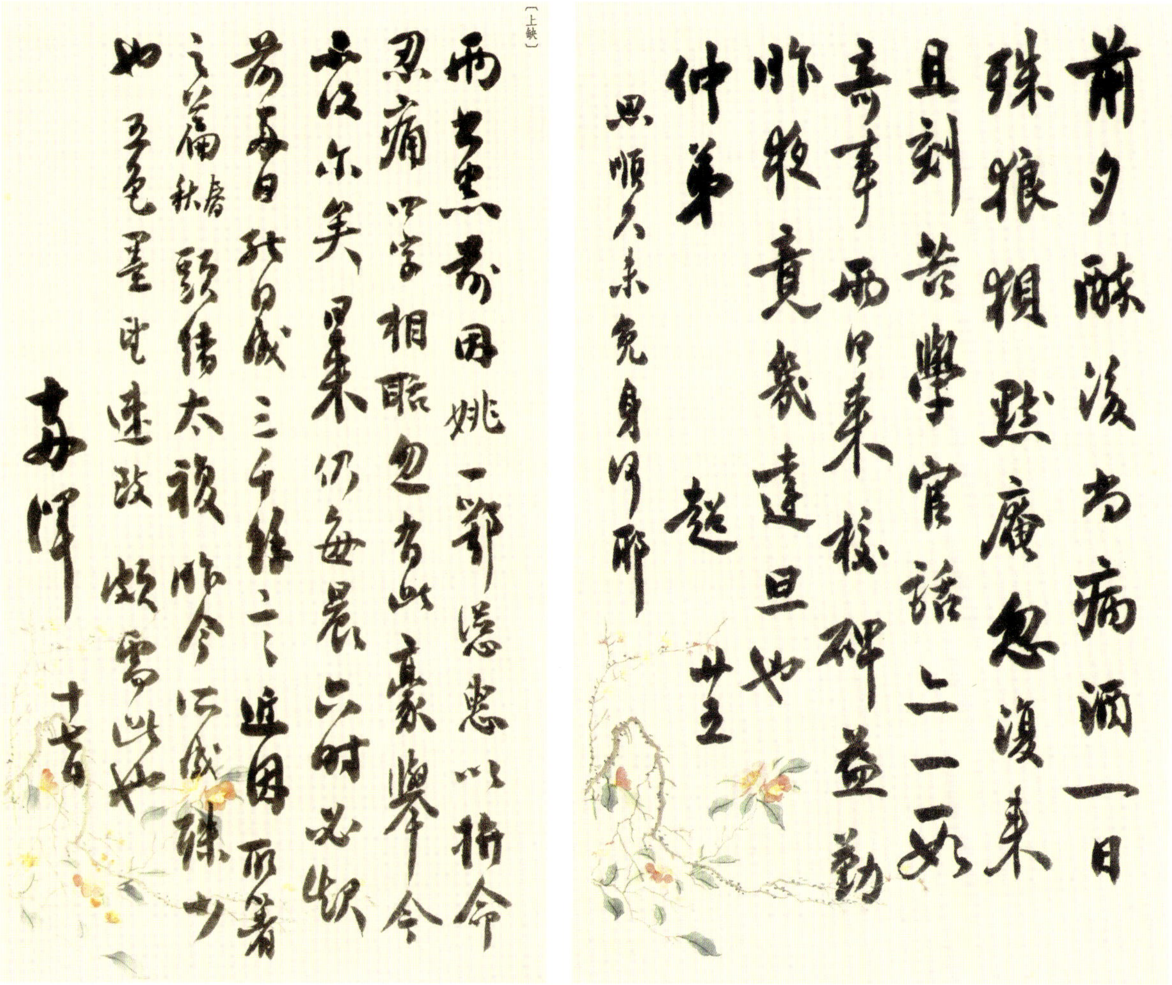

《致梁启勋书》（1918 年）

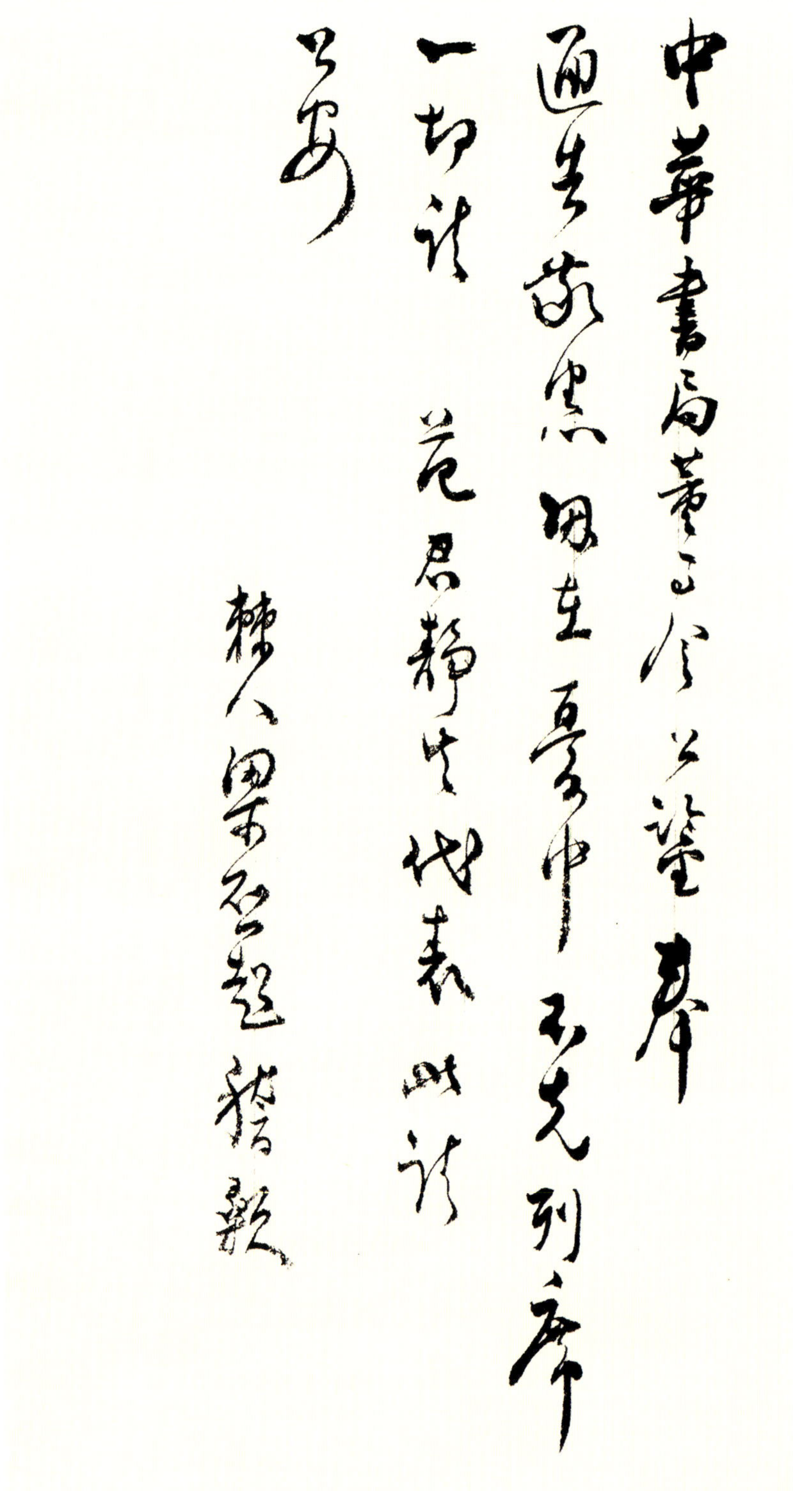

中華書局董事會公鑒：奉
函並敬悉，因在憂中，不克列席，
一切請　范君靜生代表，此請
大安
棘人梁啟超稽顙

《致中华书局董事会书》（1919 年）

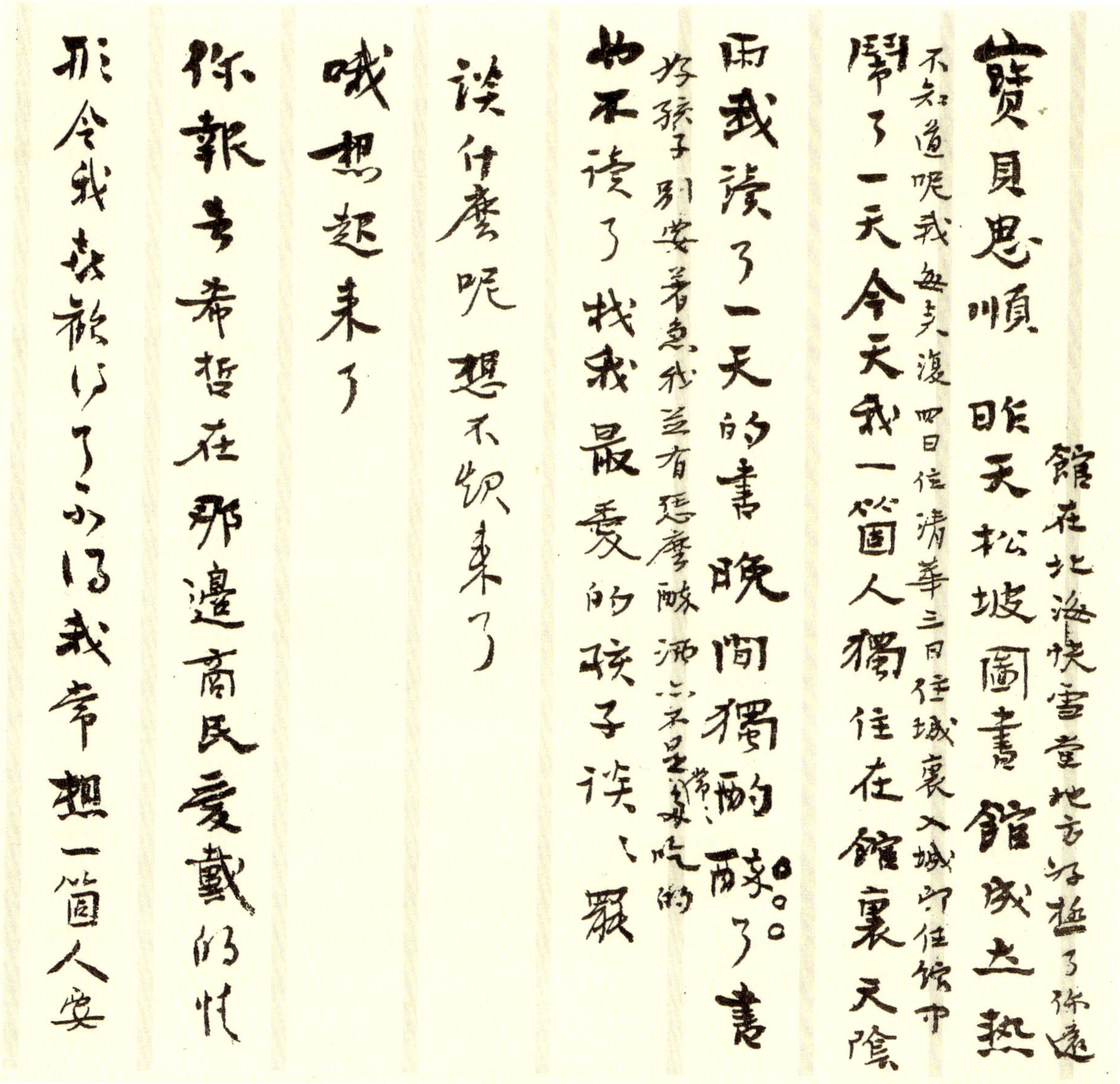
寶貝思順　昨天松坡圖書館成立熱
鬧了一天今天我一個人獨住在館裏天陰
館在北海快雪堂地方好極了你這
不知道呢我每星期四日住清華三日住城裏入城時住館中
雨我讀了一天的書晚間獨酌醉了書
也不讀了找我最愛的孩子談談罷
好孩子別要着急我並有甚麼醉酒不過是常常吃的
談什麼呢　想不起來了
哦想起來了
你報告希哲在那邊商民愛戴的情
形令我喜歡得了不得我常想一個人要

《致梁思顺书》（1923 年）

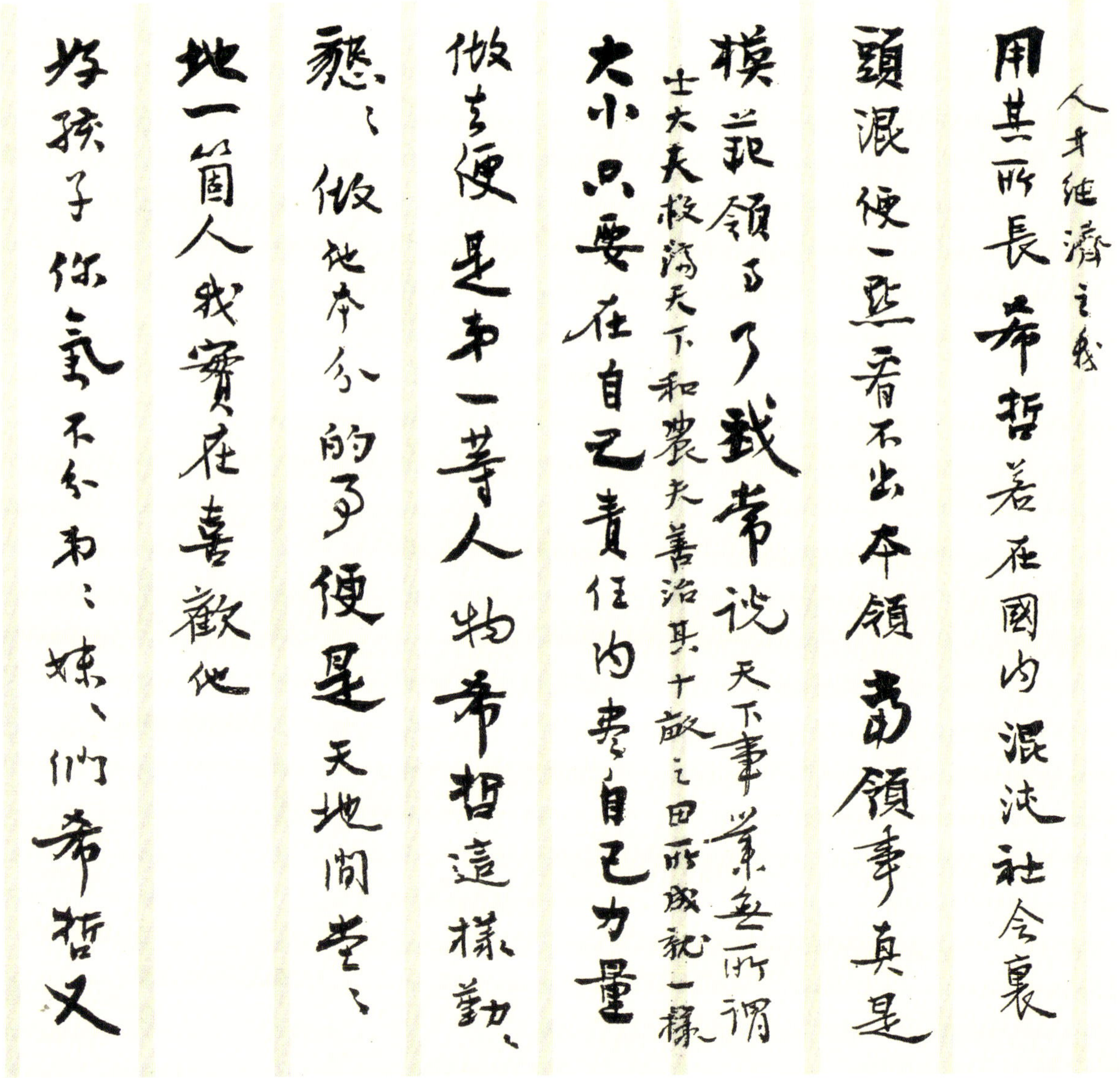
用其所長人才經濟之義希哲若在國內混沌社會裏頭混便一點看不出本領希哲本領真是模範領事了我常說天下事業無所謂士大夫救濟天下和農夫善治其十畝之田所成就一樣大小只要在自己責任內盡自己力量做去便是第一等人物希哲這樣勤勤懇懇做他本分的事便是天地間堂堂地一個人我實在喜歡他好孩子你氣不忿妹妹們希哲又

《致梁思顺书》（1923 年）

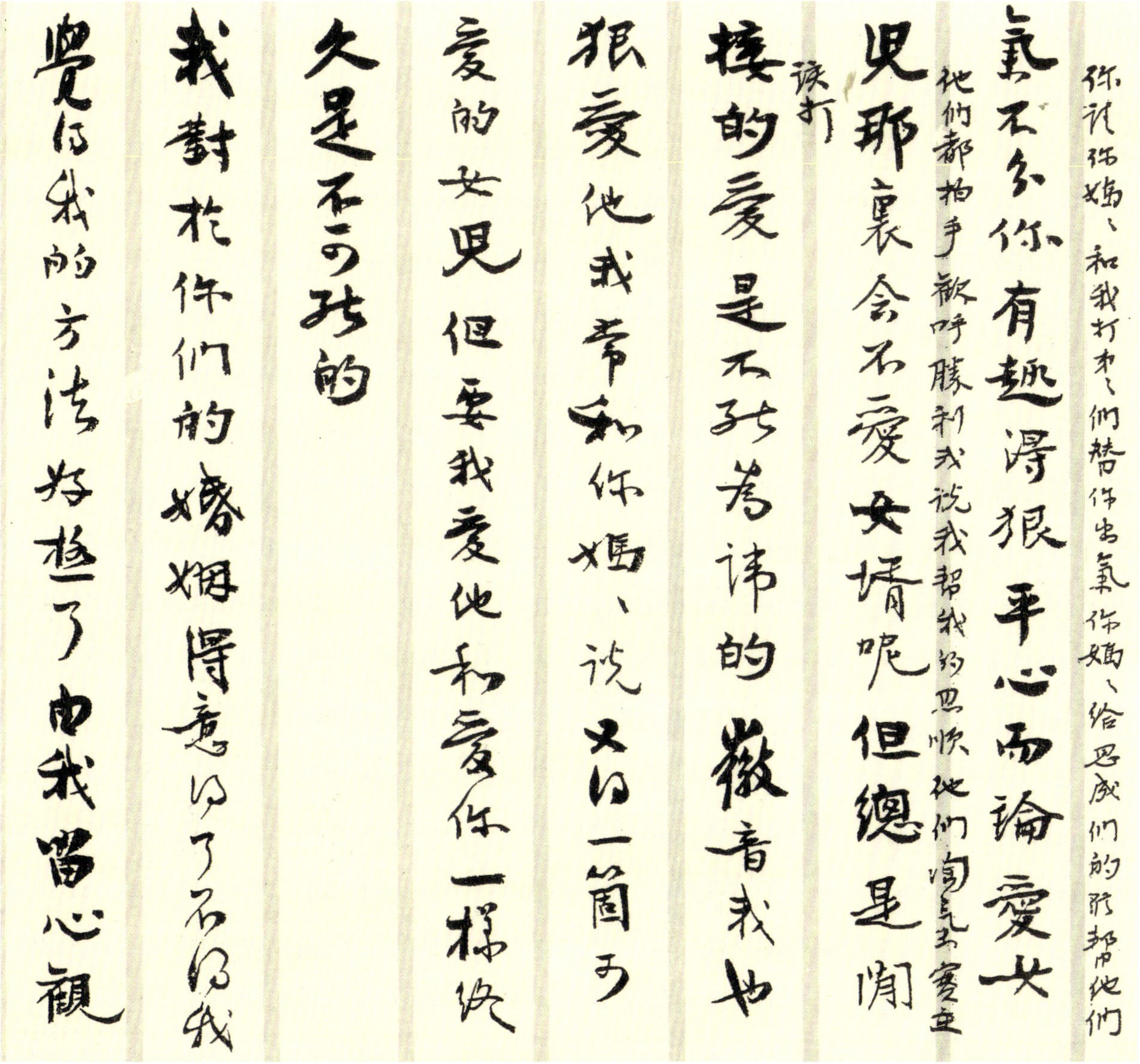

你說你媽媽和我打老老們替你出氣你媽媽給思成們的形都帮他們氣不公你有趣得很平心而論愛女他們都拍手歡呼勝利我說我幫我的思順他們淘氣去寒生兒耶裏会不愛女婿呢但總是間（該打）接的愛是不能為諱的徽音我也很愛他我常和你媽媽說又得一個可愛的女兒但要我愛他和愛你一樣終久是不可能的

我對於你們的婚姻得意得了不得我覺得我的方法好極了由我留心觀

《致梁思顺书》（1923年）

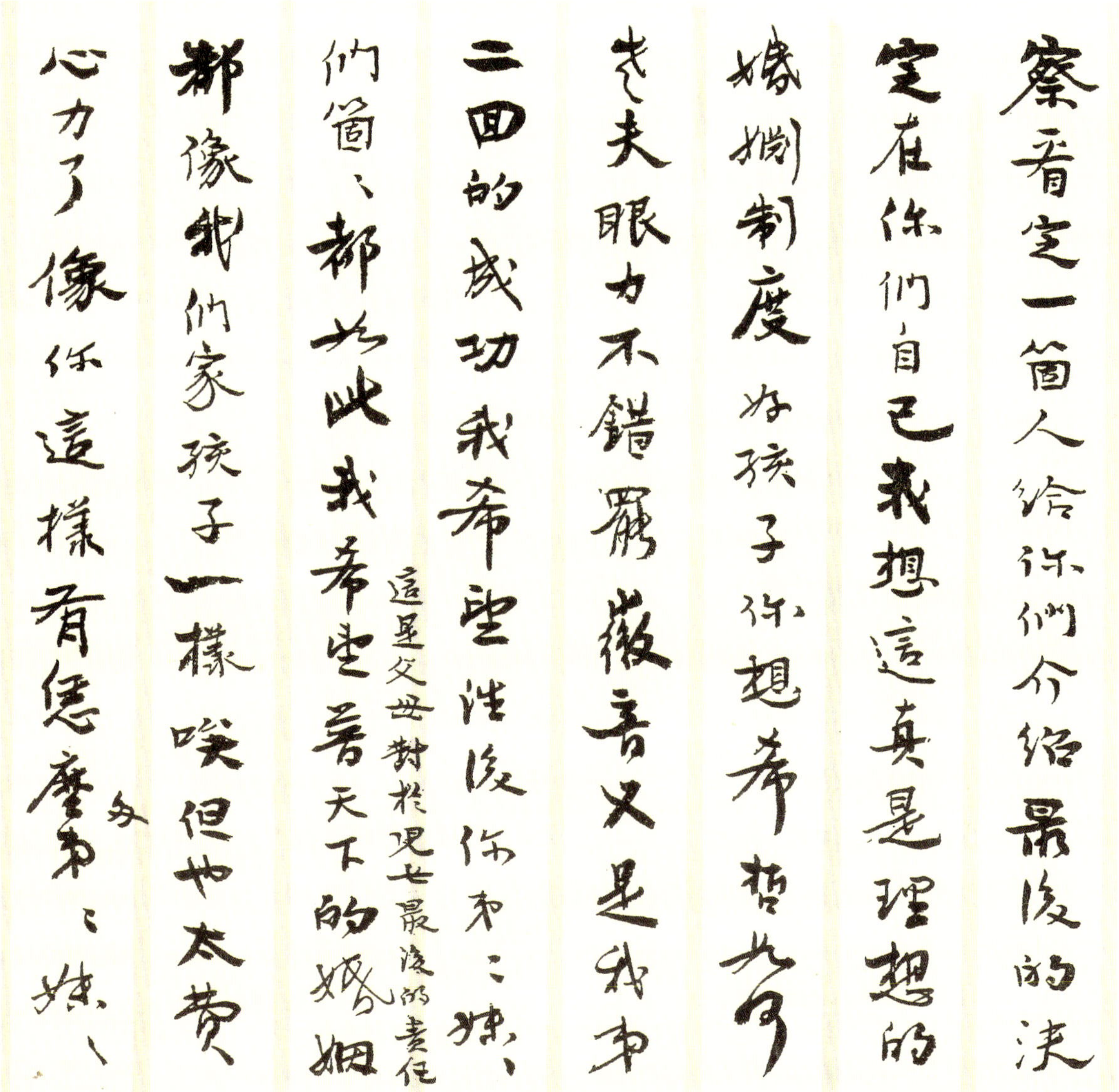
察看定一箇人給你們介紹最後的決定在你們自己我想這真是理想的婚姻制度好孩子你想希哲如何老夫眼力不錯罷徽音又是我的第二回的成功我希望往後你弟弟妹妹們箇箇都如此這是父母對於兒女最後的責任我希望普天下的婚姻都像我們家孩子一樣唉但也太費心力了像你這樣有恁麼多弟弟妹妹

《致梁思顺书》（1923 年）

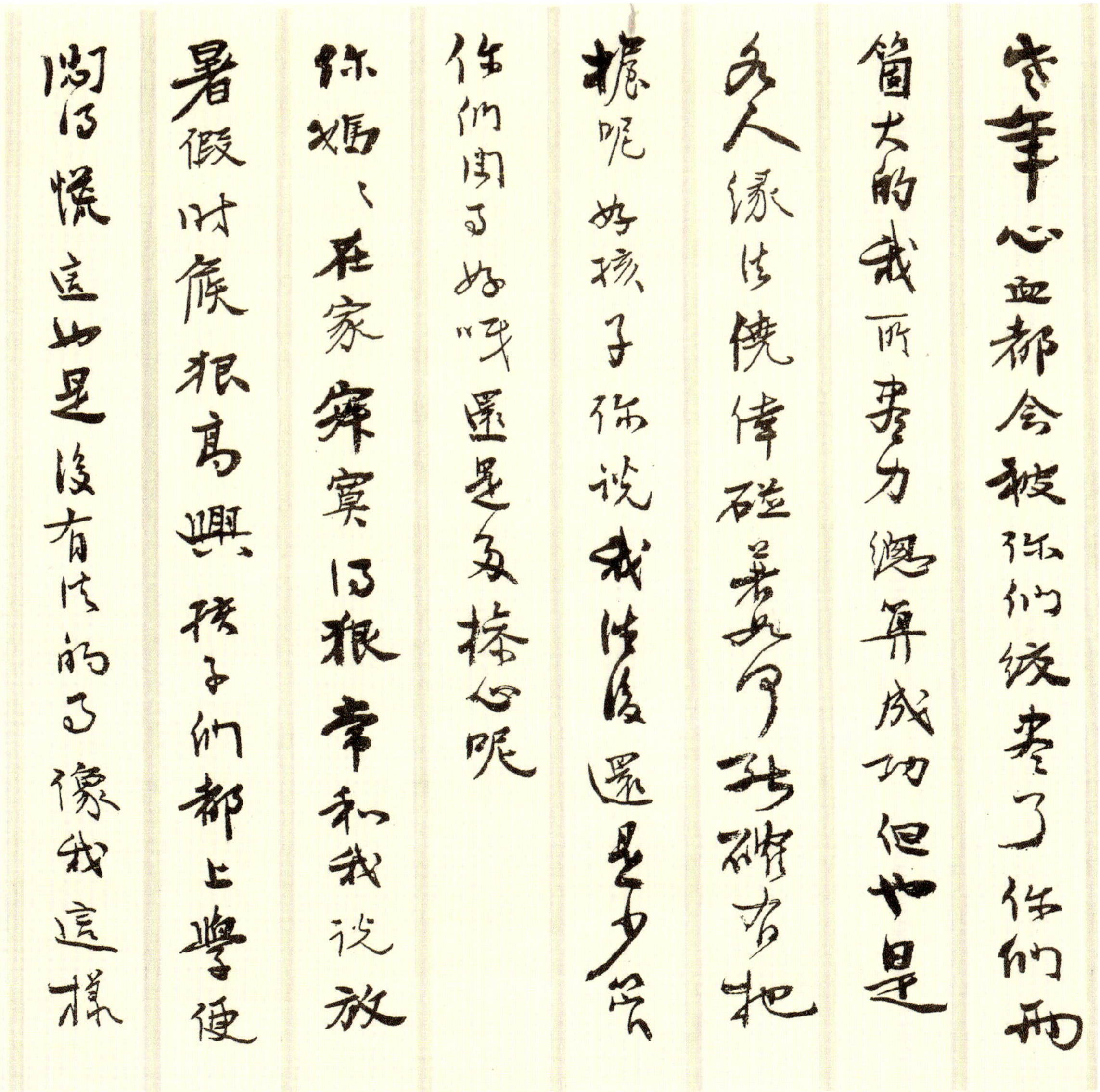
老年心血都會被你們絞盡了 你們兩箇大的我所費力總算成功但也是多人緣法僥倖碰著的好〻的把握呢 好孩子你說我從前還是多管你們閑事好呀 還是多操心呢你媽〻在家寂寞得很常和我說放暑假時候很高興孩子們都上學便悶得慌這也是沒有法的了像我這樣

《致梁思顺书》（1923 年）

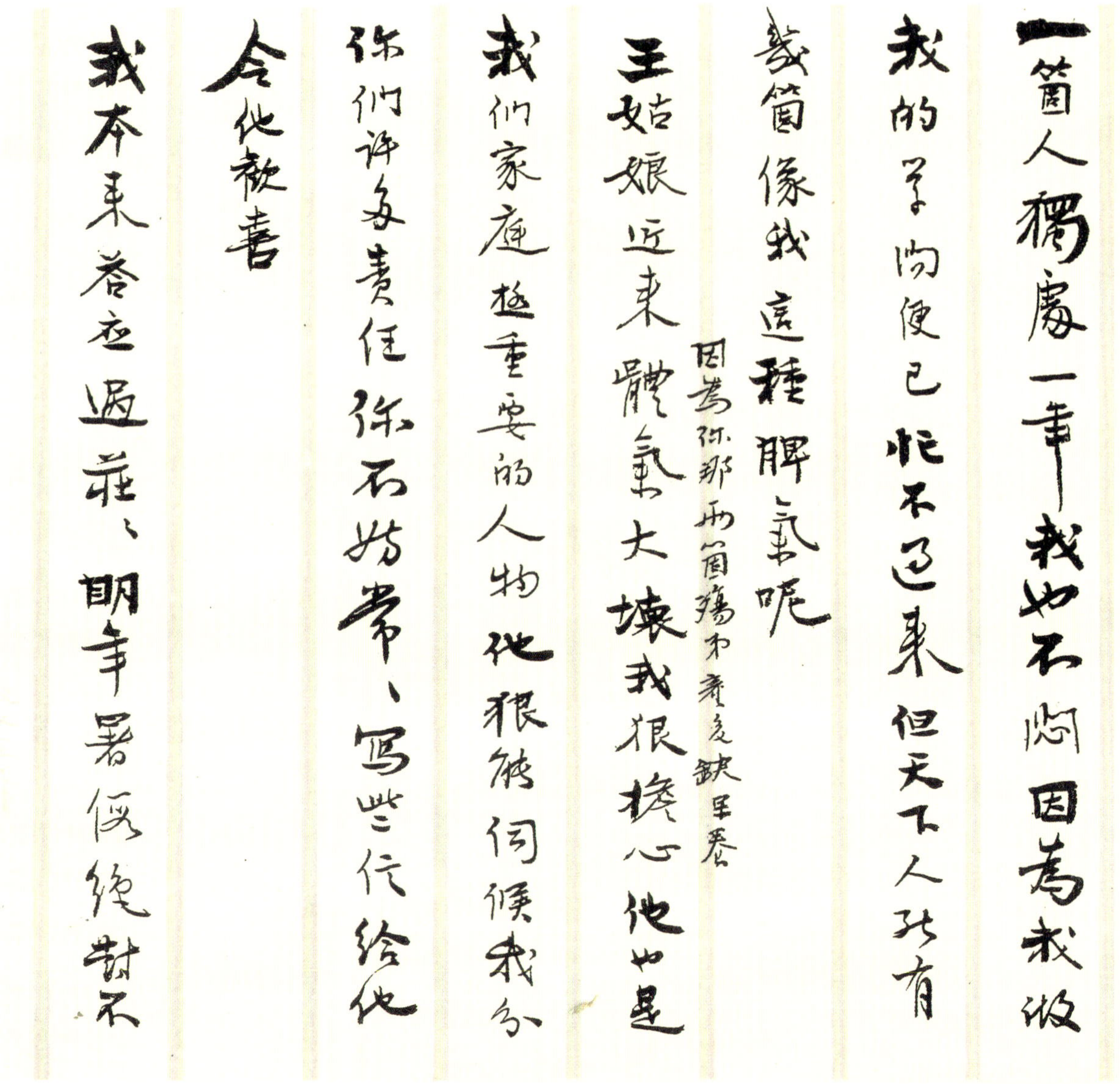
一箇人獨處一年我也不悶因為我做
我的學問便已忙不過來但天下人非有
幾箇像我這種脾氣呢
因為你那兩箇殤弟產後缺乏養
王姑娘近來體氣大壞我很擔心他也是
我們家庭極重要的人物他很能伺候我分
你們許多責任你不妨常常寫些信給他
令他歡喜
我本來答應過莊、明年暑假絕對不

《致梁思顺书》（1923年）

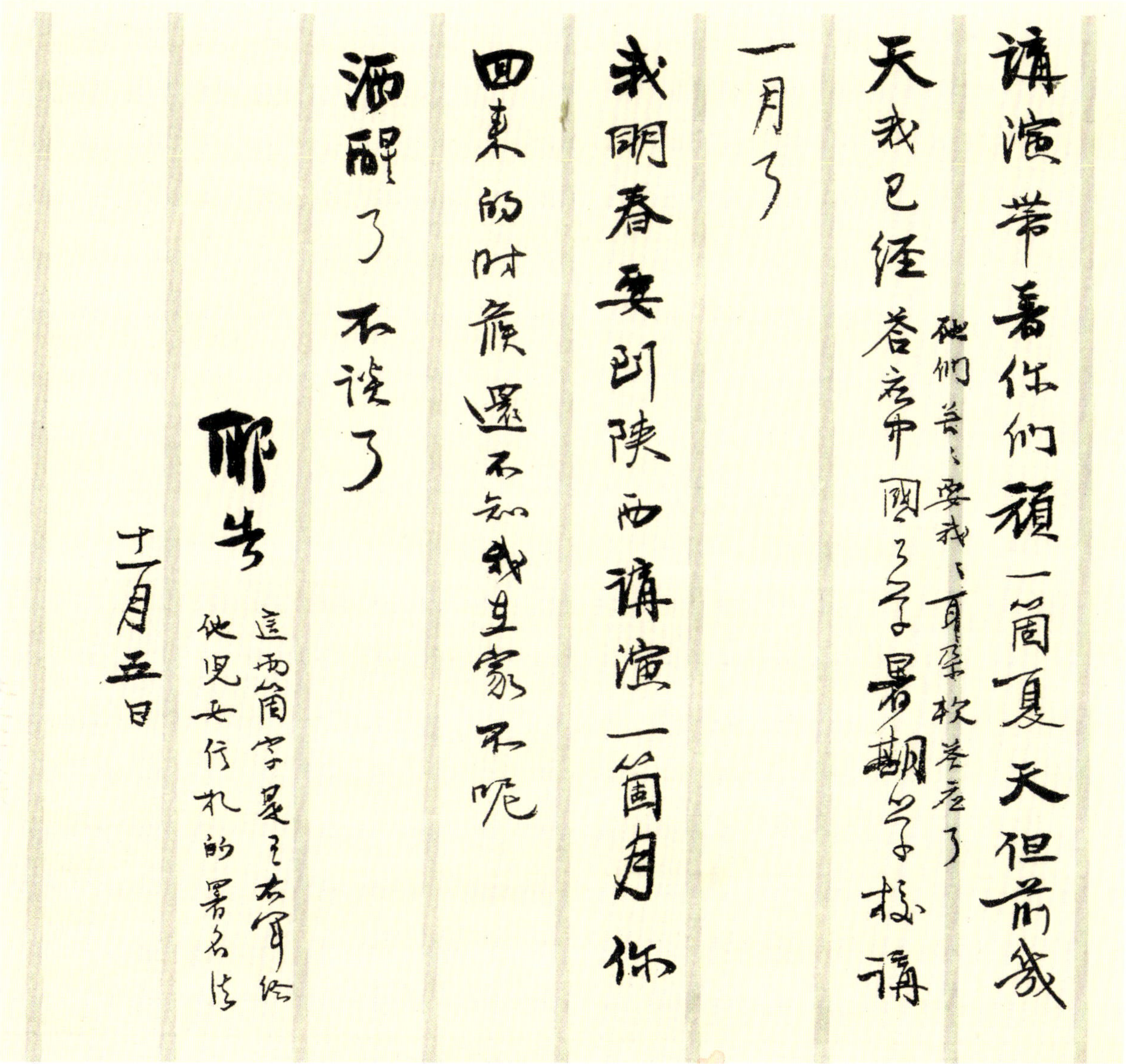
講演帶着你們頑一箇夏天但前幾天我已經答應東南大學暑期學校講（他們苦苦要我，我有學校答應了）一月了
我明春要到陝西講演一箇月你回來的時候還不知我在家不呢
酒醒了不談了
耶告
十一月五日
這兩箇字是王右軍給他兒女行札的署名法

《致梁思顺书》（1923 年）

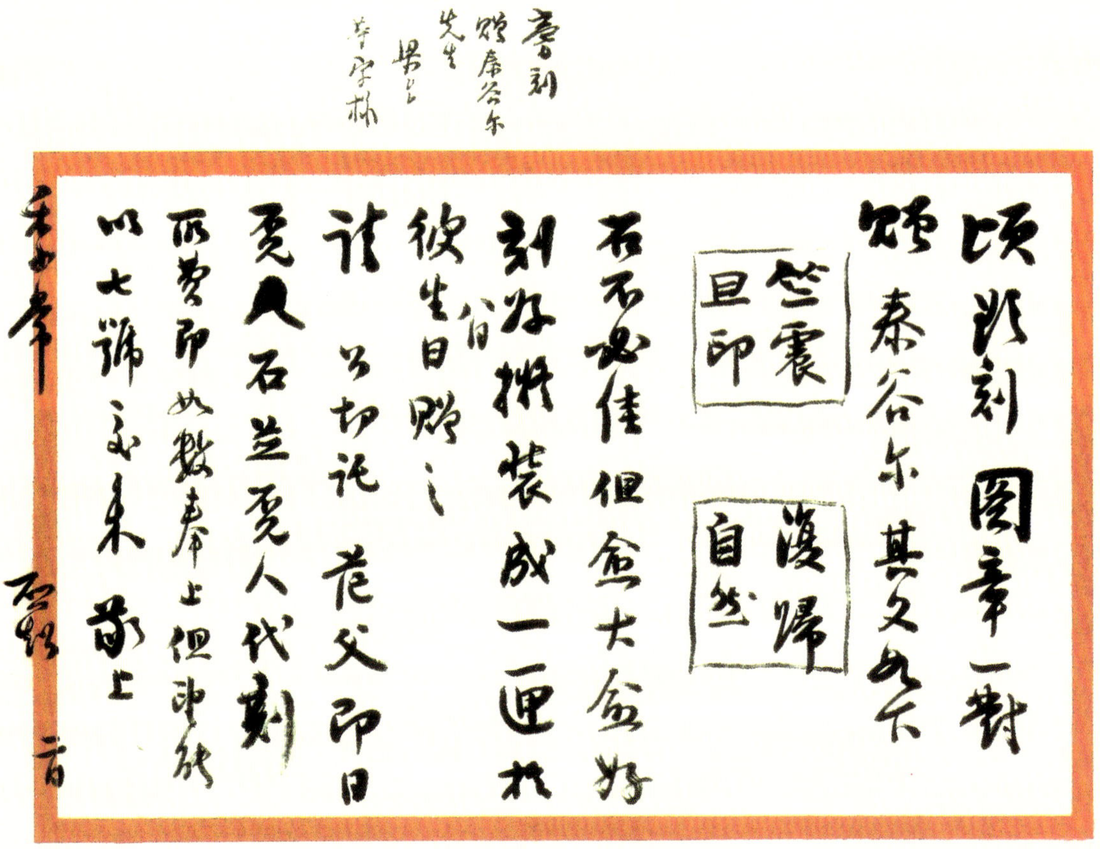

《致蹇念益书》（1924年）

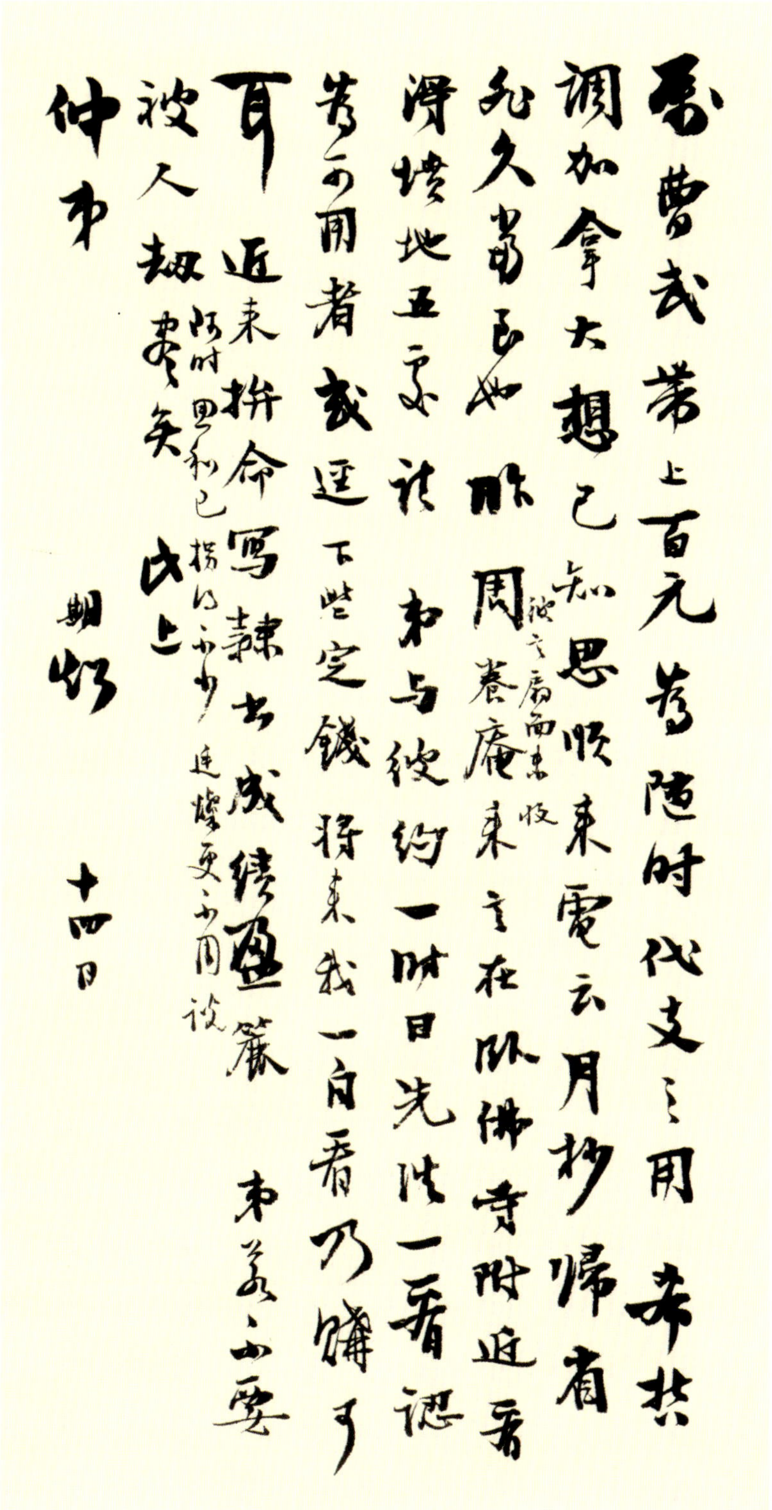

《致梁启勋书》（1924 年）

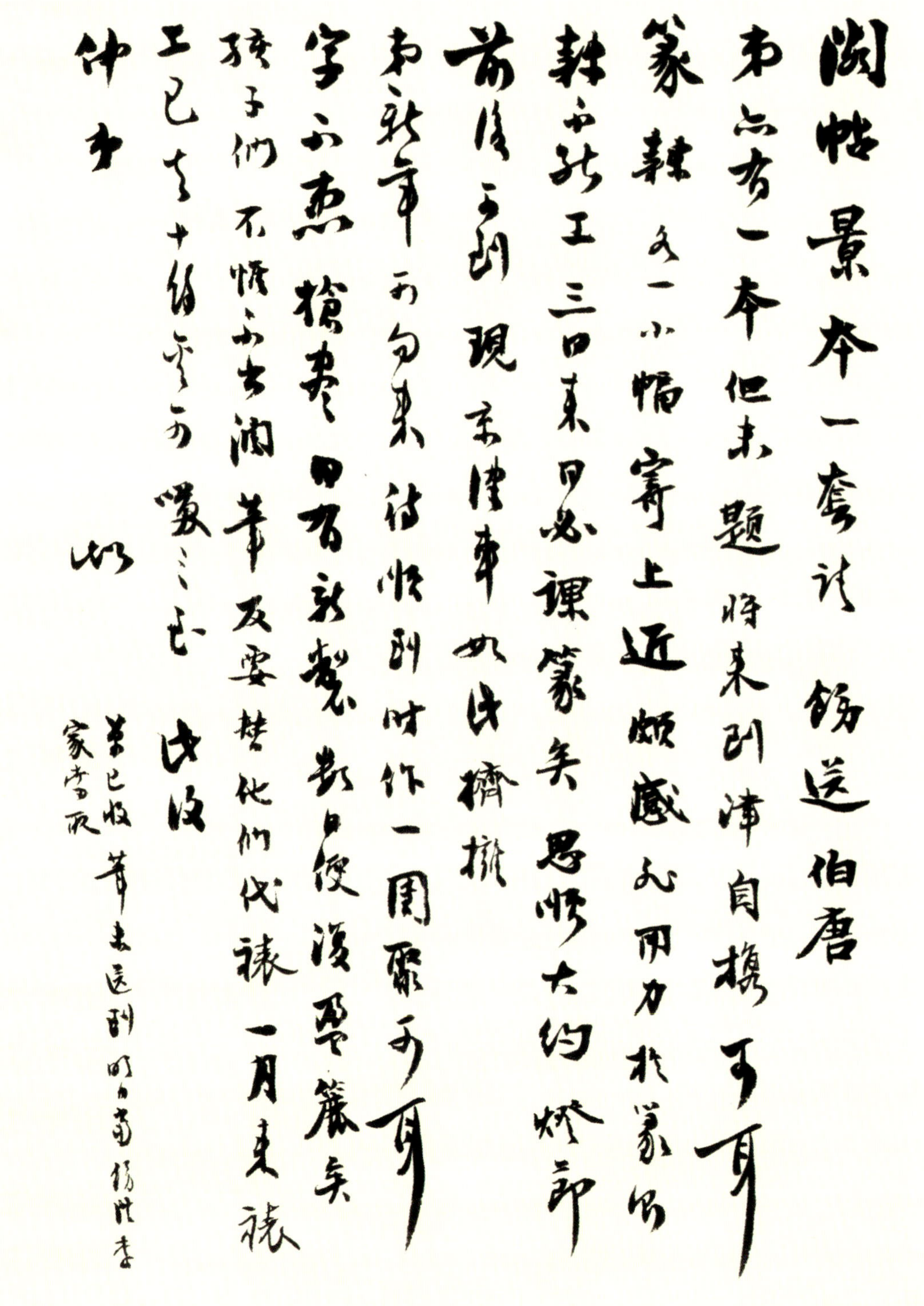

《致梁启勋书》（约1924年）

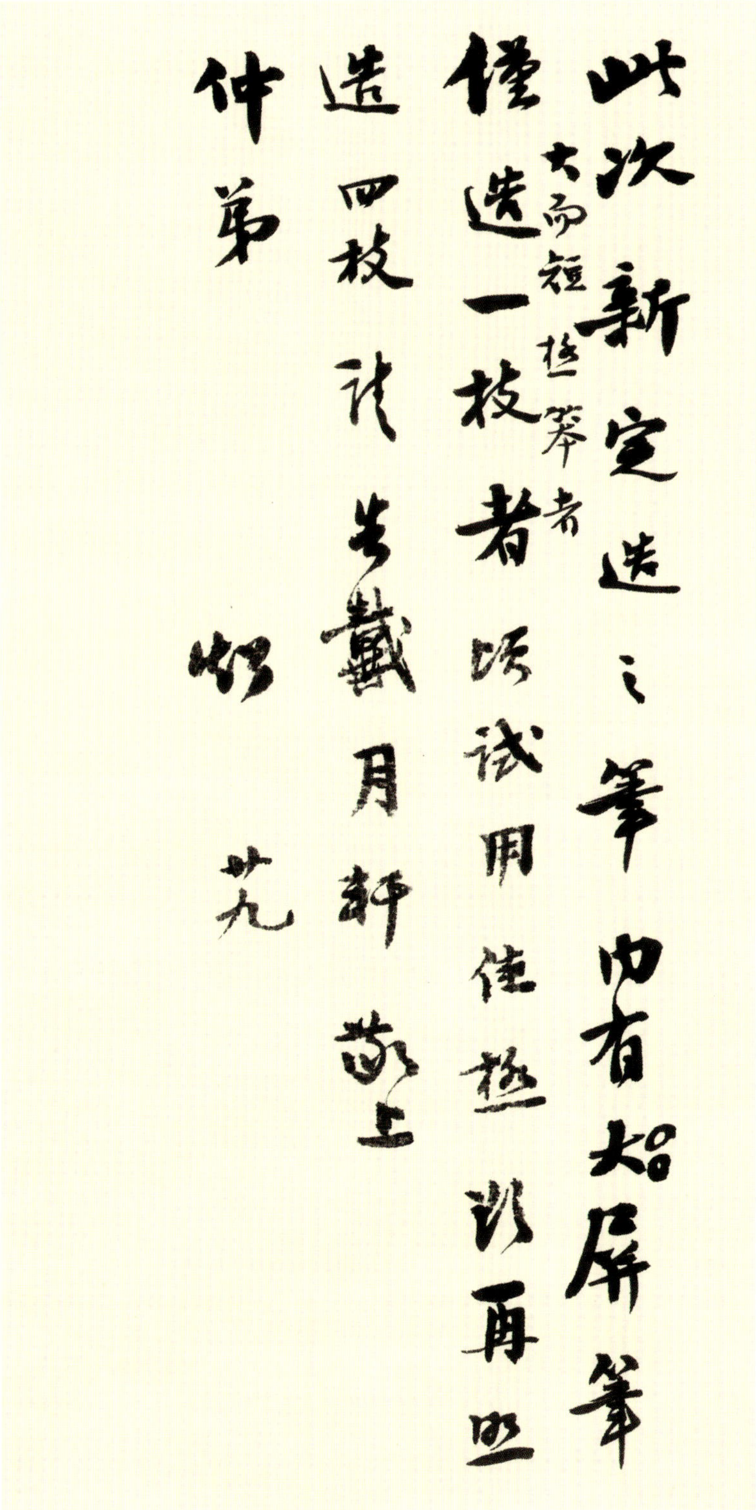
此次新定造之筆中有超屏筆
僅造一枚者（大而短極萃者）誤試用佳極請再以
造四枚請告戴月軒敬上
仲策 啓 廿九

《致梁启勋书》（约 1924 年）

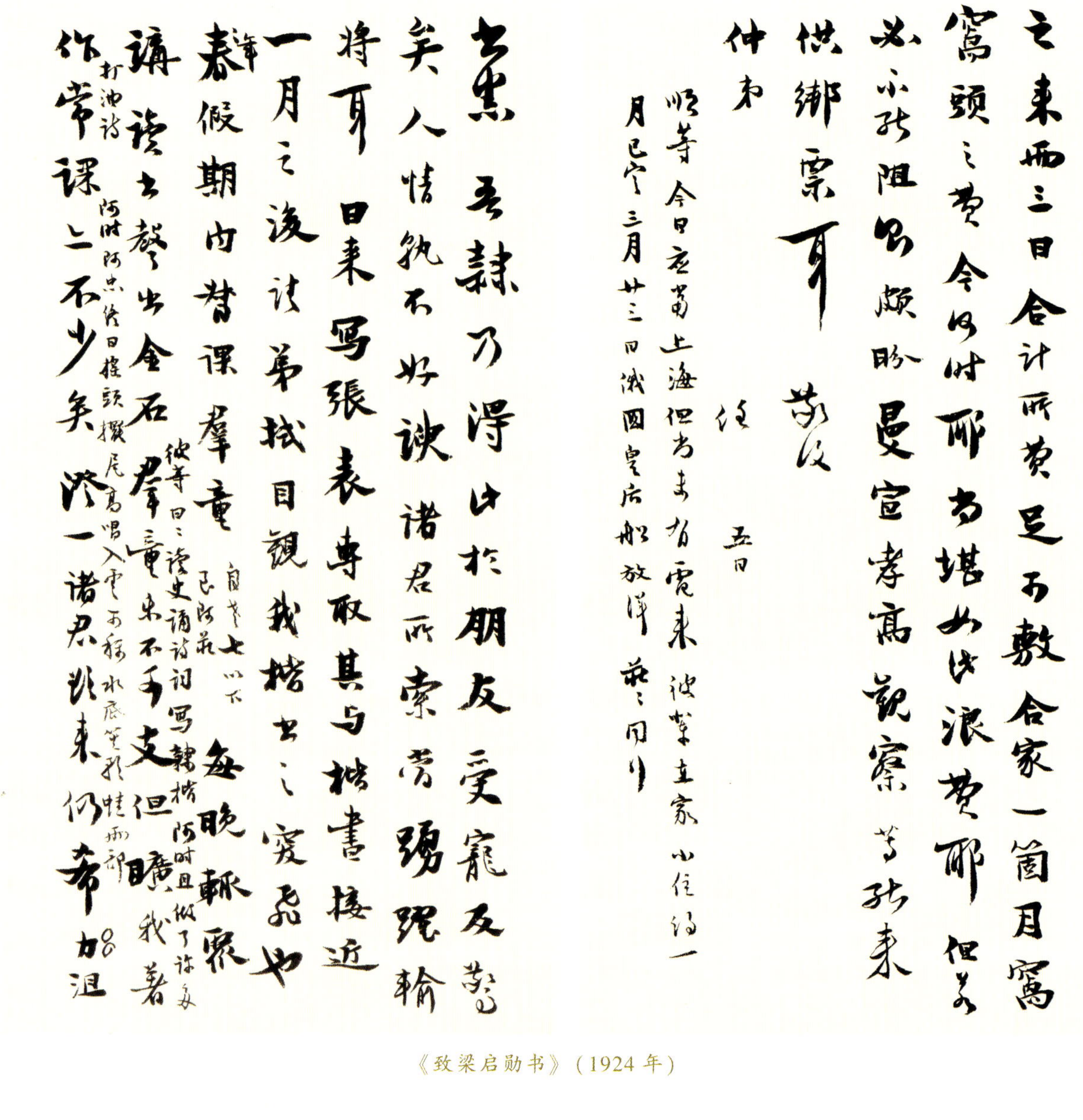

《致梁启勋书》（1924 年）

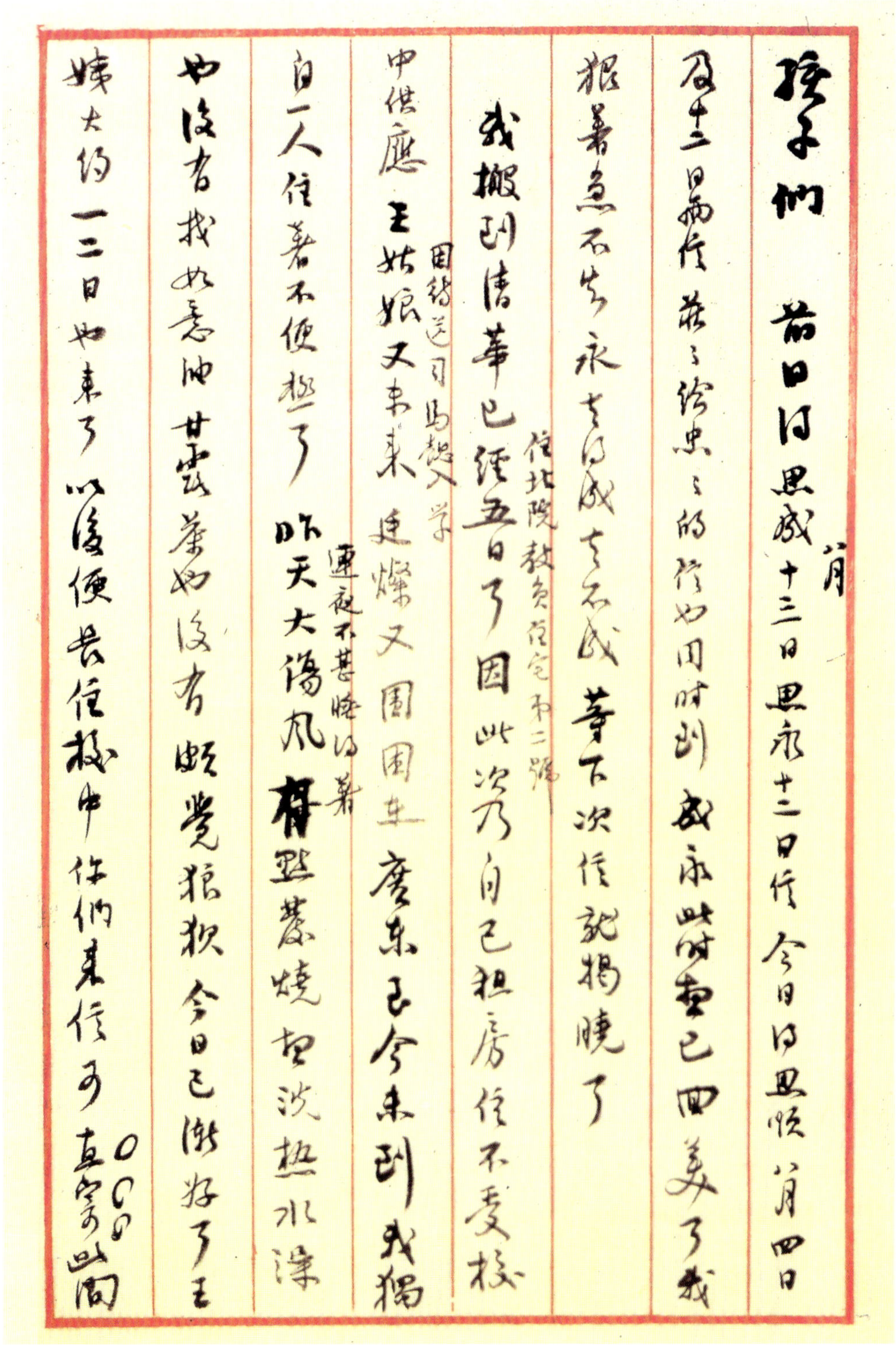
孩子們：前日得思成八月十三日、思永十二日信，今日得思順八月四日及十三日兩信，莊莊給忠忠的信也同時到。我想此時當已回美了，我很著急，不知思永去得成去不成，等下次信就揭曉了。

我搬到清華已經五日了，因此次乃自己租房住（住北院教員住宅第二號），不受校中供應。王姑娘又未來（因錯過司馬懿入學），達燦又圍困在廣東，已令來到，我獨自一人住著，不便極了。昨天大傷風（連夜不甚睡得著），有點發燒，想洗熱水澡也沒有，找如意油甘露茶也沒有，頓覺狼狽。今日已漸好了。王姨大約一二日也來了，以後便長住校中，你們來信可直寄此間。

《致孩子们书》（1925 年）

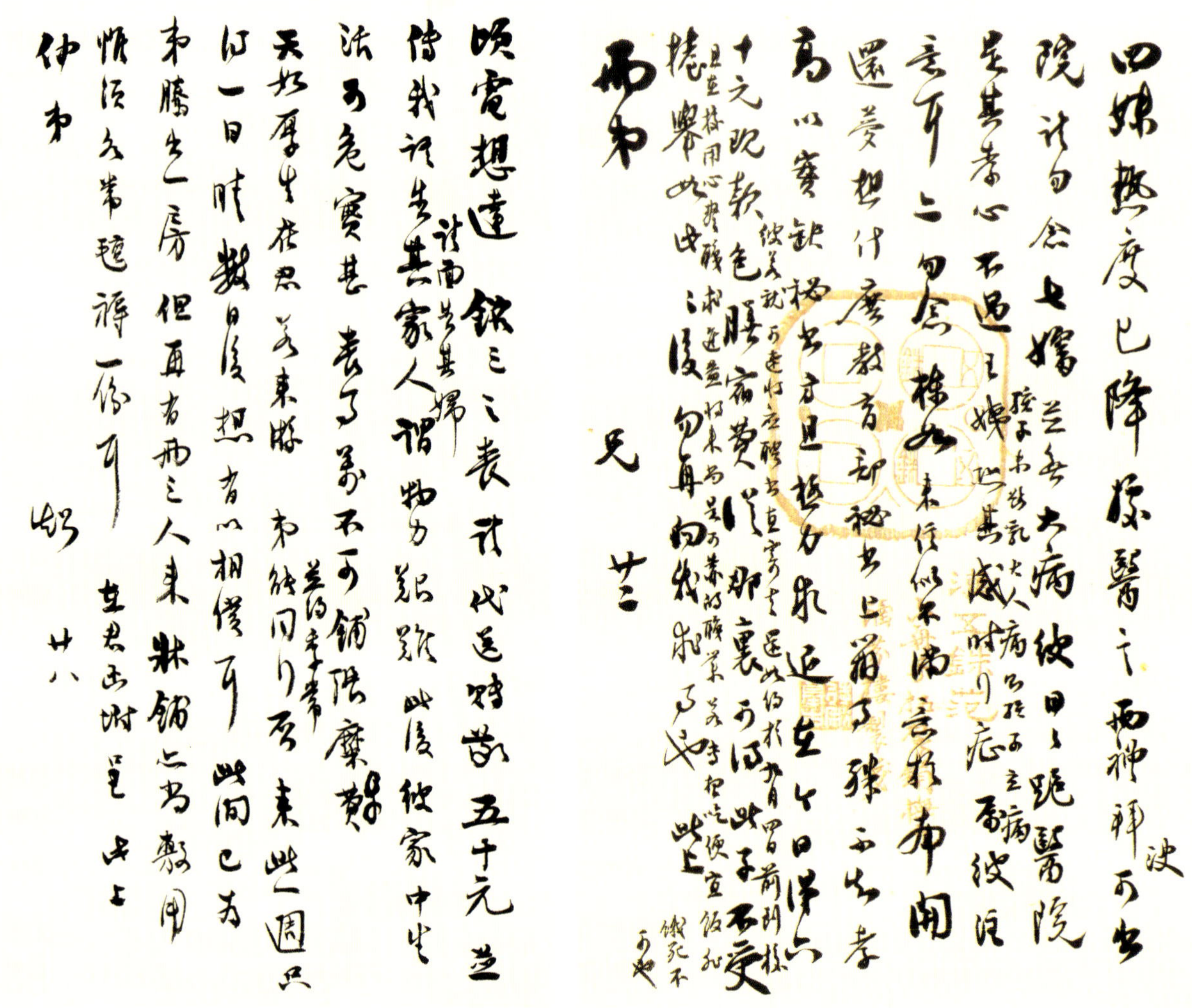

《致梁启勋书》（约 1925 年）

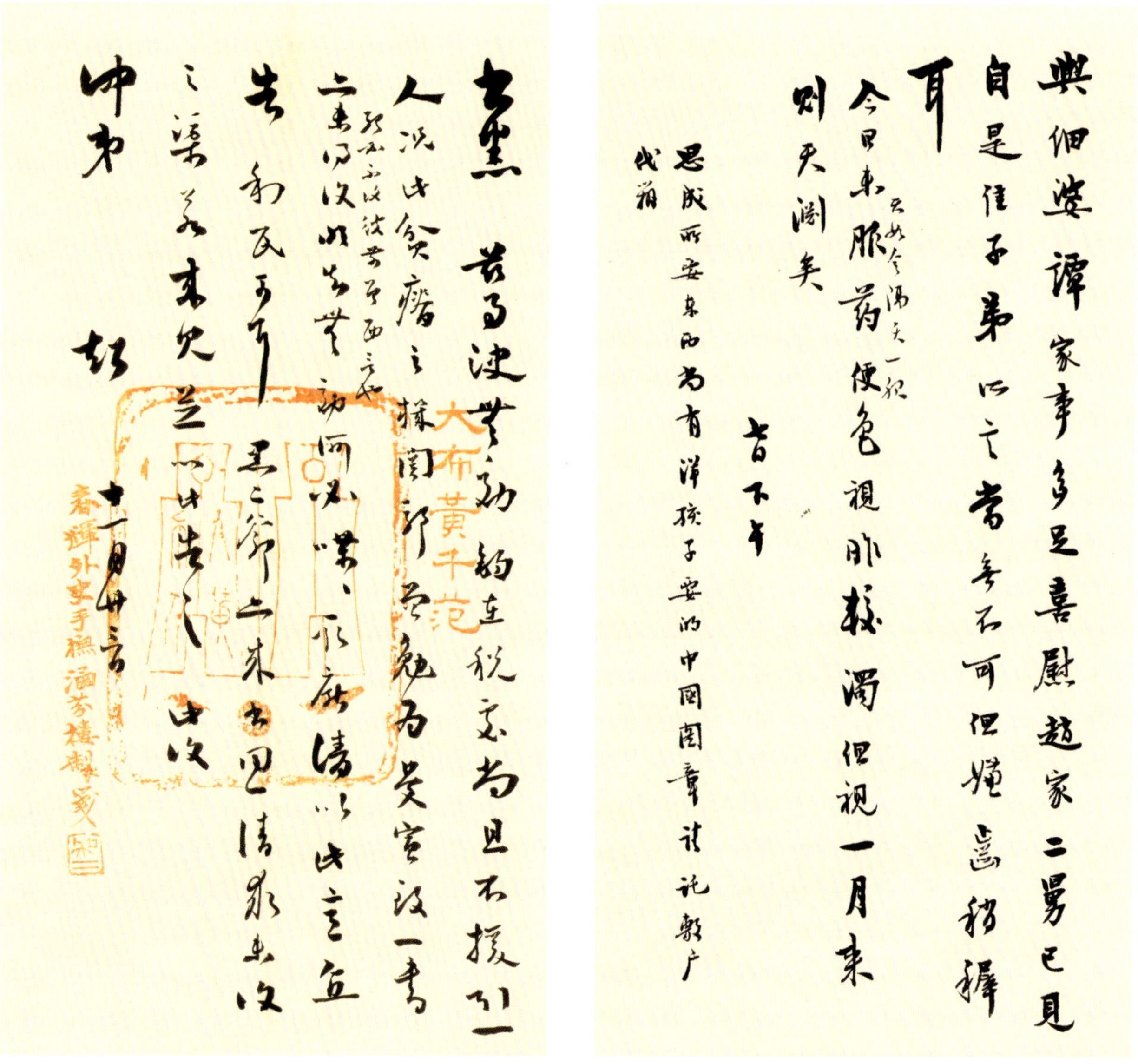

《致梁启勋书》（1926 年）

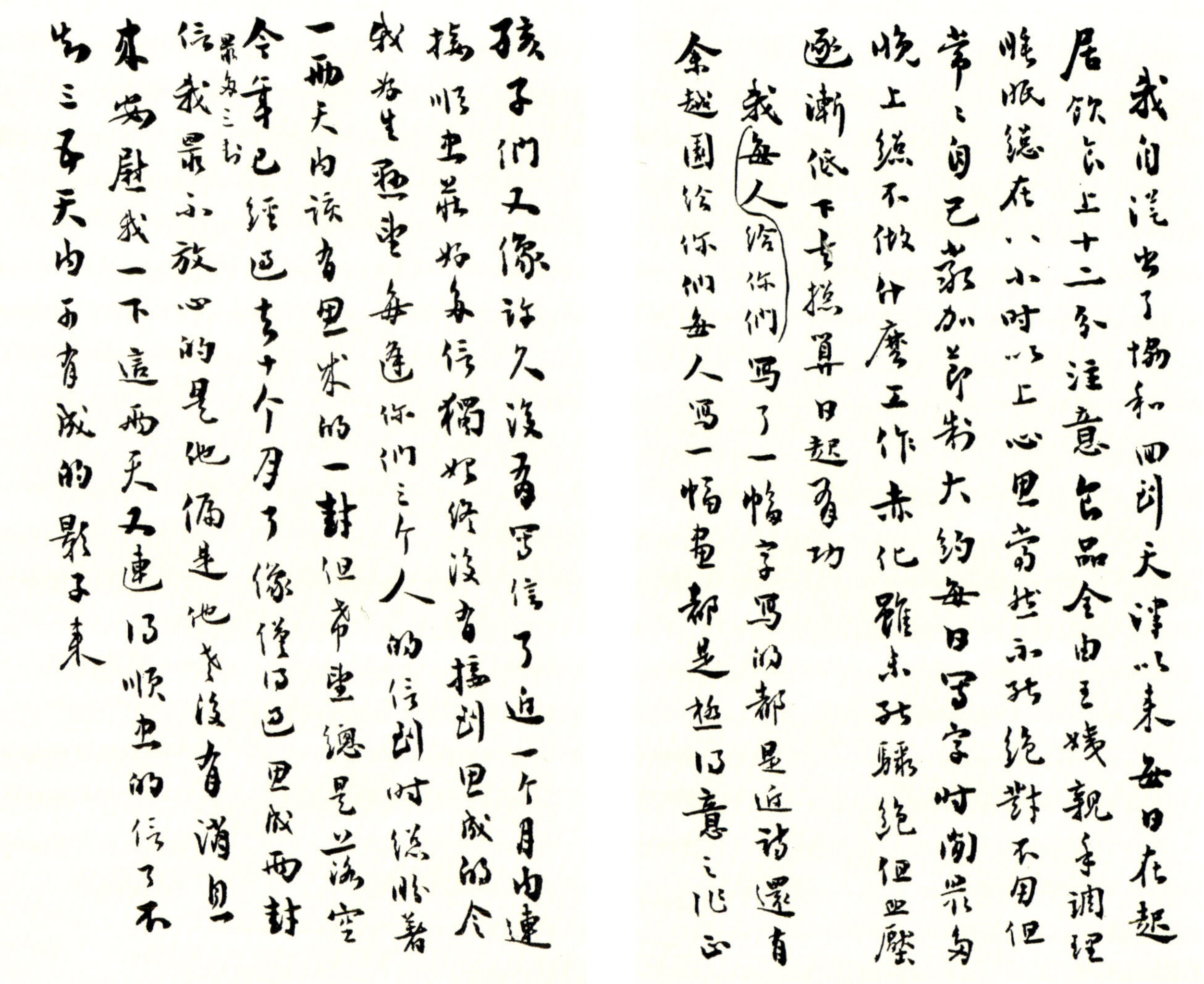

我自從出了協和回到天津以來，每日在起居飲食上十二分注意，食品全由王姨親手調理，睡眠總在八小時以上，心思當然不能絕對不用，但常常自己裁抑節制，大約每日寫字時間最多，晚上總不做什麼工作，赤化雖未能驟絕，但血壓逐漸低下去，總算日起有功。
我每人給你們寫了一幅字，寫的都是近詩，還有余越園給你們每人寫一幅畫，都是極得意之作。

孩子們：又像許久沒有寫信了，這一個月內連接順兒莊兒好幾封信，獨獨沒有接到思成的，令我好生懸望，每逢你們三個人的信到時，總盼著一兩天內該有思永的一封，但希望總是落空。今年已經過去十個月了，像僅得過思成兩封信（最多三封），我最不放心的是他，偏是他老沒有消息，不來安慰我一下。這兩天又連得順兒的信了，不出三五天內可有成的影子來

《致孩子們书》（1927年）

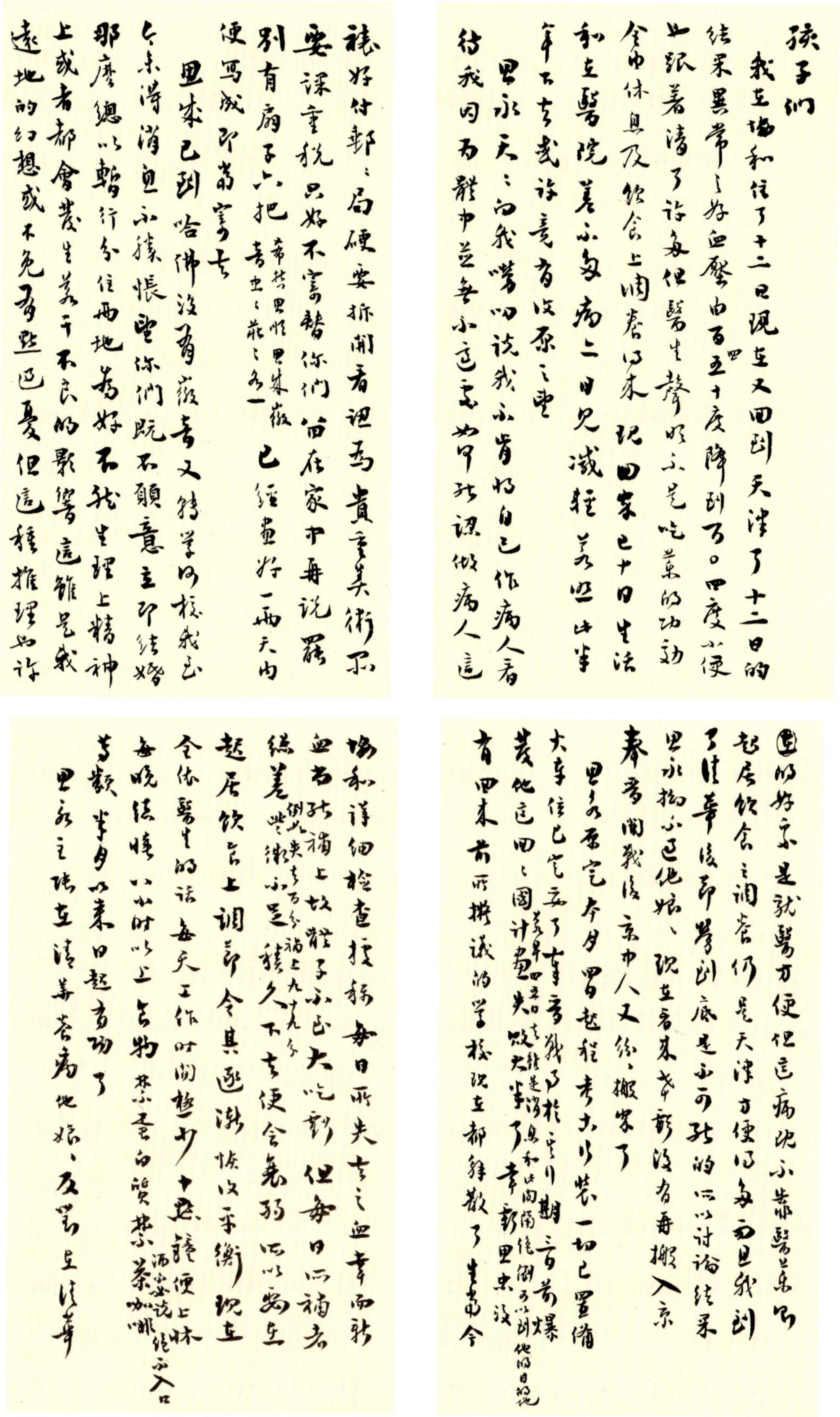

孩子们

我在协和住了十二日，现在又回到天津了。十二日的结果异常之好，血压由百五十度降到百〇四度，小便也跟着清了许多，但医生声明不是吃药的功効，全由休息及饮食上调养得来。现回家已十日，生活和在医院差不多，病亦日见减轻，若照此半年左右，或许竟有恢复之望。

思永天天向我唠叨，说我不肯将自己作病人看待，我因为体中并无不适处，如何能找课做，病人这样好对付，却硬要拆开看，理为贵重美术不要深重挑，只好不寄给你们，留在家中再说罢。别有扇子六把（希哲、思顺、思成、徽音、思忠、庄庄各一）已经画好，一两天内便写成即寄去。

思永已到哈佛，没有徽音文转学的校，我正在等消息，不接怅望。你们既不愿意立即结婚，那么总以暂行分住两地为好，在我生理上精神上或者都会发生若干不良的影响，这虽是我远地的幻想，或不免有些过虑，但这种推理也许

因为好处不是就医方便，但这病既不靠医生常见，起居饮食之调养，仍是天津方便得多，而且我到了清华后，节节都到底是不可能的，所以讨论结果思永劝不过他娘、现在看来新没有再搬入京，春来闻说京中人又纷纷搬家了。

思成来信，今夕要赶程考大学，一切已置备大半，信已寄去了。十年前我巧于七月期三十前爆（义峡四五日去，能是旧点和此间隔绝，倒不以为他们日的地）发，他这回之国计划失败大半了。幸彭思忠没有回来，前所拟议的学校现在都解散了。生活今

协和详细检查核称，每日所失去之血，幸而新血尚能补上，故体子不至大吃亏（倒也未至百分，补上九十九分），但每日所补者总差些微，不至积久下去，便会气弱，所以我在起居饮食上调节，令其逐渐恢复平衡。现在全依医生的话，每天工作时间极少，十点钟便上床（酒也说绝不入口），每晚睡八小时以上，食物禁不吃白质，禁茶、咖啡等类，半月以来，日起有功了。

思永之说在清华，春病他娘、及梁在清华

《致孩子们书》（1927 年）

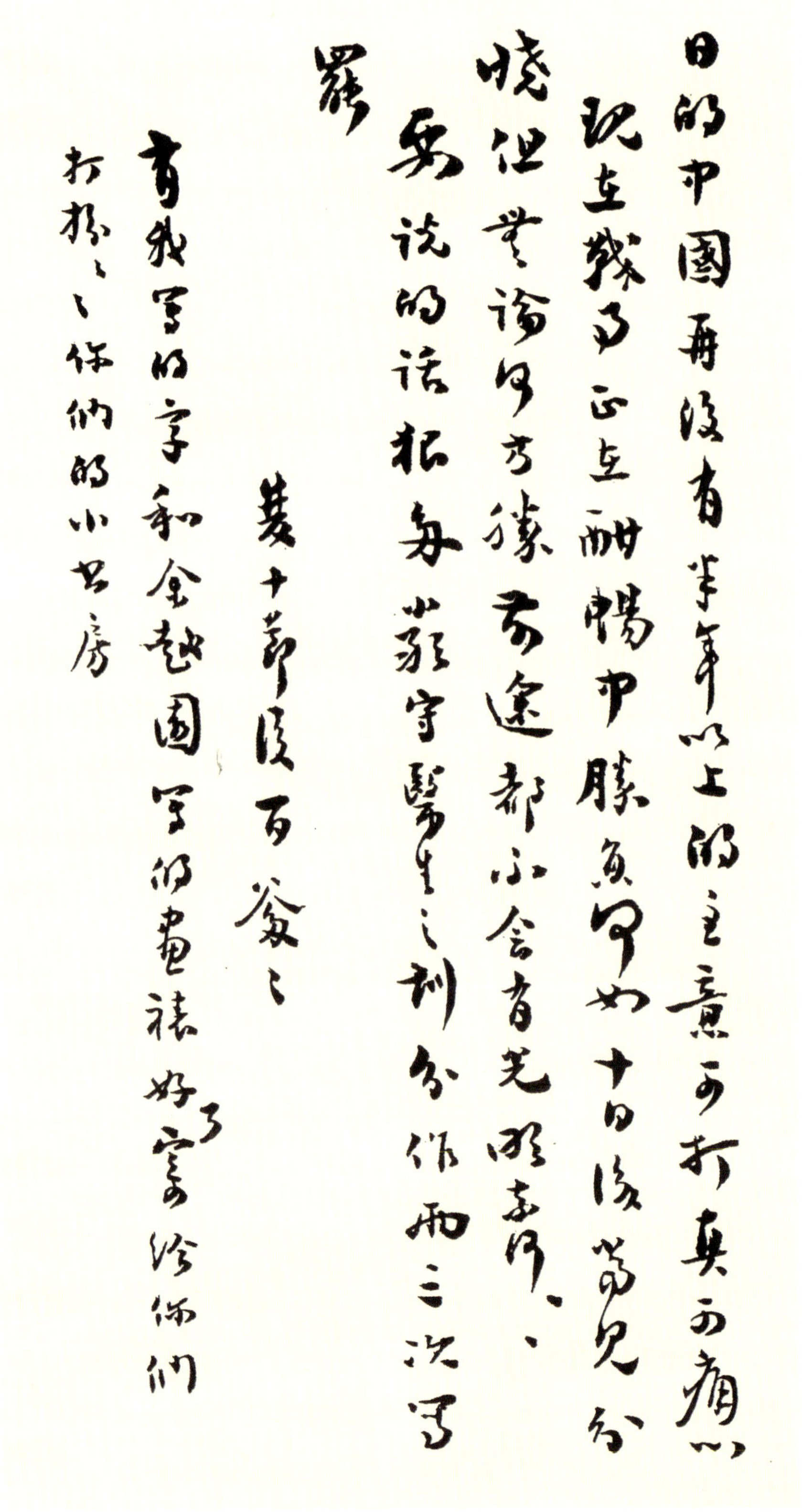
日的中国再没有半年以上的主意可打真可痛心
现在战局正在酣畅中胜负即如十日后当见分
晓但无论何方胜前途都不会有光明、
矣说的话想每小节守骸到分作两三次写
罢
双十节后一日　爹爹
有我写的字和金鉴园写的画裱好了寄给你们
打扮打扮你们的小书房

《致孩子们书》（1927 年）

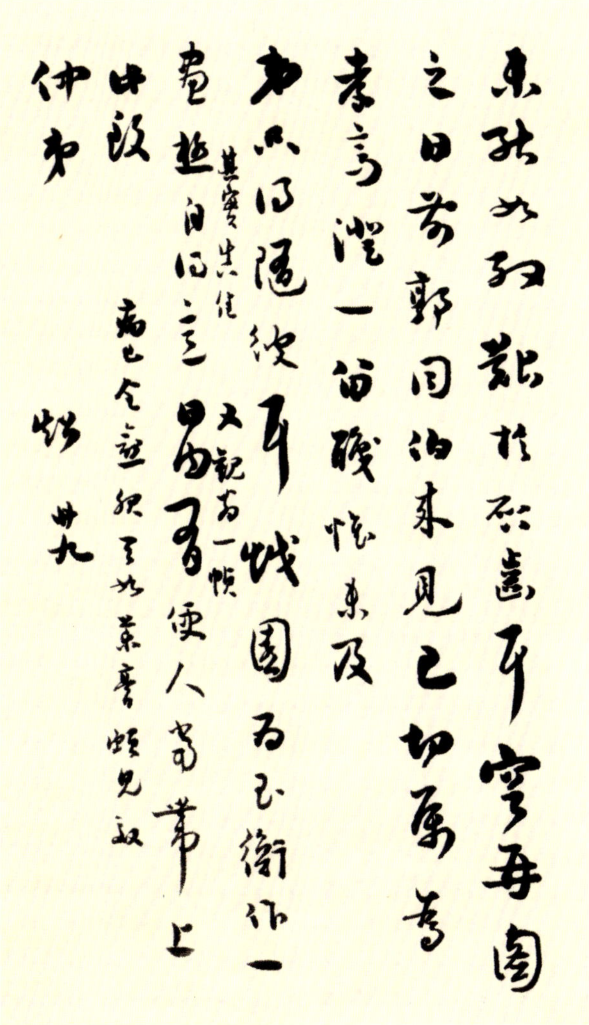

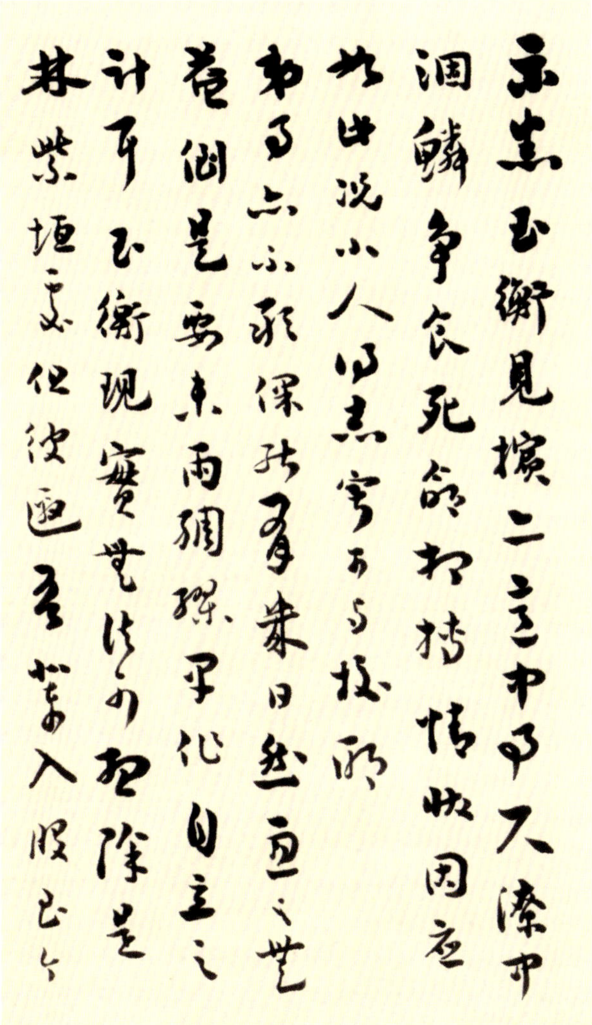

《致梁启勋书》（1927 年）

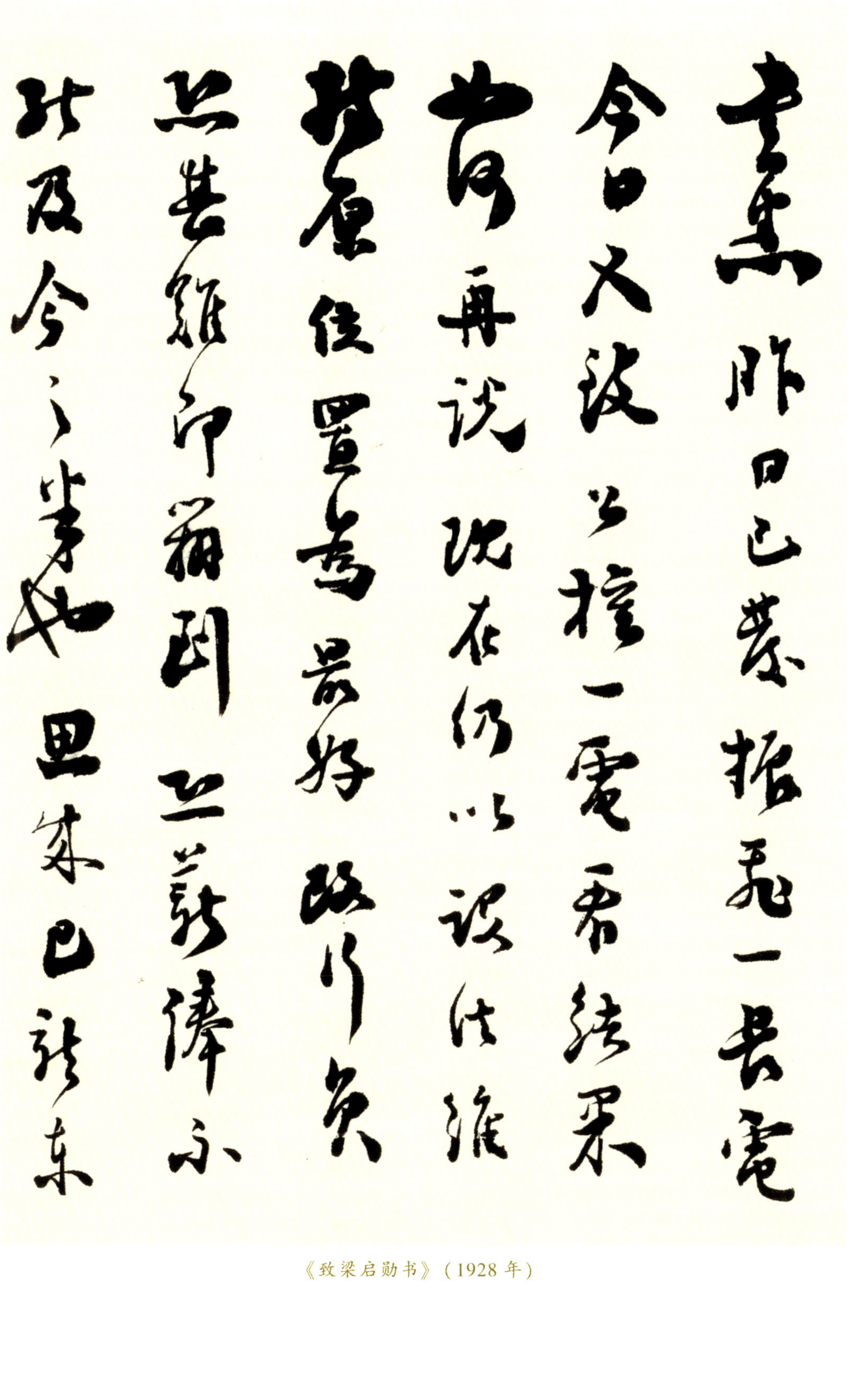

《致梁启勋书》（1928 年）

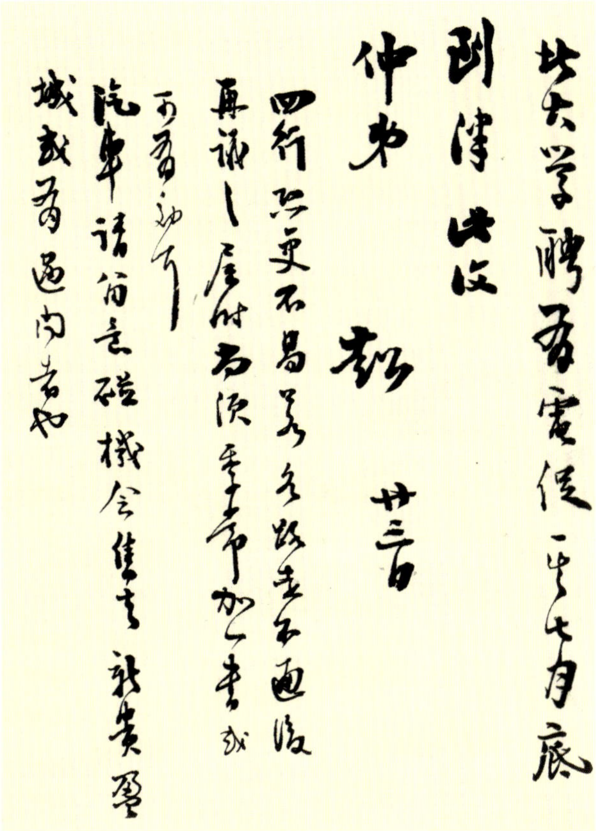

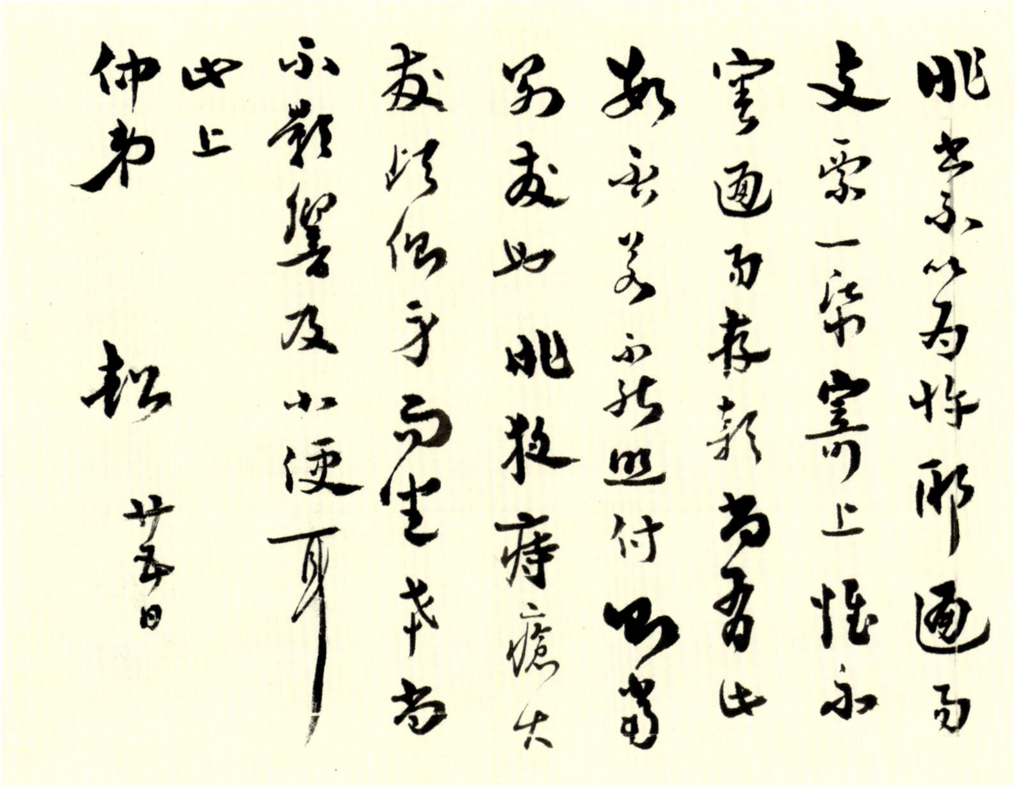

《致梁启勋书》（1928 年）

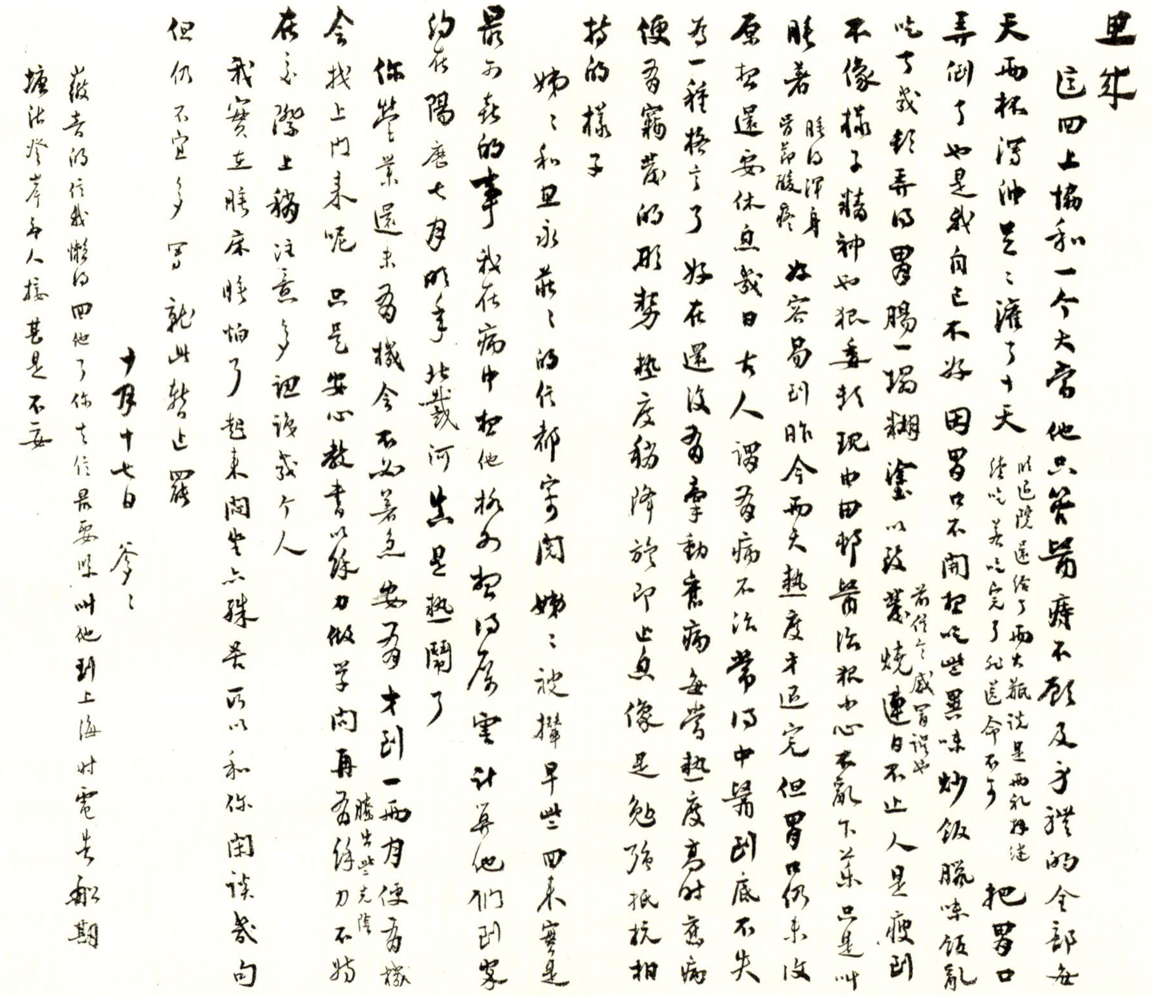

思成：

这回上协和一个大当，他只管医痔，不顾及身体的全部，每天两杯泻油，足足泻了十天（明知泻后还给了两大瓶说是西乳续吃，若吃完了就送命了），把胃口弄倒了，也是我自己不好，因胃口不开，想吃些异味，炒饭、腊味饭乱吃了几顿（前后七八顿），弄得胃肠一塌糊涂，以致发烧（前后只感冒误也），连日不止，人是瘦到不像样子，精神也狼狈不堪，现由田邨医治，很小心，大概下礼拜只是叫胖着（胖的浑身皆节酸痛），好容易到昨今两天热度才退完，但胃口仍未恢复，想还要休息几日。古人谓有病不治常得中医，到底不失为一种格言了。好在还没有什么动意病，每当热度高时，意病便有窃发的形势，热度稍降，旋即止息，像是勉强抵抗相持的样子。

妹妹和思永、庄庄的信都寄阅。妹妹被撵早些回来，实是最可喜的事。我在病中想他极了，想得厉害，计算他们到家约在阳历七月，明年北戴河真是热闹了。

你毕业还未有机会，不必着急，要有才到一两月便有机缘会找上门来呢。只是安心教书，以余力做学问，再有余力（胜出些光阴）不妨在交际上稍注意多认识几个人。

我实在躺床躺怕了，起来闷坐亦殊苦，所以和你闲谈几句。

但你不宜多写，就此暂止罢。

十月十七日 爹爹

徽音的信我懒得回他了，你去信最要紧叫他到上海时电告船期，塘沽登岸无人接甚是不妥。

《致梁思成书》（1928年）

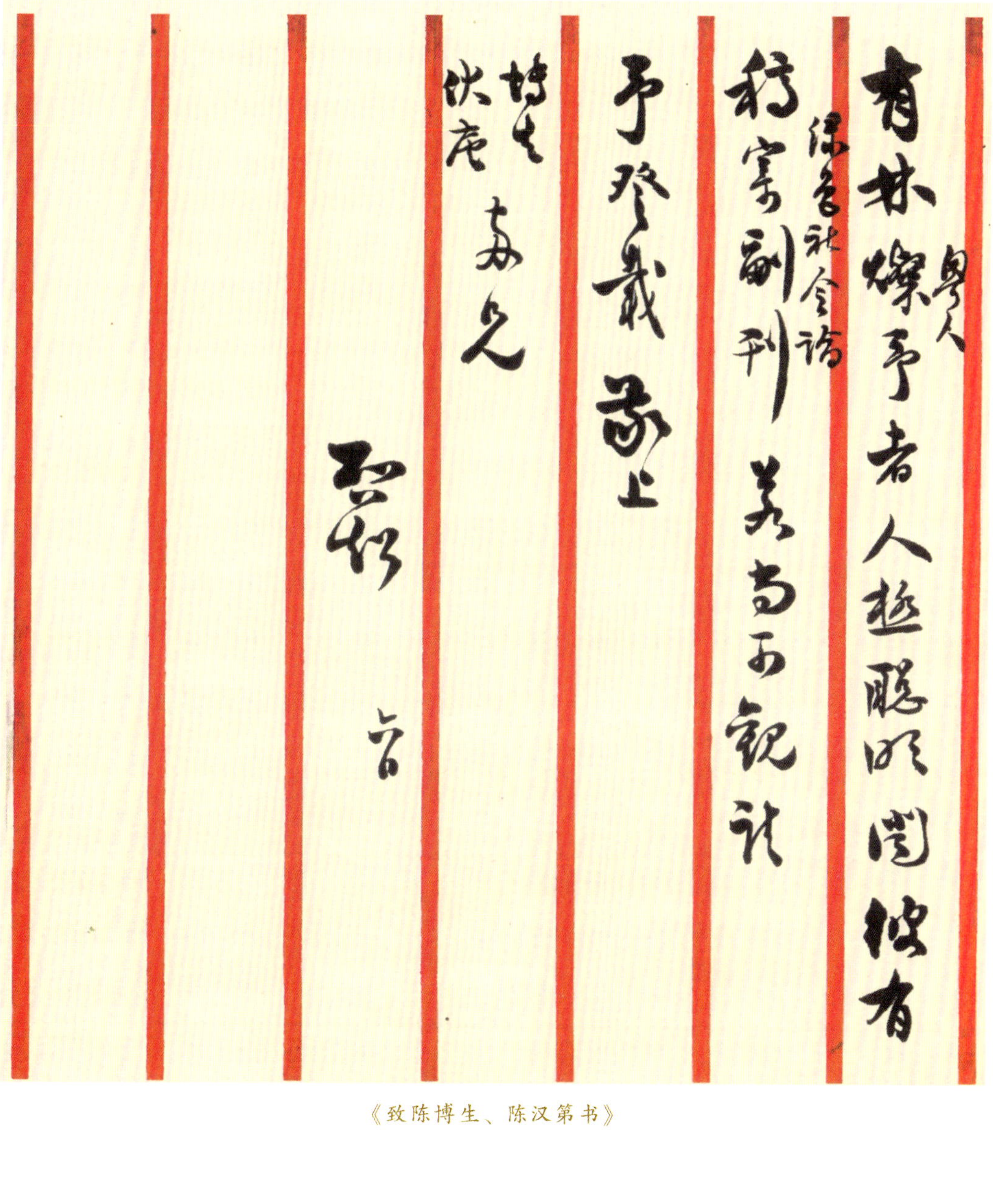

有林燦予者（粤人）極聰明，復有
稿寄（保存社會詩）副刊，若尚可觀，許
予登載。敬上
博生、伏廬兩兄
啟超 启

《致陈博生、陈汉第书》

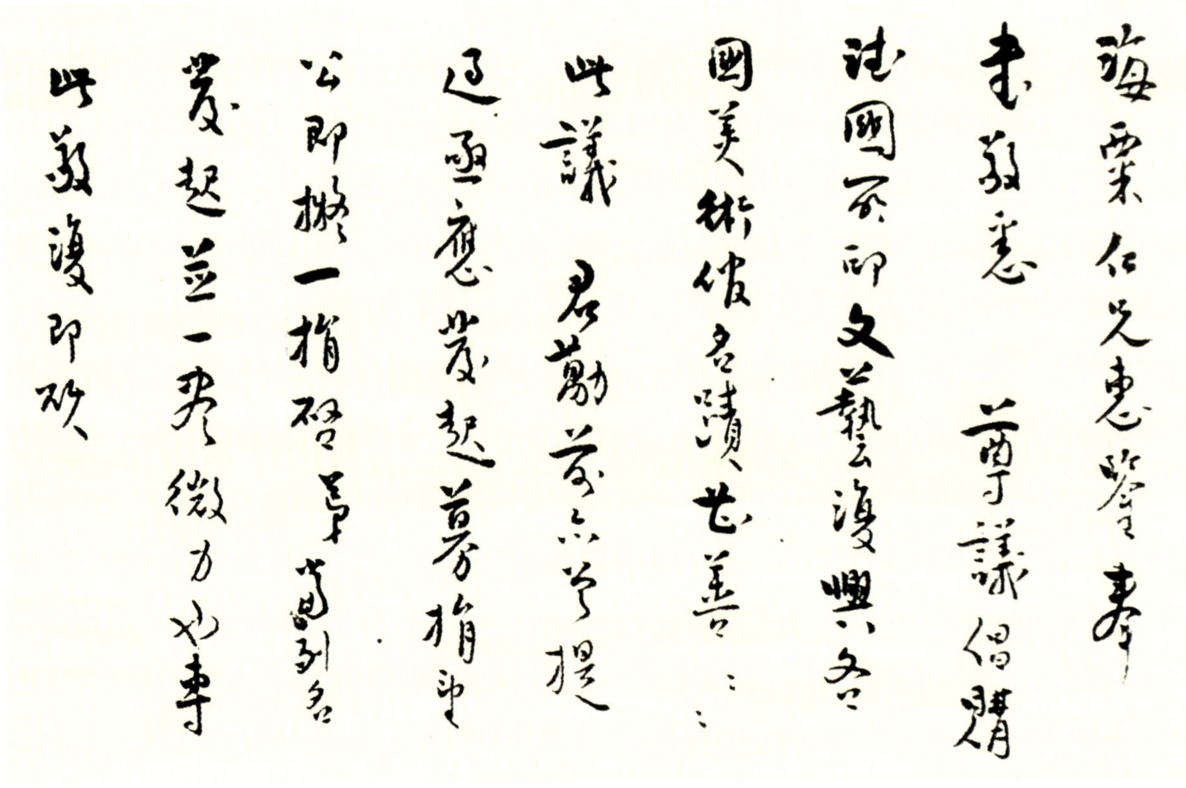
海粟仁兄惠鑒：奉
書敬悉。尊議倡
法國不即文藝復興之
國美術價值，甚善，甚善。
此議 君勱前亦曾提
過，亟應發起，首募捐即
公即擬一捐啓，草當署列名
發起，並一切微力也事
此敬復，即頌

《致刘海粟书》

顷汇上八万元收到乞

短复 展览券因未编码

上海以外之购买者颇难接应

半经印由市垫支 聊资提倡

可荷上

海粟先生

启超 廿六

六九

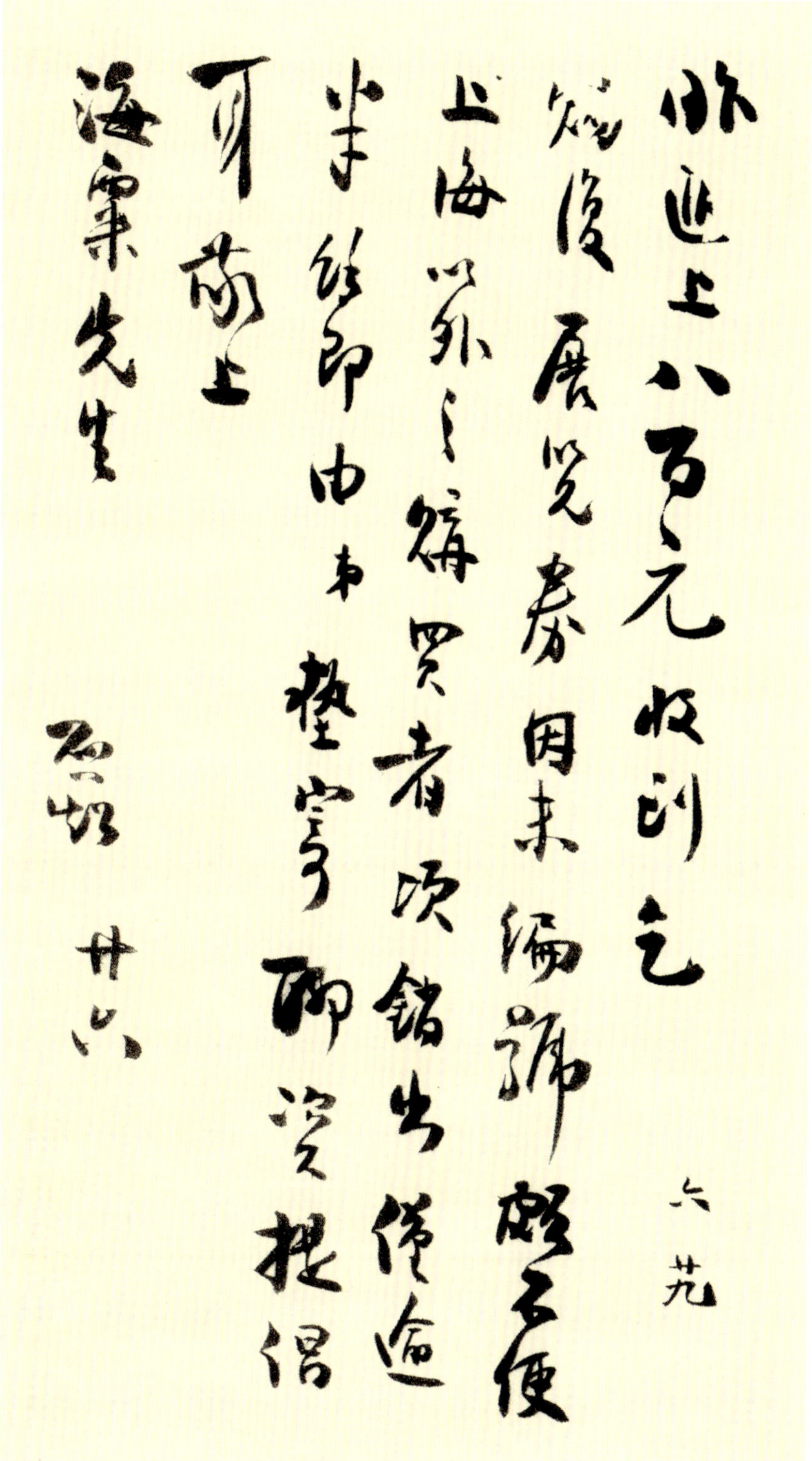

《致刘海粟书》

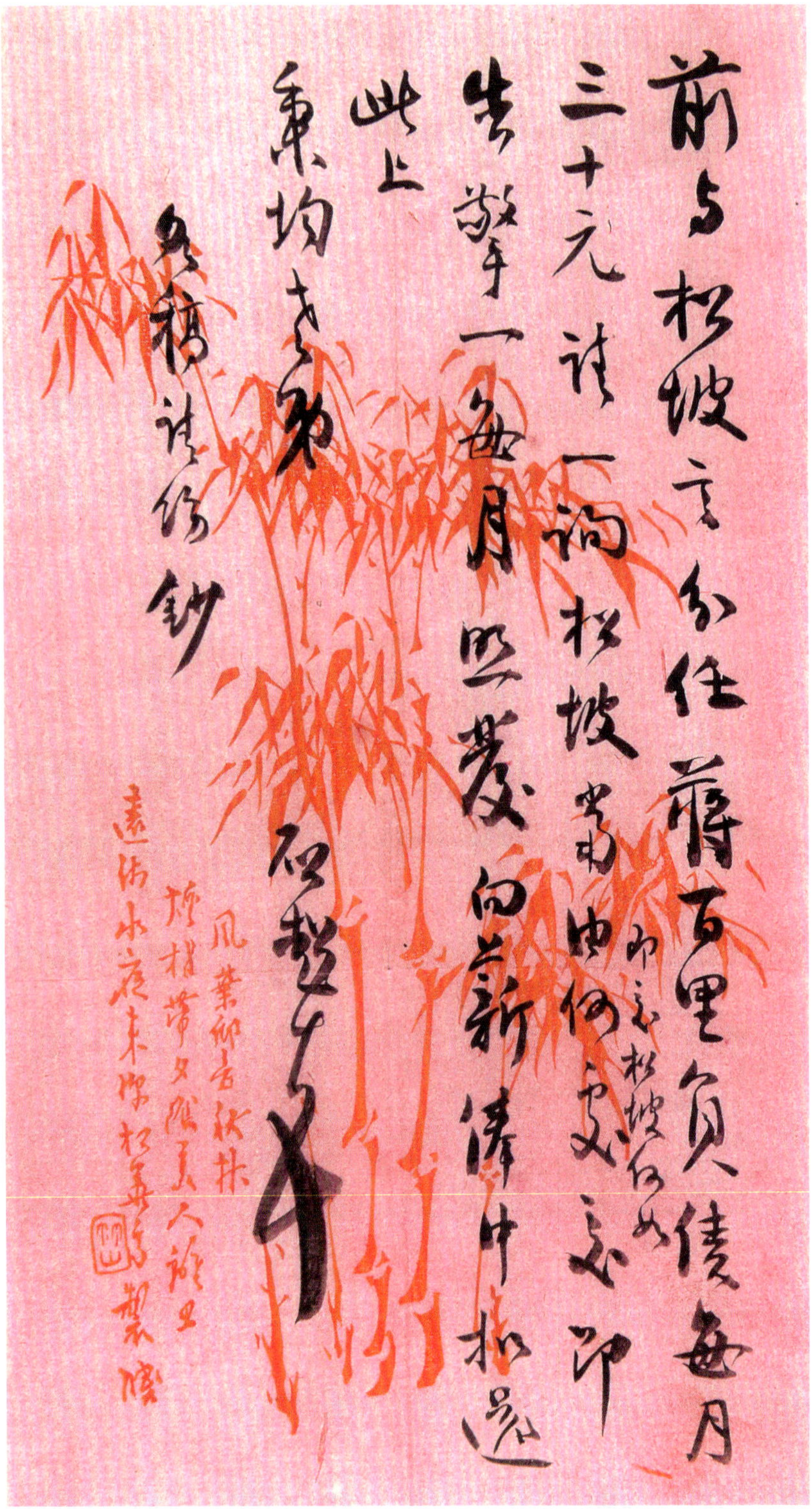

《致赵秉钧书》

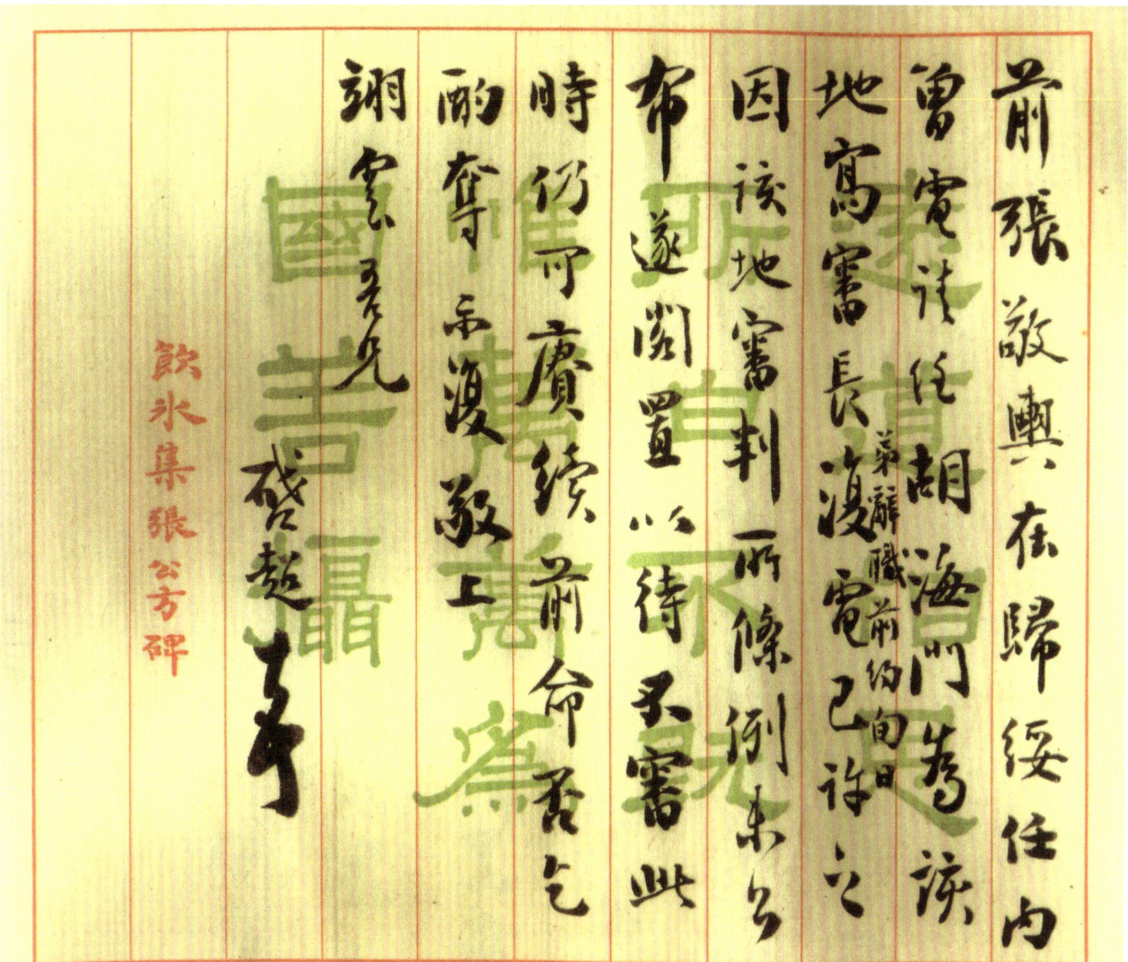
前張敬輿在歸綏任內
曾電請任胡海門為該
地高審長（案辭職前約旬日）復電已許之
因該地審判所條例未公
布遂閣置以待承審此
時似可賡續前命茲乞
酌奪示復敬上
翊雲吾兄
啓超頓首
飲冰集張公方碑

《致江庸书》

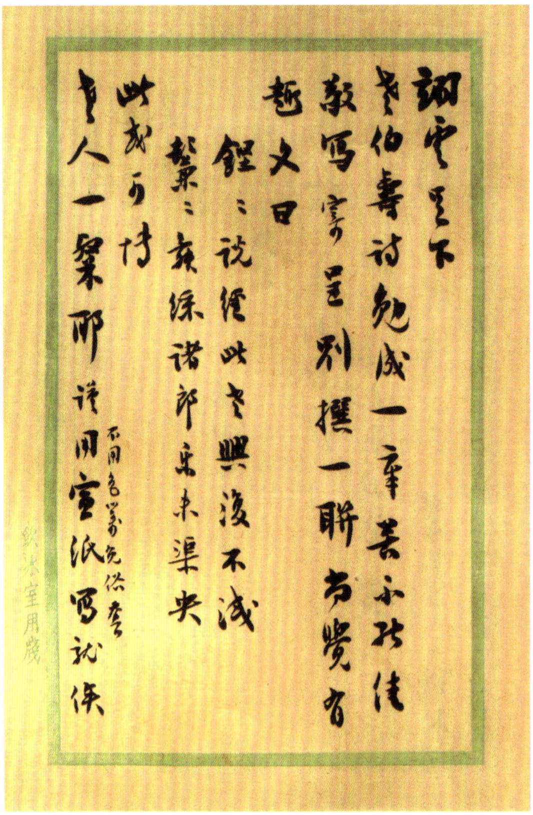

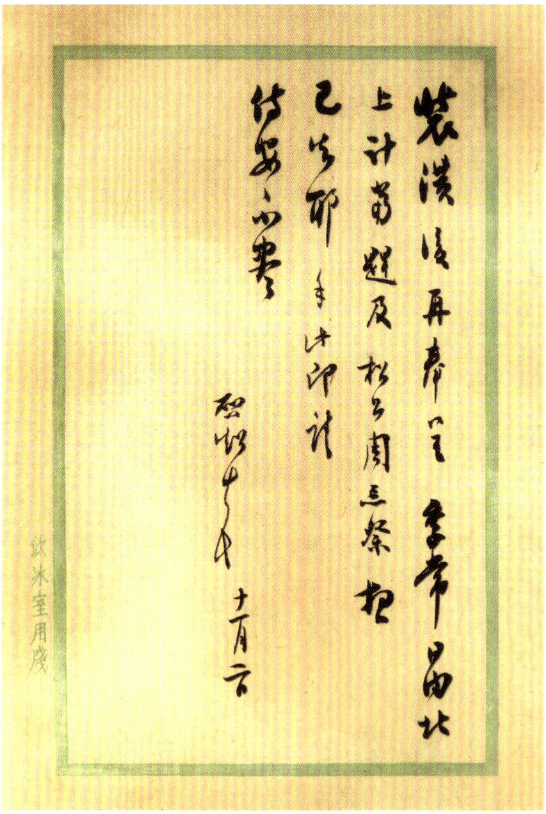

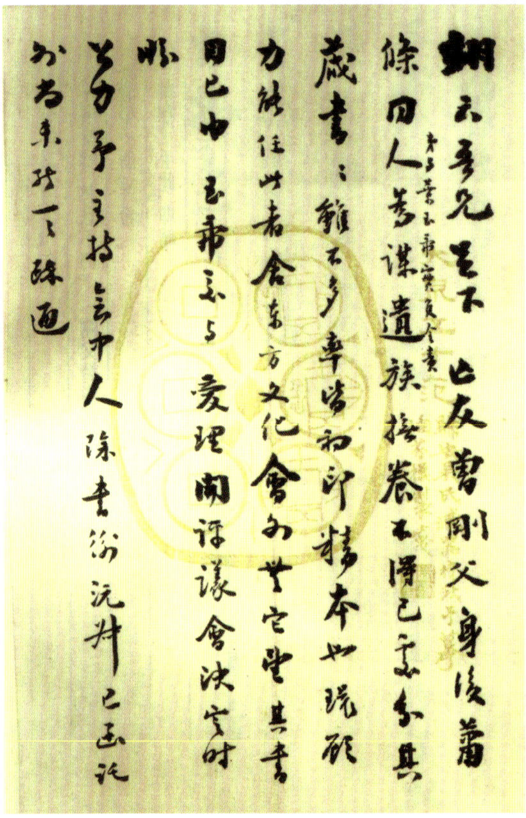

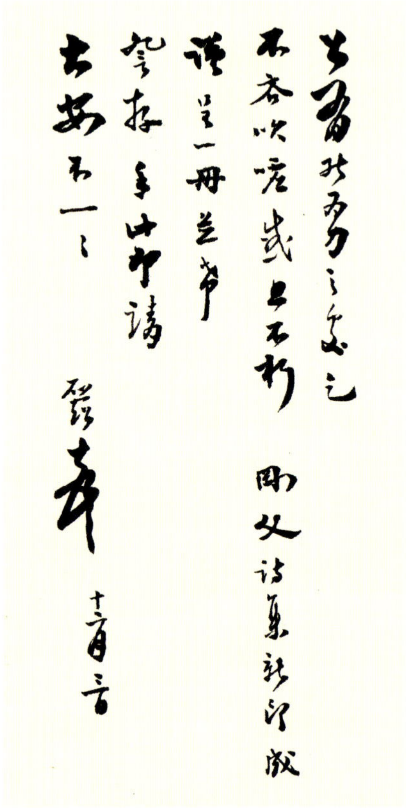

《致江庸书》

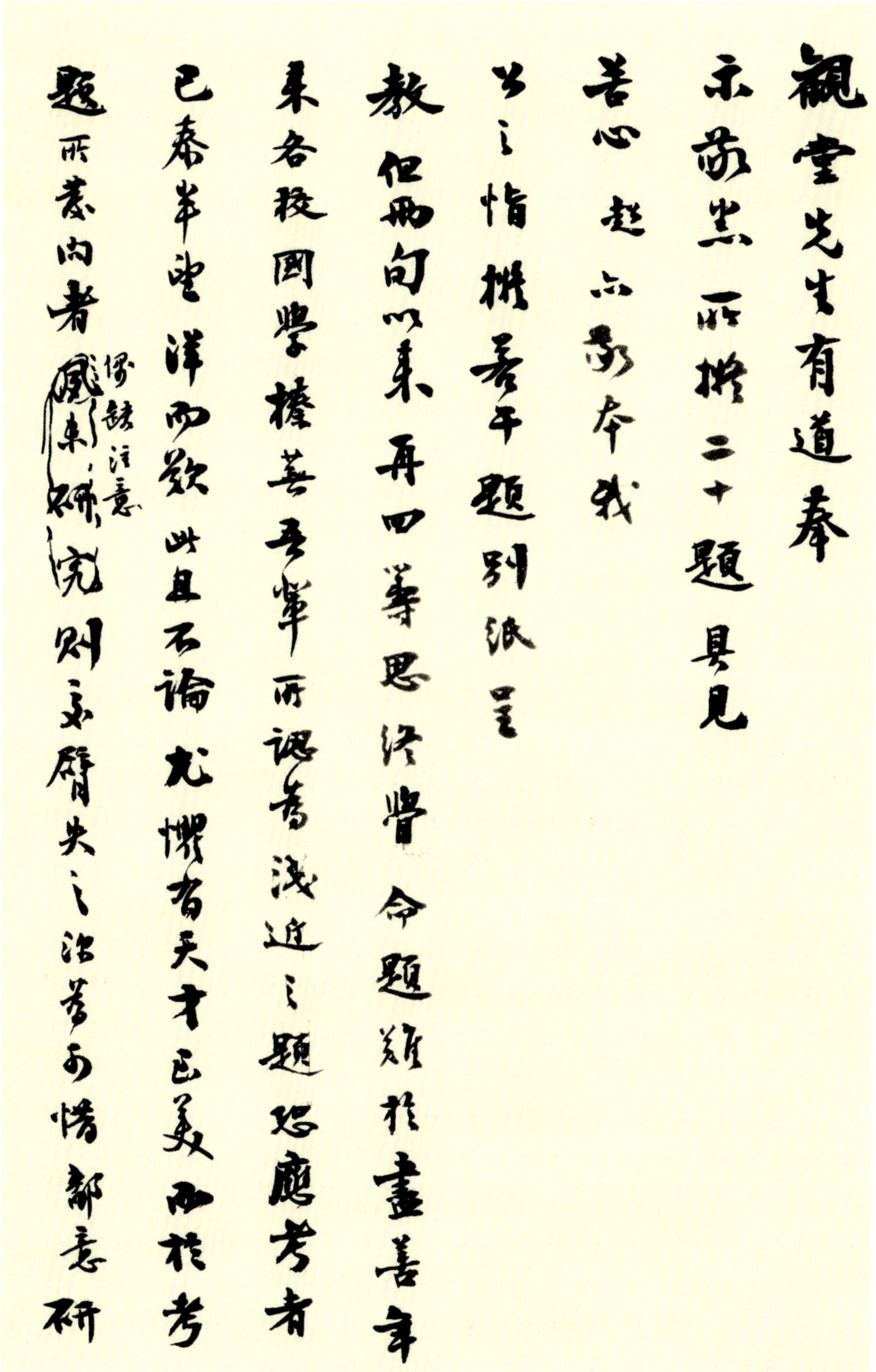

觀堂先生有道：奉
示敬悉。所擬二十題，具見
苦心。超亦欲參我
少少增擬若干題，別紙呈
教。但兩旬以來，再四籌思，終覺命題難於盡善耳。年
來各校國學榛蕪，吾輩所認為淺近之題，恐應考者
已泰半望洋而歎，此且不論，尤懼有天才至美而於考
題所發問者夙未研究（偶缺注意），則不免失之，誠為可惜。鄙意研

《致王国维书》

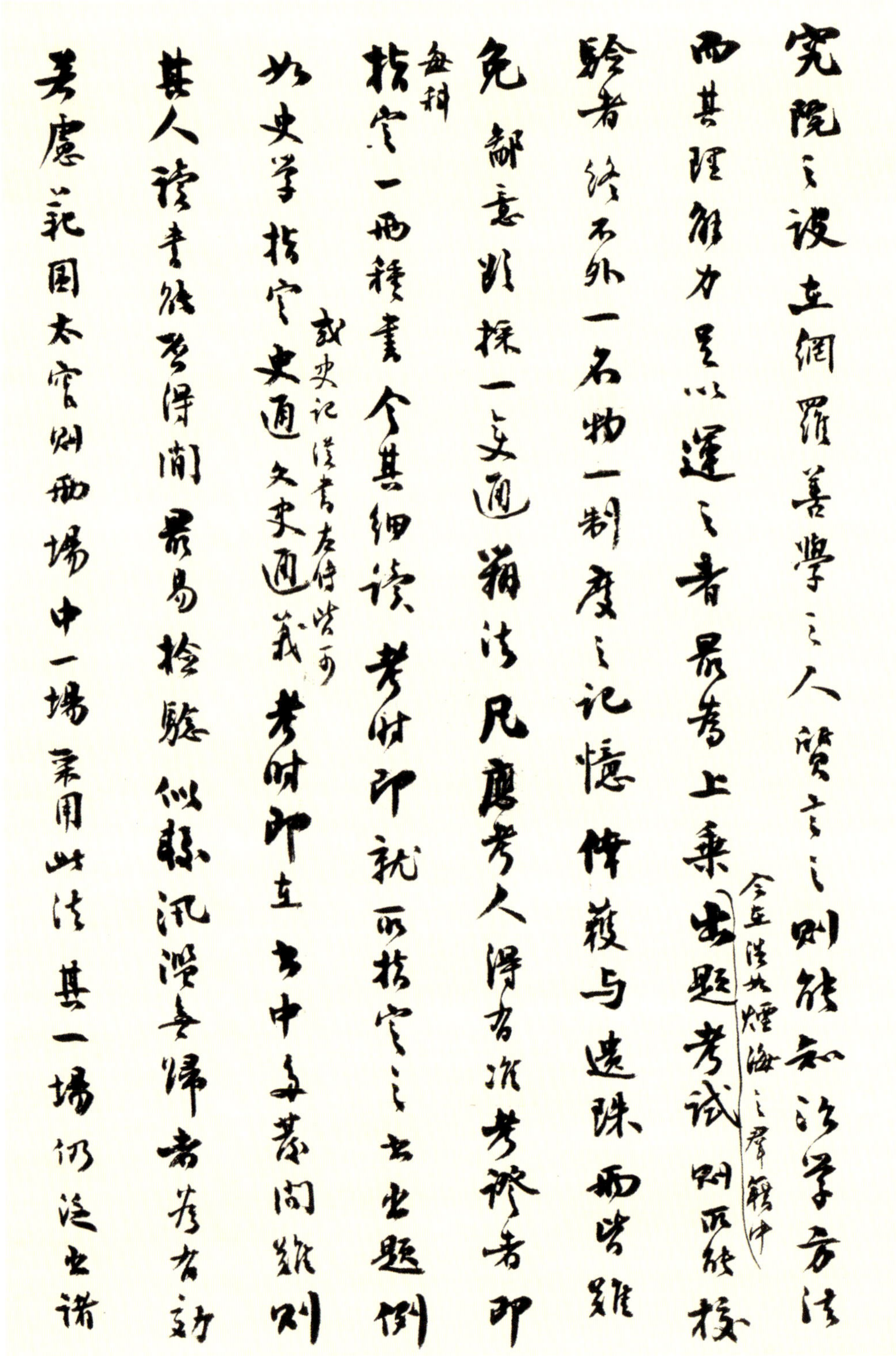
究院之設立，網羅善學之人，質言之，則能知治學方法
而其理解力足以運之者，最為上乘。出題考試（今立法如煙海之群籍中），則所能校
驗者終不外一名物一制度之記憶，偉蔽與遺珠兩皆難
免。鄙意欲採一变通辦法，凡應考人得有成著述者，即
（每科）指定一兩種書，令其細讀，考時即就所指定之書出題，例
如史學指定史通、文史通義（或史記、漢書、左傳皆可），考時即在書中多發問題，則
其人讀書能否得間，最易檢驗，似較汎濫無歸者爲有効。
若慮範圍太窄，則兩場中一場采用此法，其一場仍從出諸

《致王国维书》

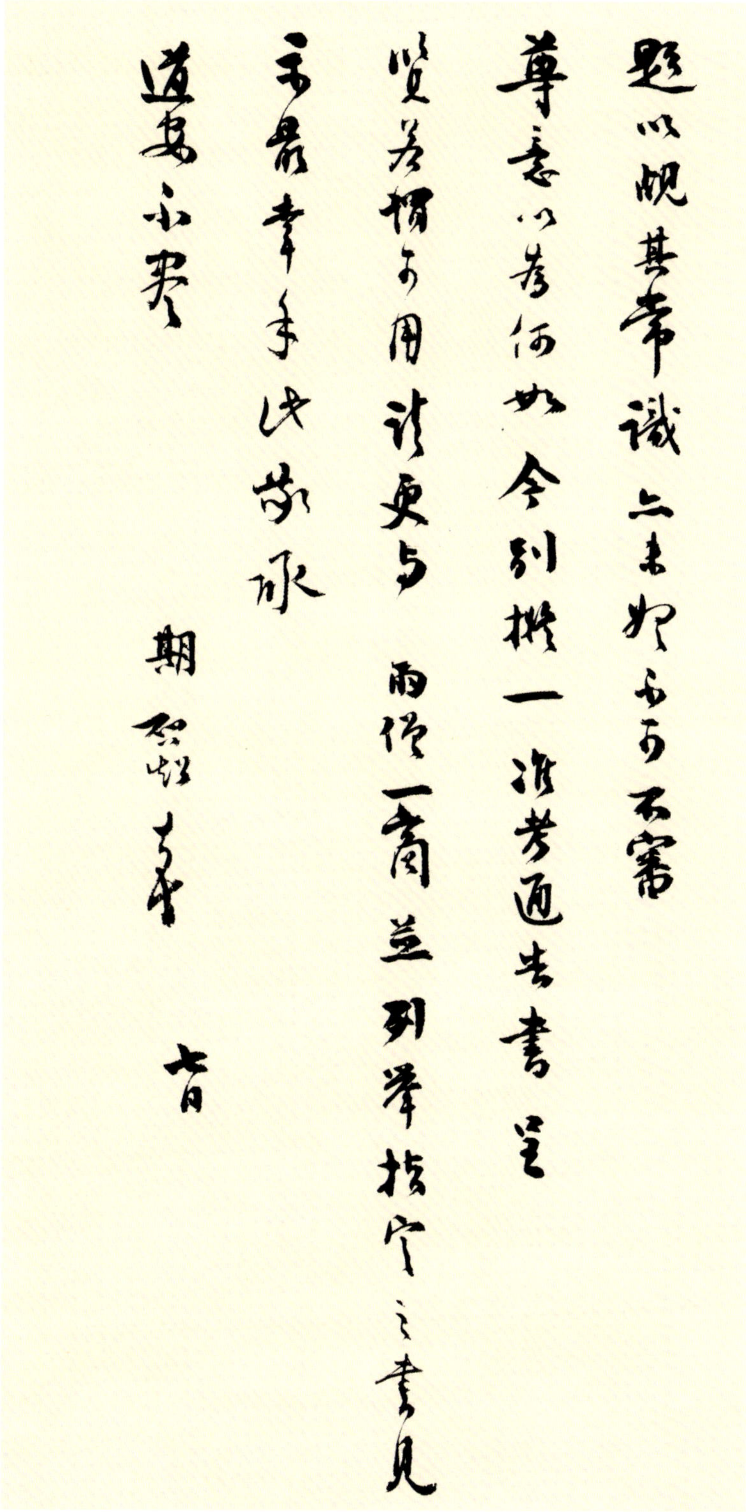
題以覘其常識，亦未始不可。不審
尊意以爲何如？今別擬一份考題告書呈
覽，若猶可用，請更與兩位一商，並列舉指定之書見
示爲幸。手此敬頌
道安，不具。
期
啓超頓首　七日

《致王国维书》

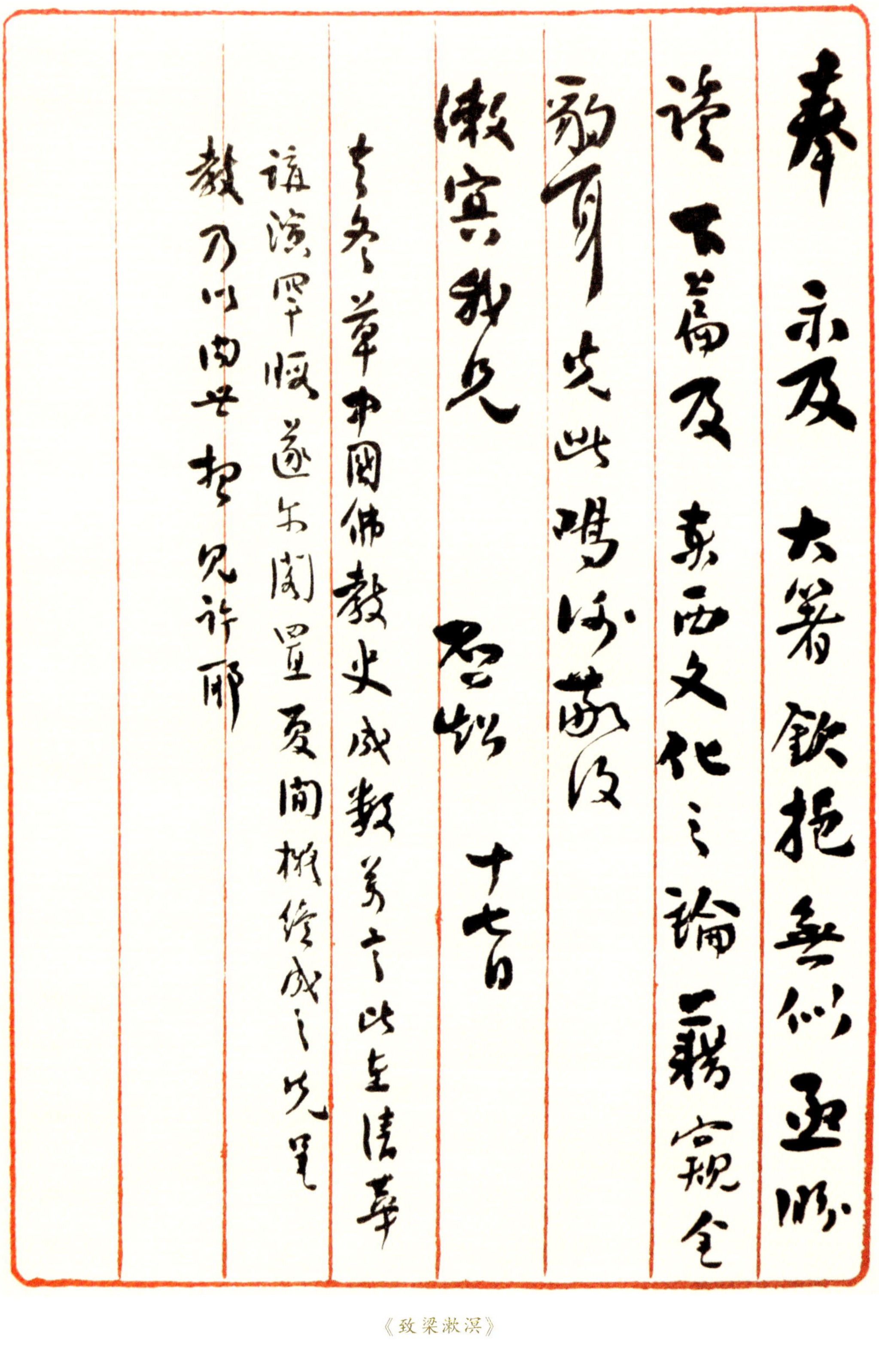

奉示及 大著欽挹無似 承以
讀下篇及 東西文化之論 兼窺全
豹耳 先此鳴謝 敬復
漱溟我兄 啓超 十七日
去冬著中國佛教史成數萬言此在清華
講演罷暇遂束閣置 夏間擬續成之 兄見
教乃以問世 想兄許耶

《致梁漱溟》

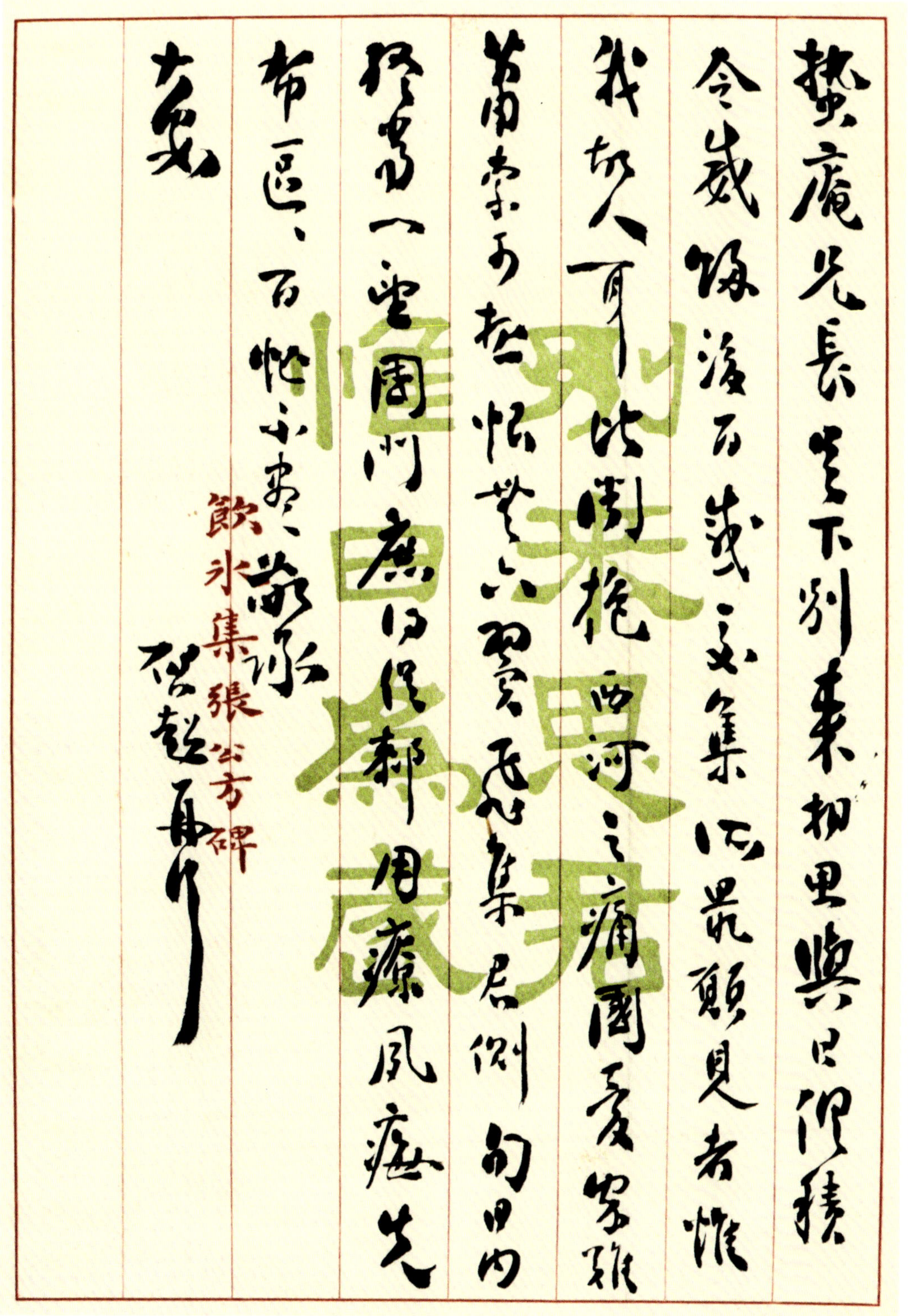

《致曾习经书》

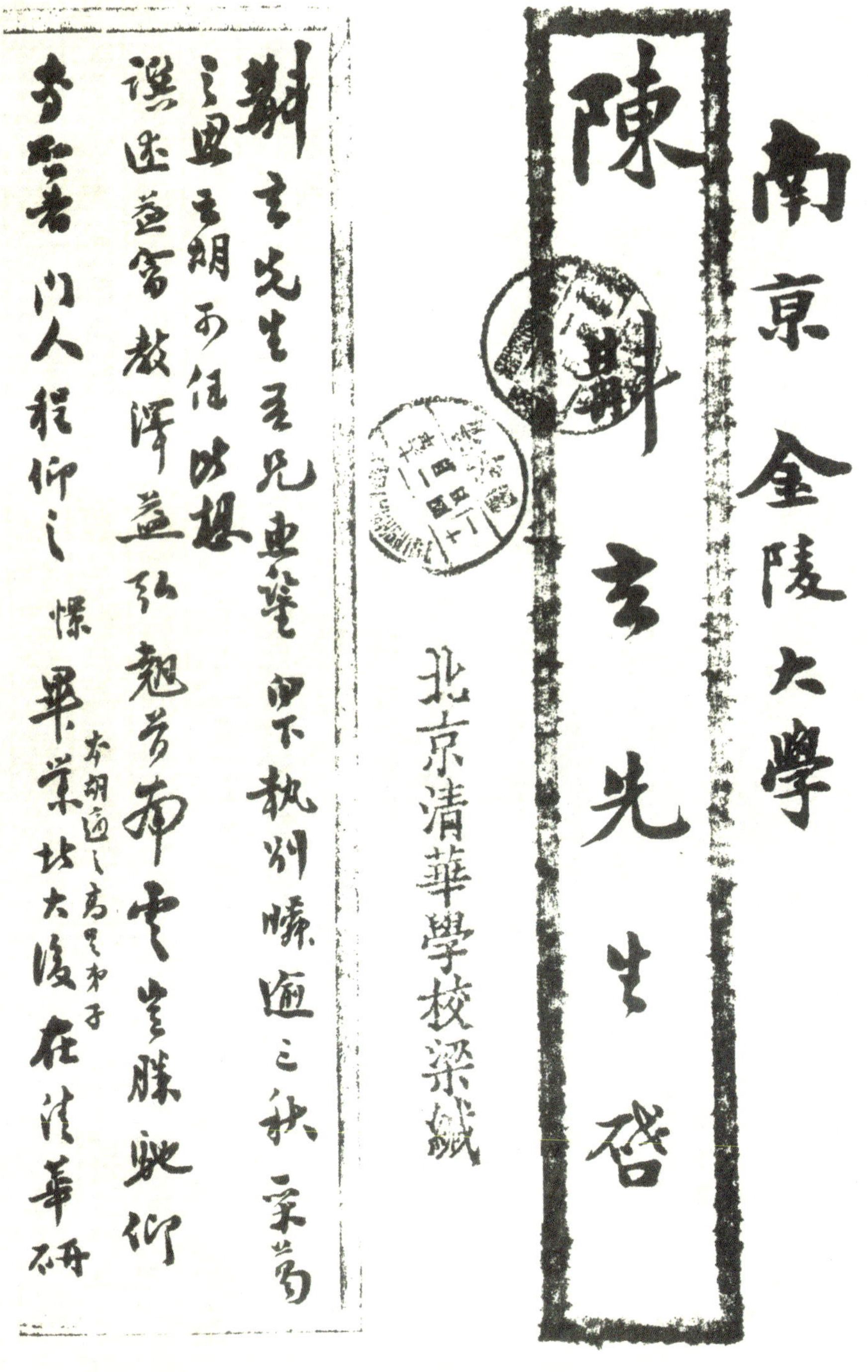
南京金陵大學
陳斠玄先生啓
北京清華學校梁緘

斠玄先生吾兄惠鑒：自下執別，曠逾三秋，景慕之思，與朔而俱。比想撰述益富，教澤益弘，翹首南雲，豈勝馳仰。專啓者：門人程仰之憬，本胡適之高足弟子，畢業北大，後在清華研

《致陈中凡书》（1927 年）

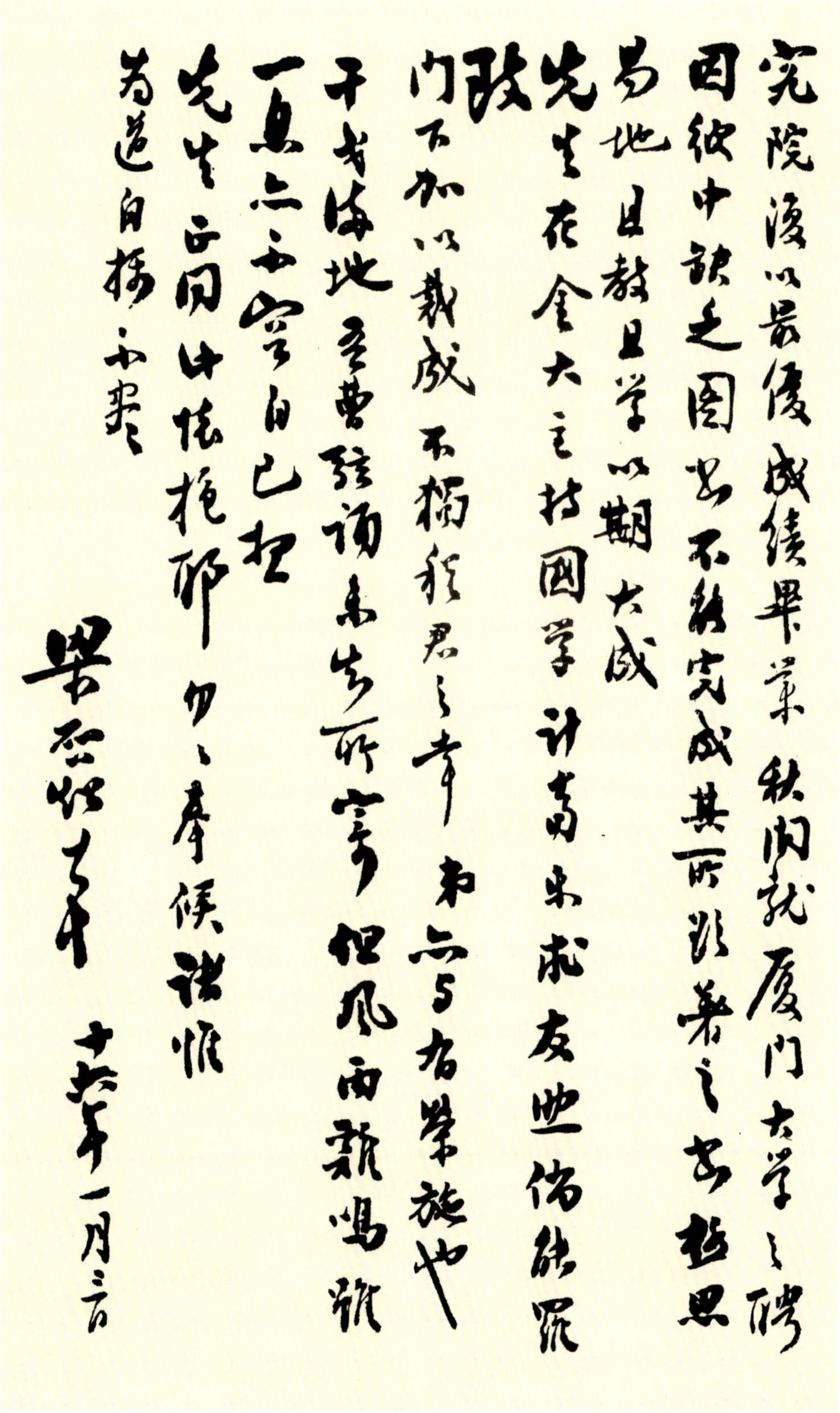
究院，復以最優成績畢業。秋間就廈門大學之聘，因欲中讀之圖書不能完成其所欲著之書，擬思易地且教且學，以期大成。先生在金大主持國學，計畫求友，也倘能
致門下加以栽成，不獨程君之幸，亦吾學界之幸也。于今海地，曾經詢求先生所寫，但風雨雞鳴，一息亦不容自已耳。先生亦同此懷抱耶。匆匆奉候，諸惟
為道自攝，不宣。
梁啓超頓首　十六年一月三日

《致陈中凡书》（1927 年）

五、创作

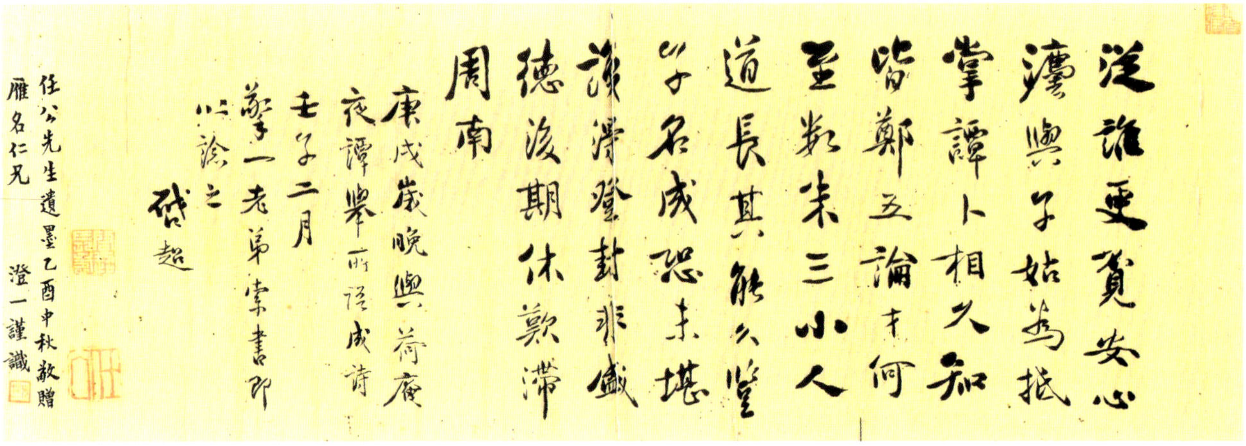

行书横幅（26cm×72cm）（1912 年）

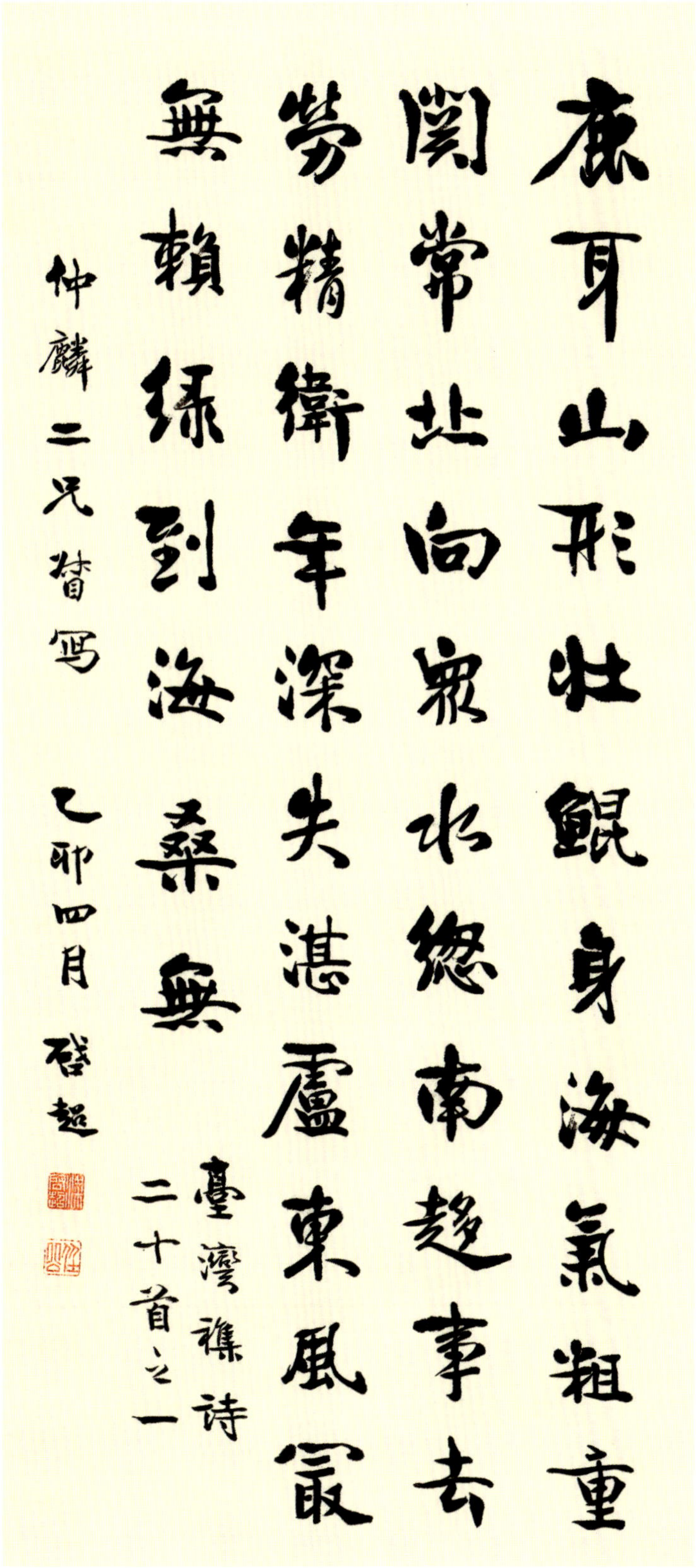

行书中堂（117cm×53cm）（1915年）

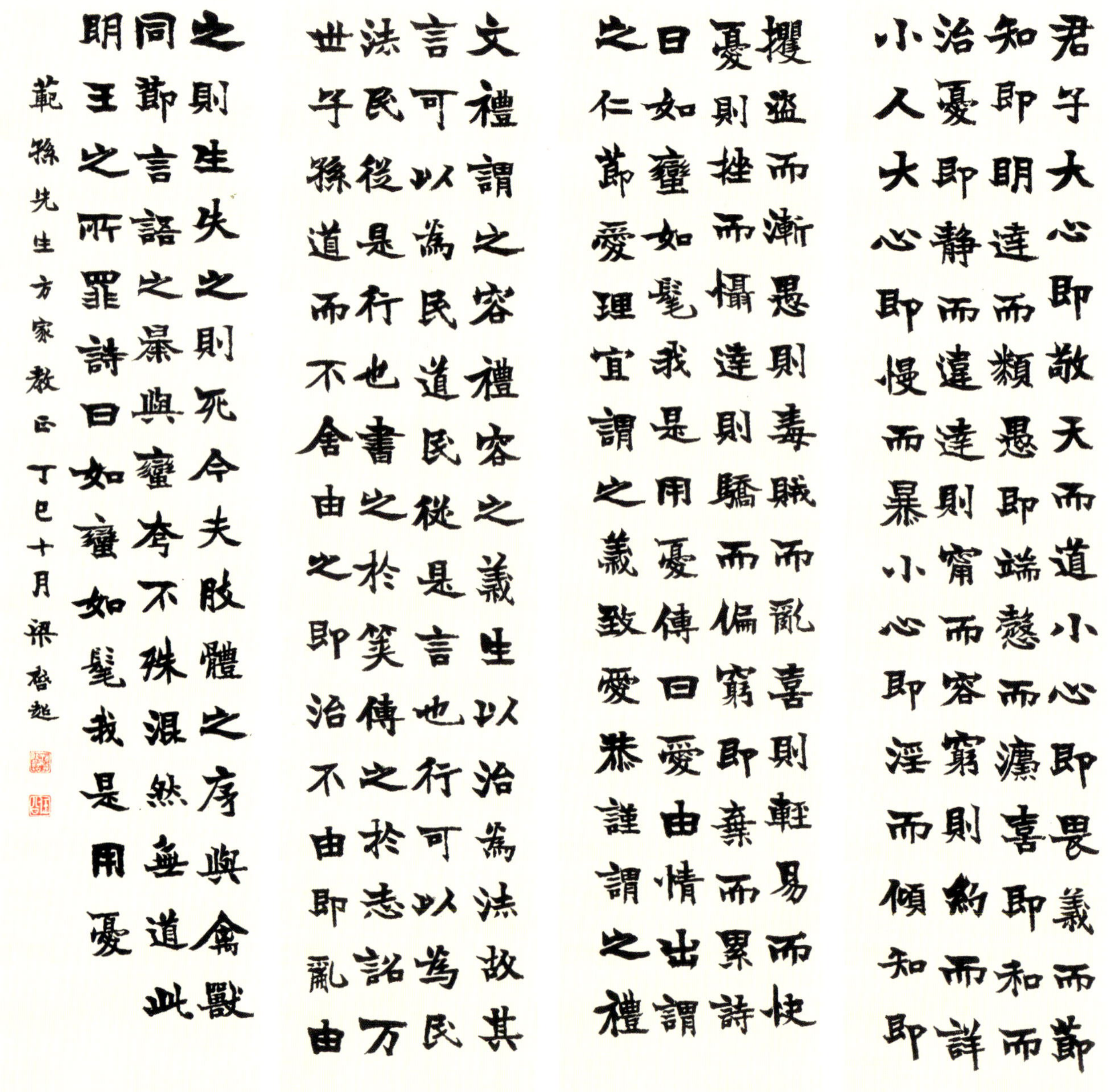
君子大心即敬天而道小心即畏義而節
知即明達而類愚即端慤而灋喜即和而
治憂即靜而違達則寬而容窮則約而詳
小人大心即慢而暴小心即淫而傾知即
攫盜而漸愚則毒賊而亂喜則輕易而快
憂則挫而懾達則驕而偏窮即棄而累詩
曰如蠻如髦我是用憂傳曰愛由情出謂
之仁節愛理宜謂之義致愛恭謹謂之禮
文禮謂之容禮容之義生以治為法故其
言可以為民道民從是言也行可以為民
法民從是行也書之於策傳之於志詔万
世子孫道而不舍由之即治不由即亂由
之則生失之則死今夫肢體之序與禽獸
同節言語之暴與蠻夸不殊混然無道此
明王之所罪詩曰如蠻如髦我是用憂
範孫先生方家教正 丁巳十月 梁啓超

楷书四屏条（170.5cm×40cm×4）（1917 年）

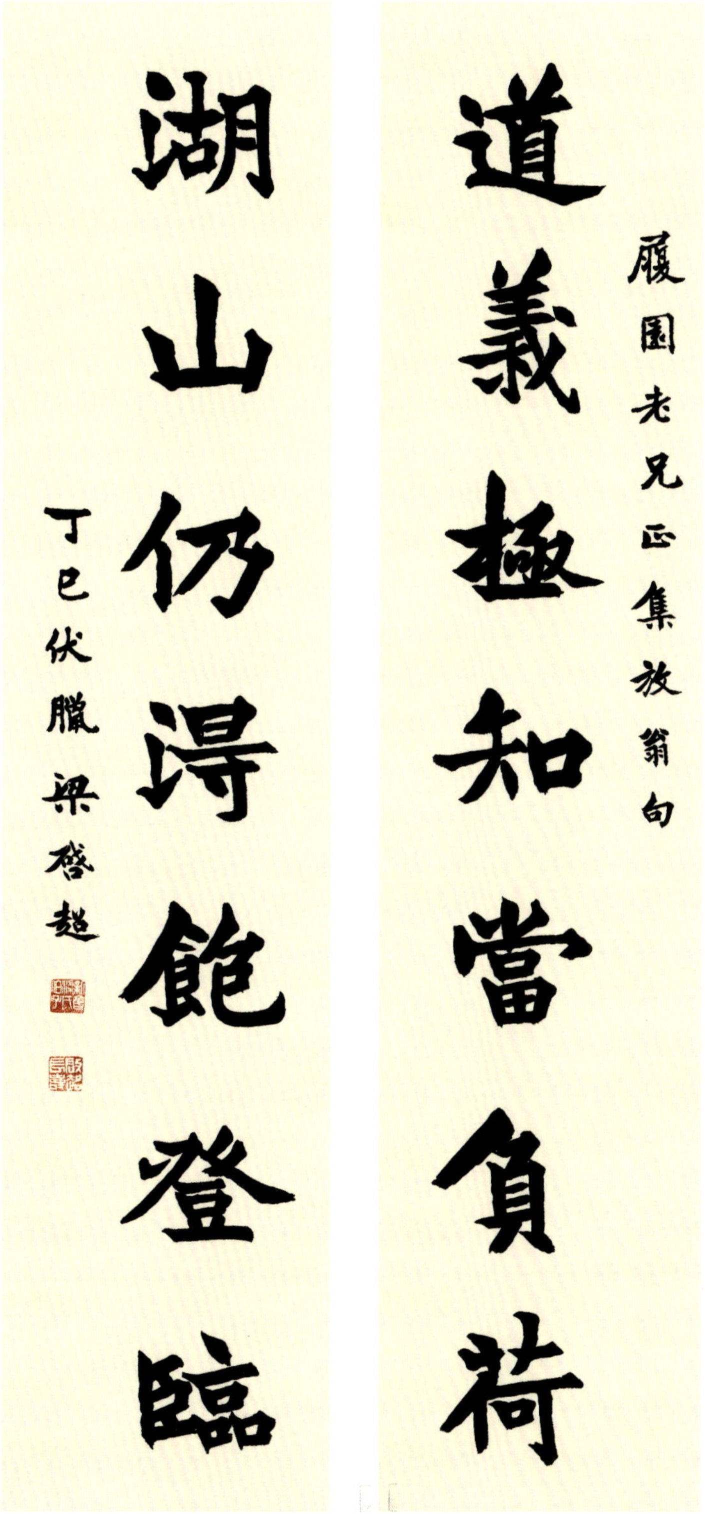
履園老兄正集放翁句
道義極知當負荷
湖山仍得飽登臨
丁巳伏臘梁啓超

楷书七言联（145cm×37.4cm×2）（1917 年）

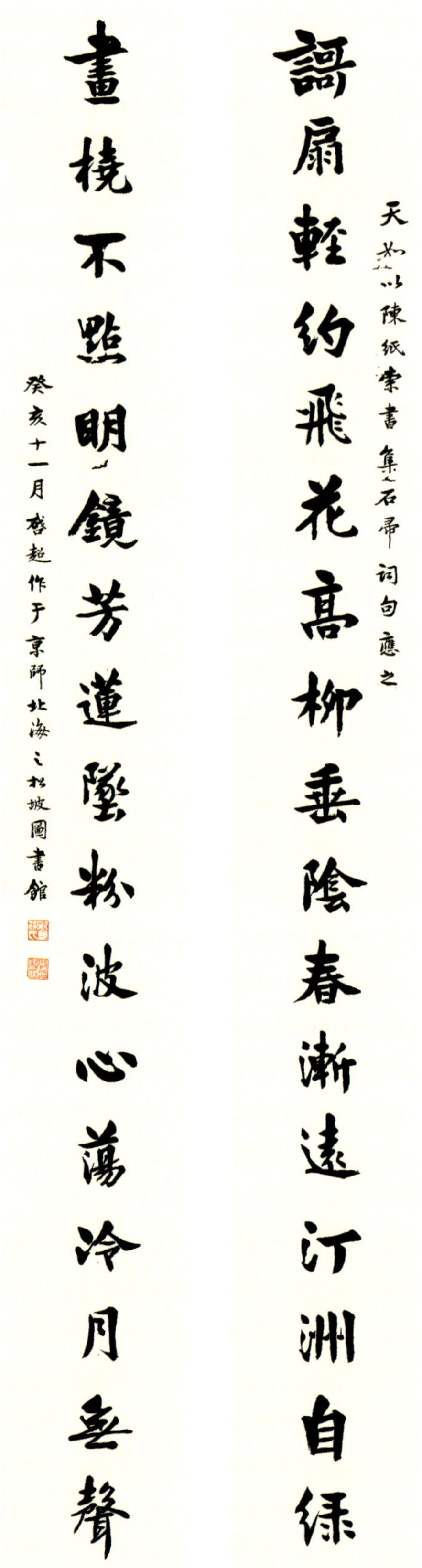

楷书十七言联（175cm×22.5cm×2）（1923 年）

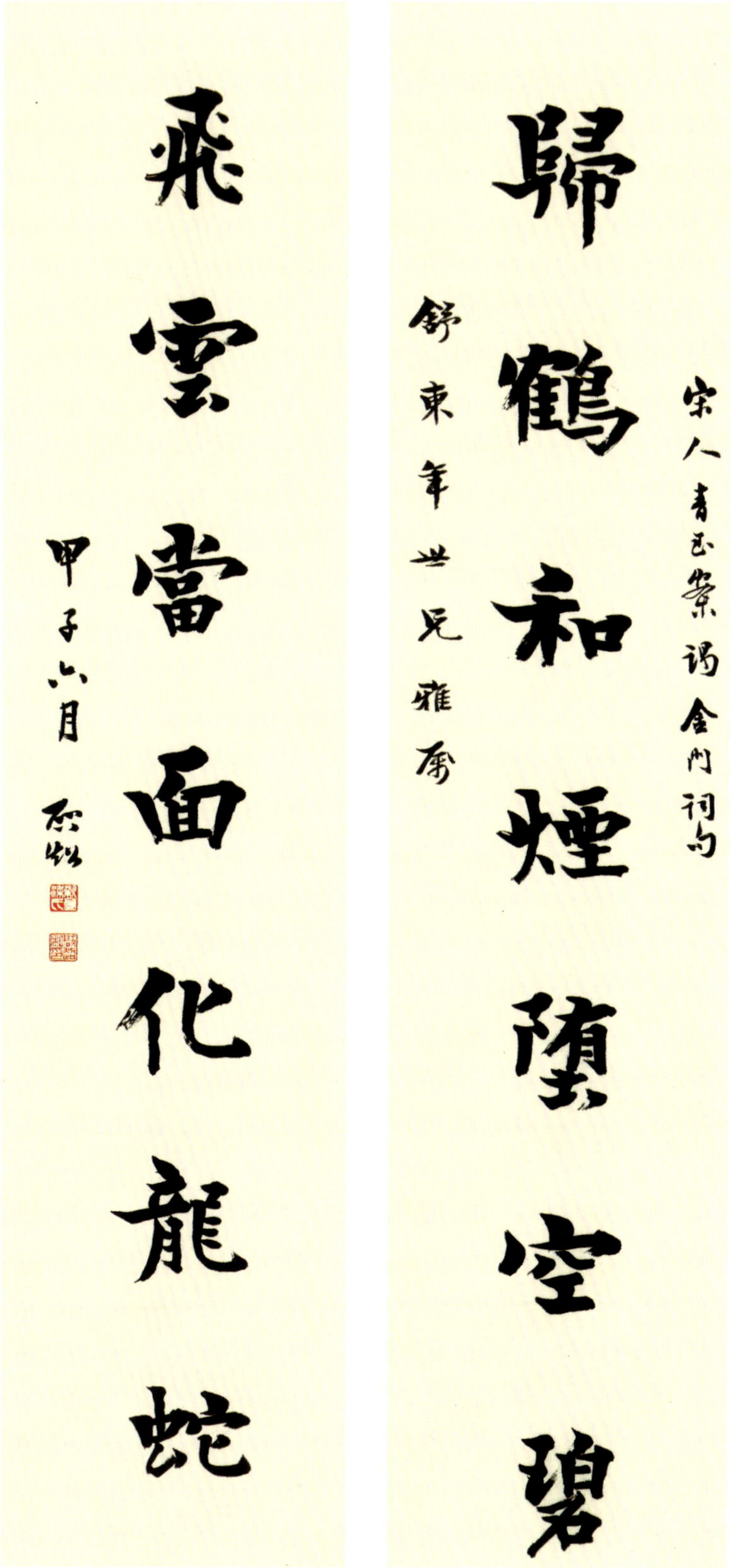

楷书七言联（129cm×30cm×2）（1924年）

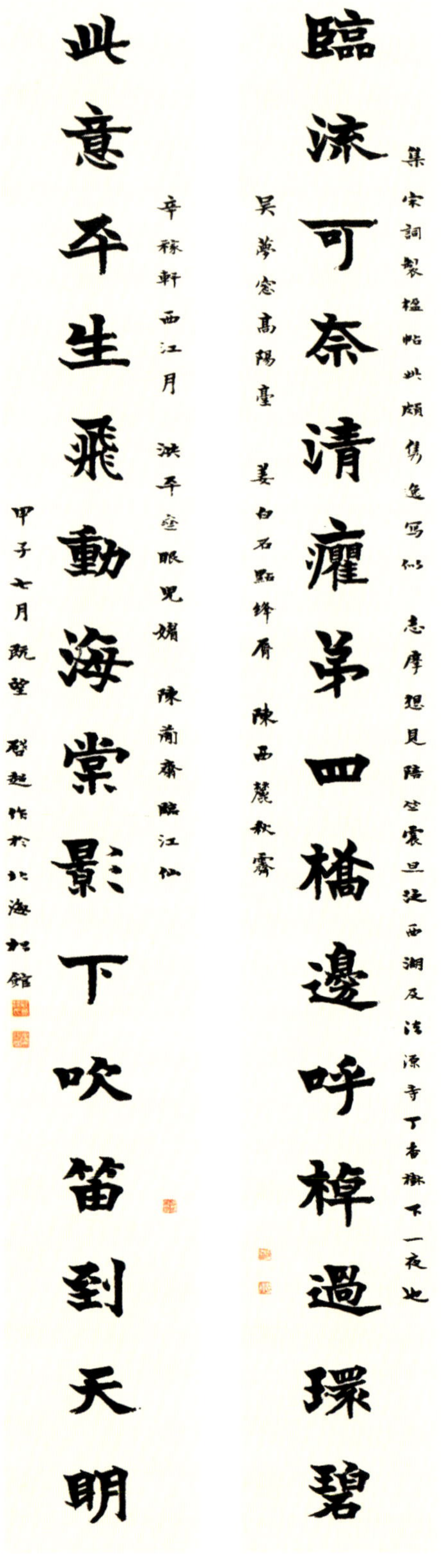

楷书十五言联（145cm×39cm×2）（1924 年）

楷书十言联（164cm×27cm×2）（1924 年）

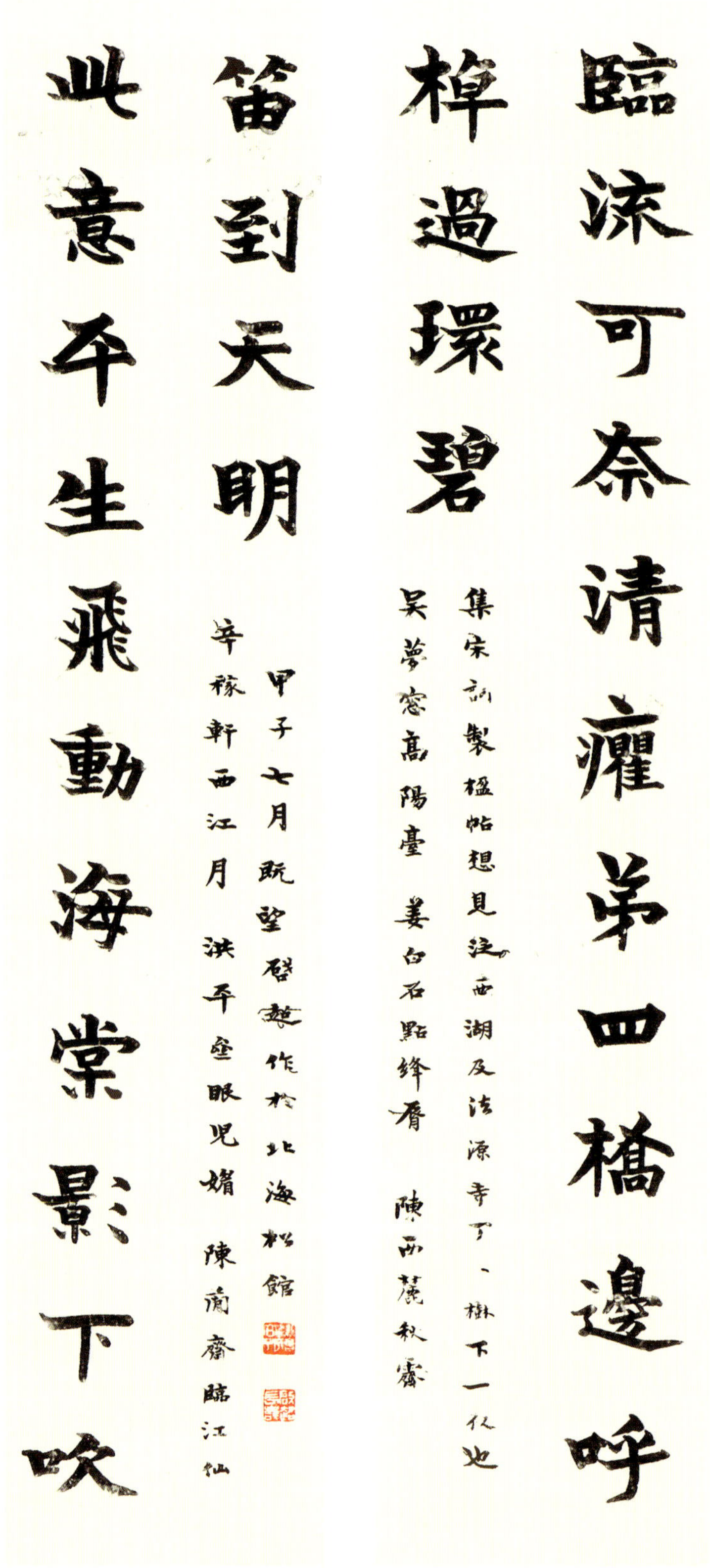
臨流可奈清癯第四橋邊呼棹過環碧
此意平生飛動海棠影下吹笛到天明
集宋詞製楹帖想見徃西湖及法源寺丁、樹下一似也
吳夢窗高陽臺 姜白石點絳脣 陳西麓秋霽
甲子七月既望啓超作於北海松館
辛稼軒西江月 洪平齋眼兒媚 陳簡齋臨江仙

楷书十五言联（1924 年）

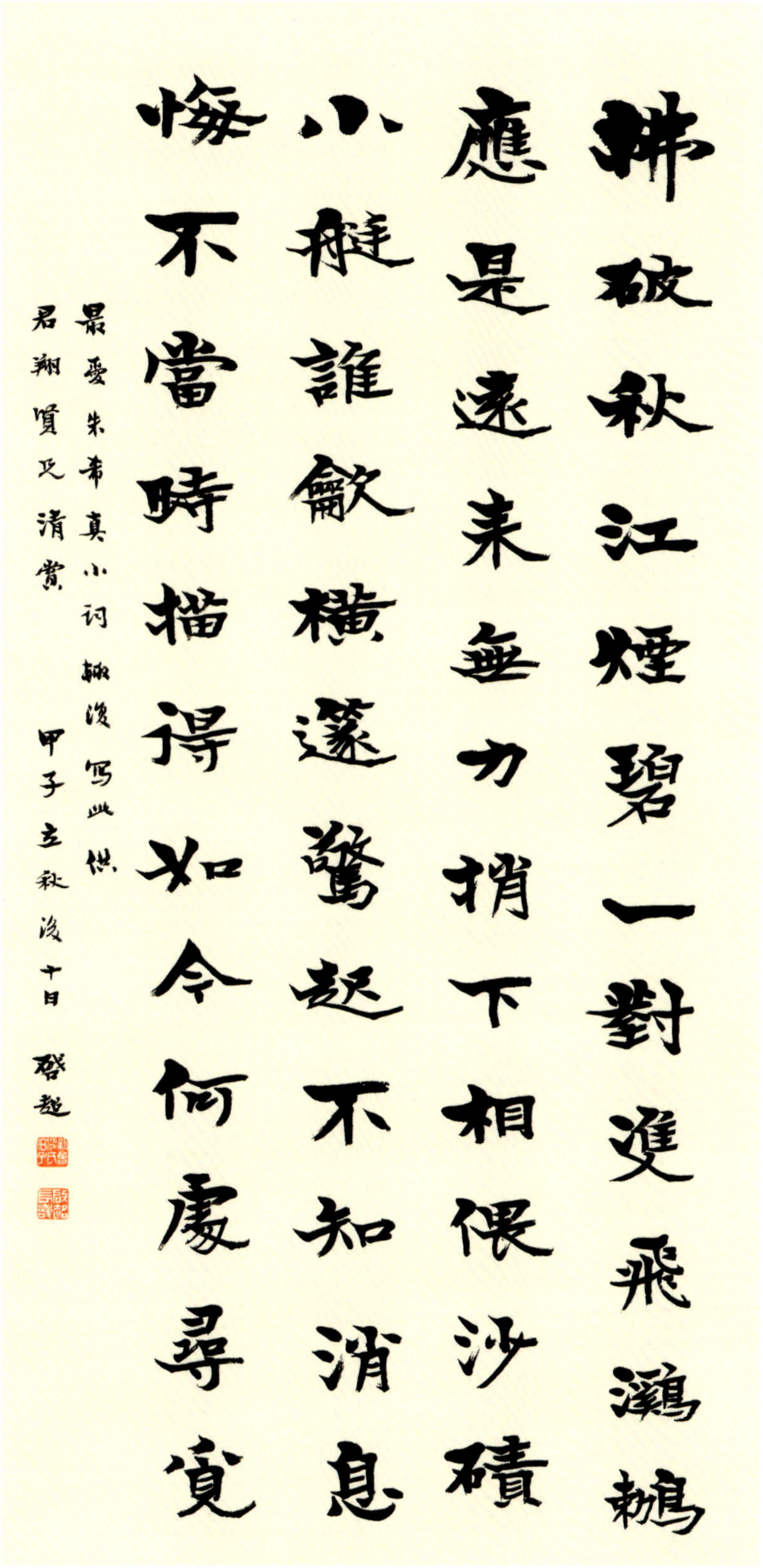
拂破秋江煙碧一對進飛鸂鶒
應是遠來無力捎下相偎沙磧
小艇誰斂橫篷驚起不知消息
悔不當時描得如今何處尋覓
最愛朱希真小詞
後寫此供
君翔賢兄清賞
甲子立秋後十日
啓超

楷书中堂（82.5cm×40cm）（1924年）

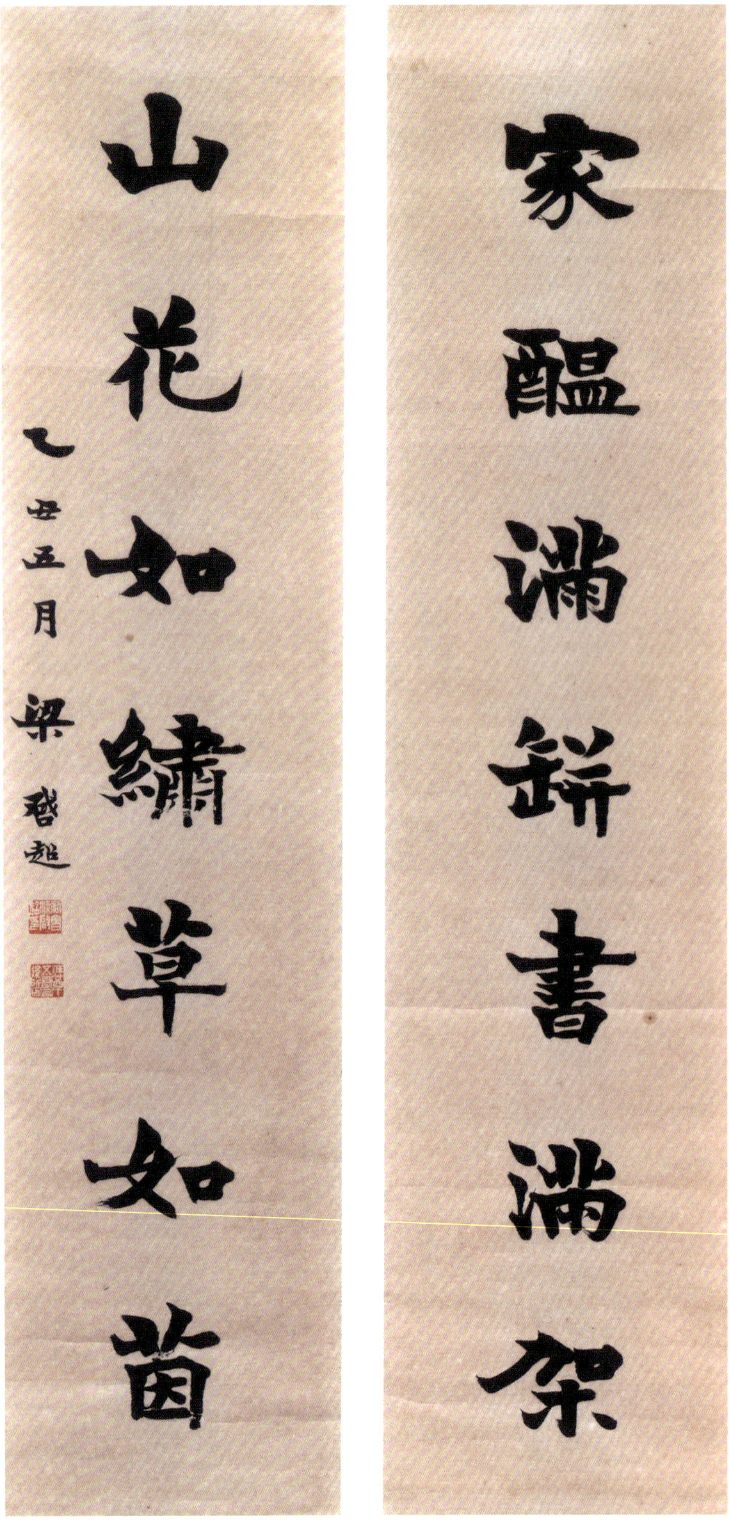

楷书七言联（134.5cm×31.5cm×2）（1925 年）

楷书八言联（112cm×23cm×2）（1925年）

楷书七言联（132cm×32cm×2）（1925 年）

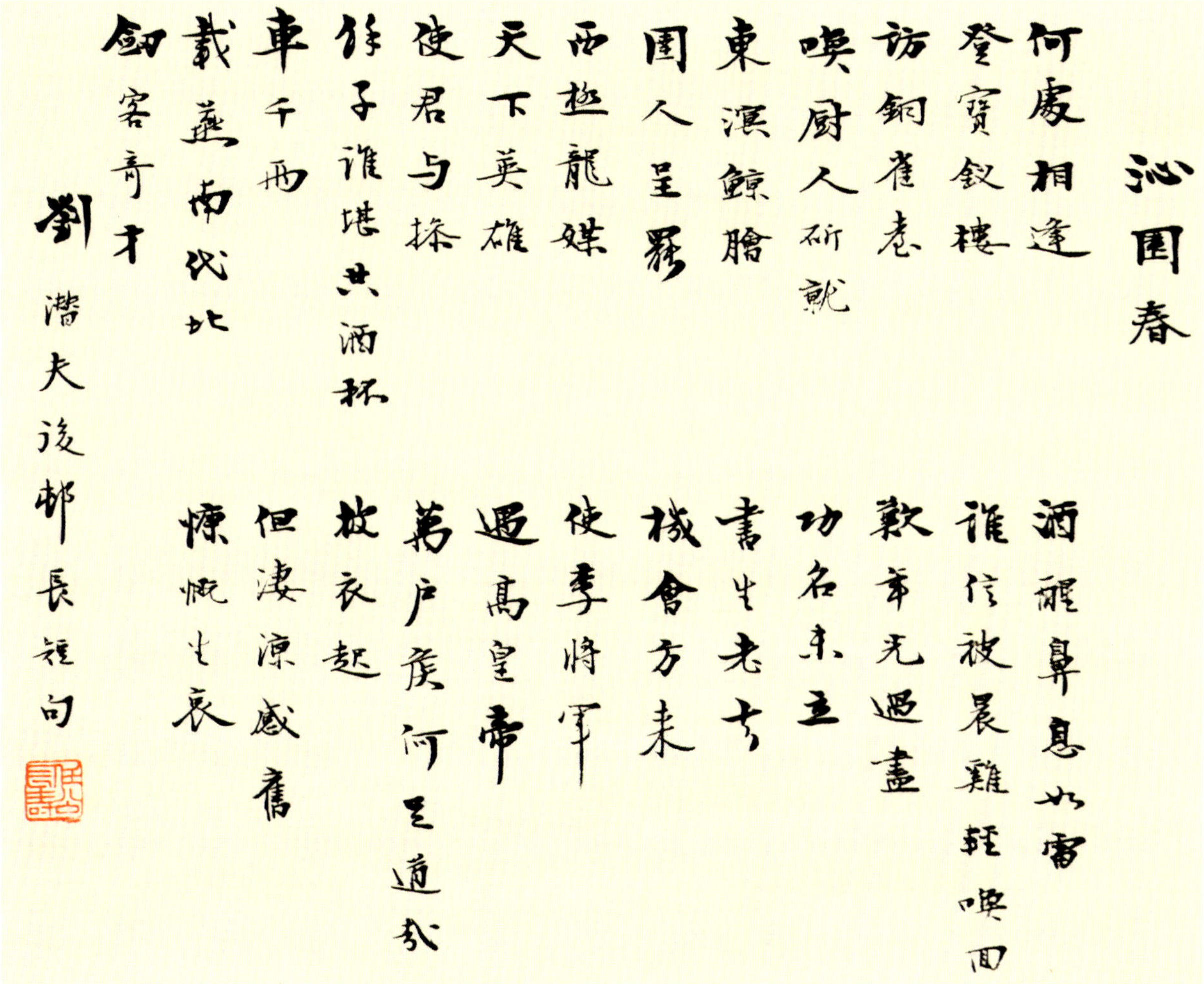

行书册页（30.4cm×34.77cm）（1925年）

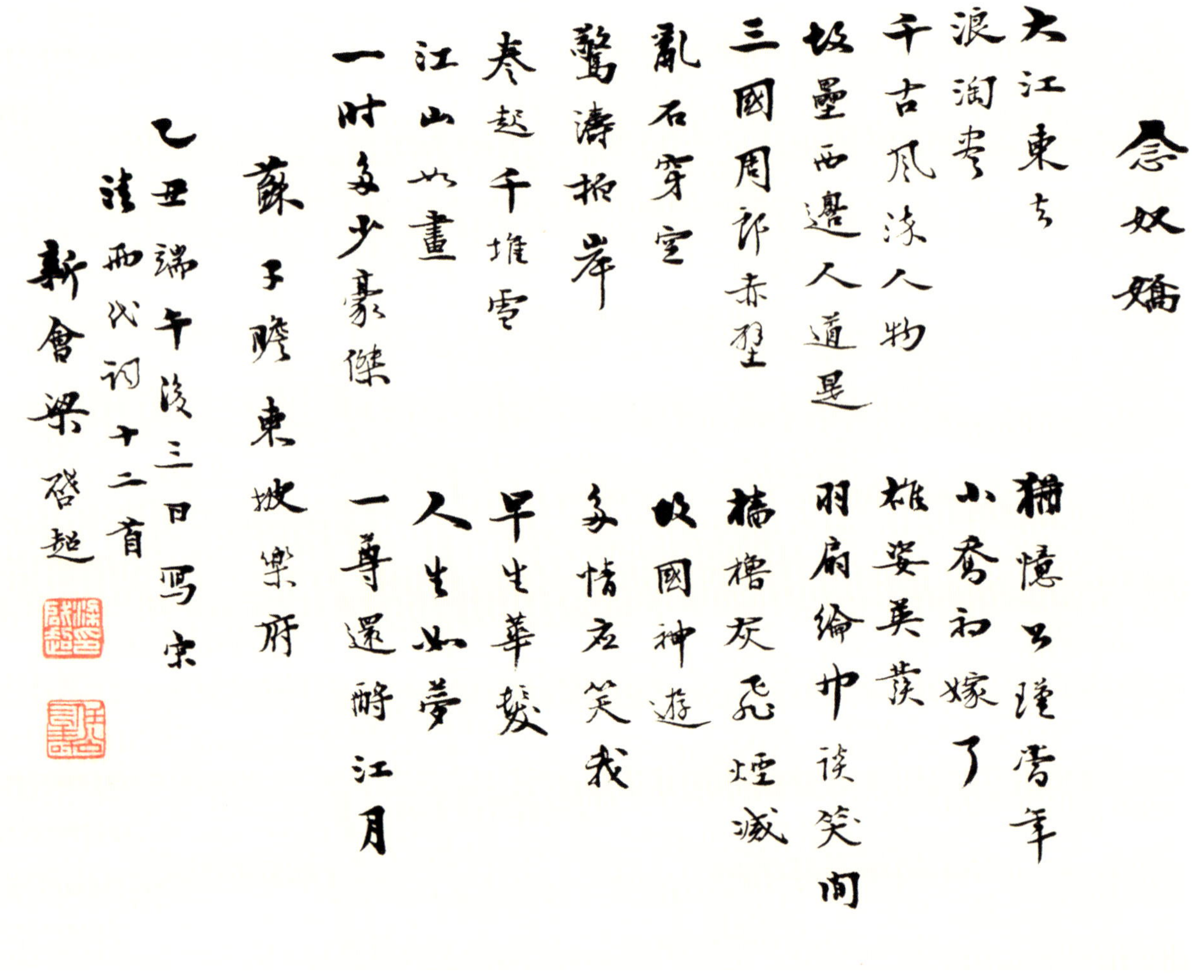

行书册页（30.4cm×34.77cm）（1925年）

隶书五言联（84.3cm×19.2cm×2）（1925 年）

楷书扇面（17cm×50cm）（1925 年）

楷书七言联（129.3cm×32.4cm×2）（1926 年）

窮如是達如是處顛沛如是
憩伯營石居於玉泉山之麓自製聯屬題盖有終焉之志矣
歌於斯哭於斯聚國族於斯
丙寅重陽前一日梁啓超書

楷书十一言联（196.5cm×33.5cm×2）（1926年）

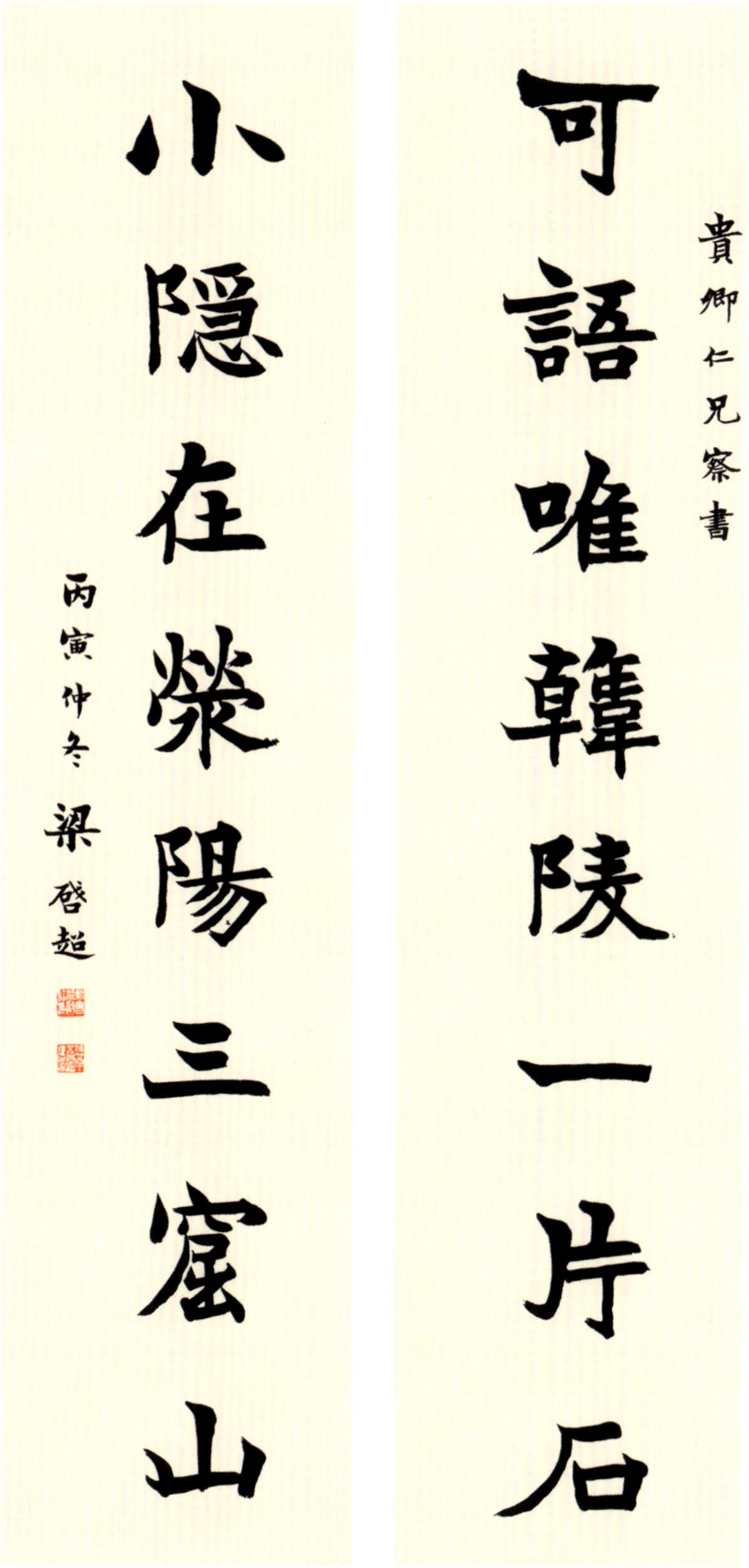

楷书八言联（164.8cm×39.5cm×2）（1926年）

楷书七言联（129.5cm×31cm×2）（1926年）

章草条幅（1927年）

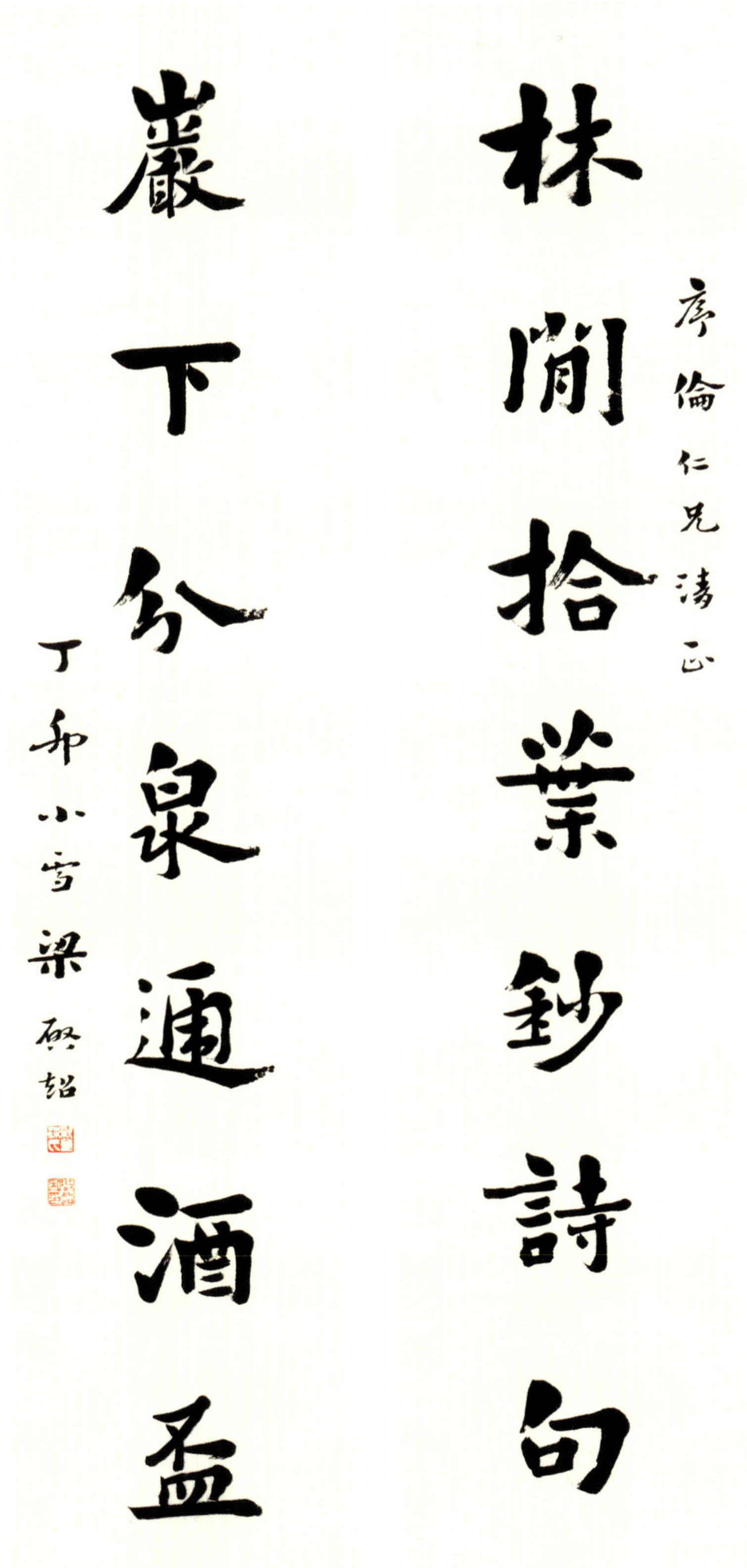

楷书七言联（132.7cm×32.4cm×2）（1927 年）

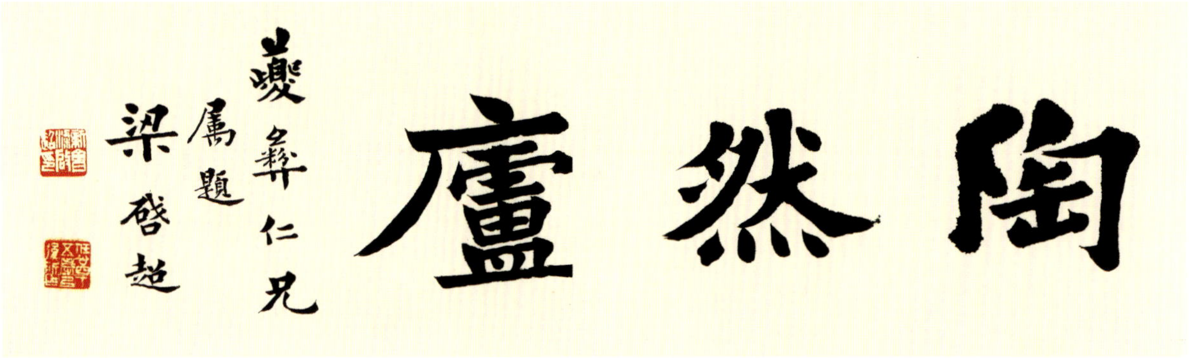

《陶然庐》（1927 年）

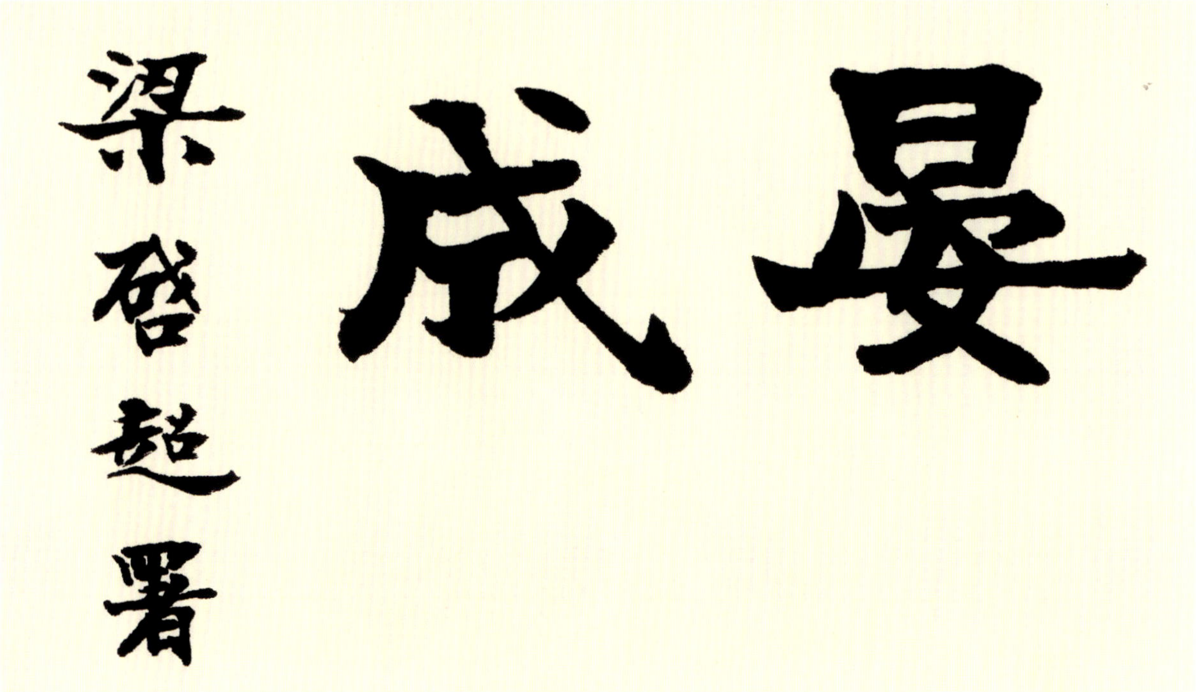

晏成（为苏州晏城中学题）

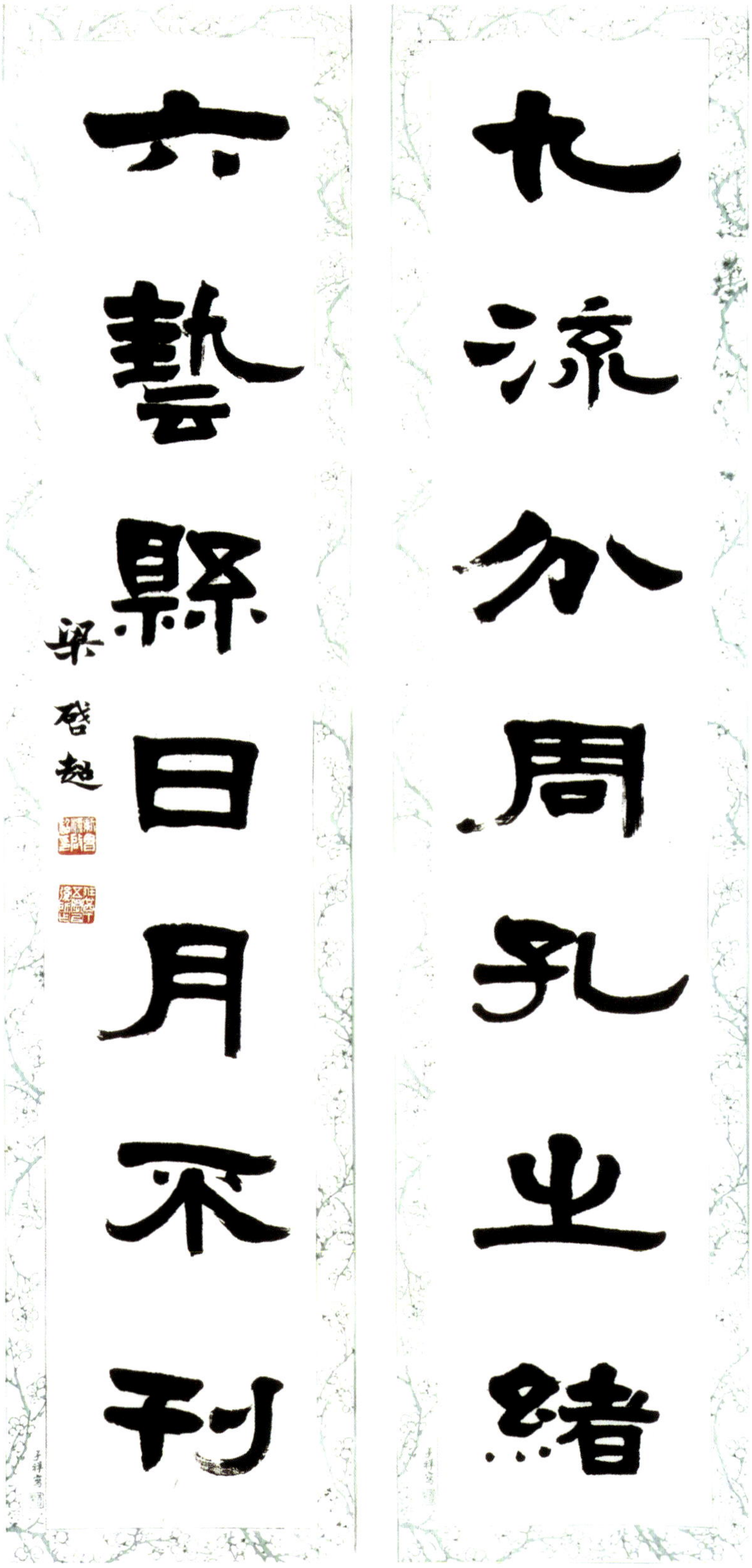

隶书七言联（121.5cm×28cm×2）

行楷扇面

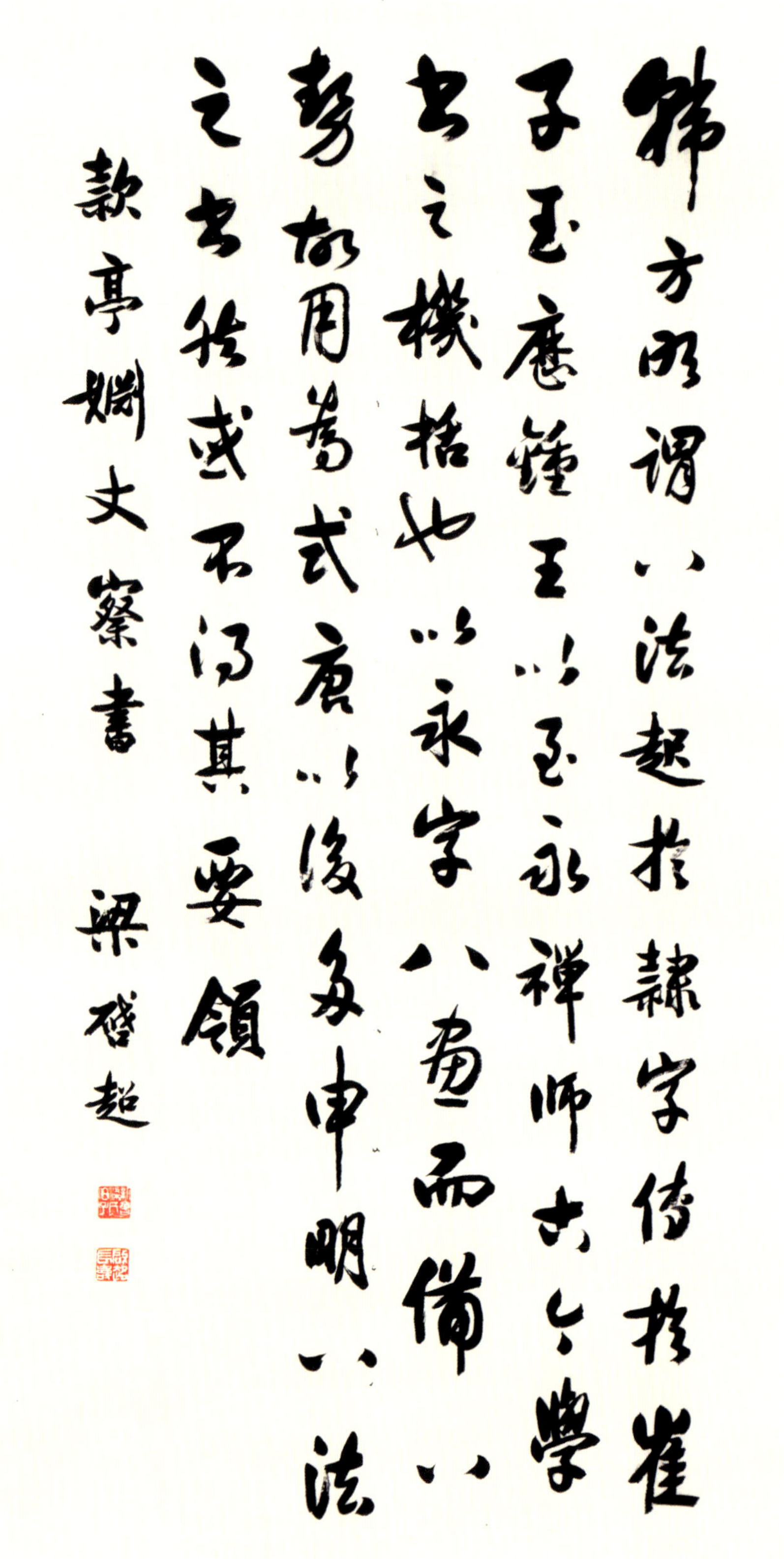

行草中堂（165.8cm×81.4cm）

主要参考文献

一、图书类

[1] 北京市书法家协会. 二十世纪京华名人遗墨 [M]. 北京：知识出版社，2002.

[2] 章用秀. 天津书法三百年 [M]. 天津：天津人民美术出版社，2013.

[3] 林亚杰. 广东历代书法图录 [M]. 广州：广东人民出版社，2004.

[4] 肖芃. 馆藏名人手迹选 [M]. 苏州：古吴轩出版社，2010.

[5] 江苏省档案馆. 韩国钧朋僚函札名人墨迹 [M]. 南京：东南大学出版社，2006.

[6] 陈建华. 民国名流与上海美专 [M]. 南京：南京大学出版社，2012.

[7] 朱万章. 民国政要书法集 [M]. 北京：文物出版社，2011.

[8] 中国现代美术全集编辑委员会. 中国现代美术全集 · 书法：1 [M]. 石家庄：河北美术出版社，1998.

[9] 王朝宾. 民国书法 [M]. 郑州：河南美术出版社，1989.

[10] 赵润田. 乱世薰风：民国书法风度 [M]. 北京：中国文联出版社，2015.

[11] 本社. 名人楹联墨迹 [M]. 上海：上海书画出版社，1999.

[12] 陈子波. 名家楹联集粹 [M]. 福州：福建美术出版社，1997.

[13] 何家辉. 历代楹联书法名品集 [M]. 武汉：湖北美术出版社，2020.

[14]《历代碑帖法书选》编辑组. 宋拓智永真草千字文 [M]. 北京：文物出版社，1983.

[15] 中国书法家协会，中国国家图书馆. 全国第十一届书法篆刻作品展览 · 古代书法经典系列 中国国家图书馆典藏碑帖善拓集粹 [M]. 杭州：西泠印社出版社，2015.

[16] 吴江博物馆. 书法丛刊：2006 年第 4 期 [M]. 北京：文物出版社，2006.

[17] 左志丹. 近现代名人书札手迹鉴赏：5 [M]. 成都：四川美术出版社，2015.

[18] 高兰祥，孟桂兰. 铜墨盒珍赏：铜墨生辉溢清芬 [M]. 北京：文物出版社，2007.

[19] 陈福树. 梁启超的书法艺术 [M]. 珠海：珠海出版社，2003.

［20］顾亚龙. 近现代名人手札赏评［M］. 济南：山东美术出版社，2006.
［21］李定一，陈绍衣. 李瑞清书法选：一［M］. 武汉：武汉理工大学出版社，2010.
［22］常州博物馆. 常州博物馆50周年典藏丛书·书法［M］. 北京：文物出版社，2008.
［23］程道德. 二十世纪中国文化名人墨迹［M］. 北京：北京出版社，2000.
［24］李雪松. 龚定庵自写诗卷［M］. 北京：文物出版社，2008.
［25］中华书局编辑部. 中华书局收藏现代名人书信手迹［M］. 北京：中华书局，2012.
［26］刘一闻. 上海博物馆藏楹联［M］. 上海：上海书画出版社，2020.
［27］广东省立中山图书馆. 容庚藏名人尺牍：下册［M］. 广州：广东人民出版社，2015.
［28］上海书画出版社. 明清楹联荟萃［M］. 上海：上海书画出版社，2006.
［29］上海市书法家协会. 海派书法：百年百家作品集［M］. 上海：上海书画出版社，2011.
［30］赵一生，王翼奇. 香书轩秘藏名人书翰：全三册［M］. 杭州：浙江古籍出版社，2005.
［31］梁启超. 梁启超致江庸书札［M］. 江靖，编注. 汤志钧，马铭德，校订. 天津：天津古籍出版社，2005.
［32］卫华. 清代名家法书［M］. 北京：紫禁城出版社，2004.
［33］冀亚平. 国家图书馆善本特藏部特藏·梁启超旧藏碑帖精选［M］. 杭州：浙江古籍出版社，2006.
［34］冯天琪，冯天瑜. 近代名人墨迹 冯永轩藏品［M］. 武汉：湖北教育出版社，2001.
［35］苏州大学博物馆. 百年学府文物菁华：苏州大学博物馆馆藏文物精粹［M］. 苏州：苏州大学出版社，2011.
［36］广州艺术博物院. 天海高旷 水月清华：康有为梁启超书法集［M］. 北京：文物出版物，2018.
［37］刘正成. 中国书法全集：第78卷［M］. 北京：荣宝斋出版社，1993.
［38］梁启超. 梁启超未刊书信手迹：全二册［M］. 北京：中华书局，1994.
［39］中华书局编辑部，北京匡时国际拍卖有限公司. 南长街54号梁氏档案：全二册［M］. 北京：中华书局，2012.
［40］蔡梓源. 大时代：民国法书清赏［M］. 杭州：西泠印社出版社，2017.
［41］吴新雷，等. 清晖山馆友声集［M］. 南京：江苏古籍出版社，2000.

［42］赵胥. 朴庐藏珍［M］. 北京：中华书局，2013.

［43］陈烈. 小莽苍苍斋藏清代学者法书选集：续［M］. 北京：文物出版社，1999.

［44］江瀚. 片玉碎金：近代名人手书诗札释笺［M］. 高福生，释笺. 北京：中华书局，2009.

［45］杨健. 民国藏书家手札图鉴［M］. 郑州：大象出版社，2019.

［46］上海书画出版社. 朵云轩藏品续集［M］. 上海：上海书画出版社，2000.

［47］欣弘. 1995—2002 书画拍卖集成：明清书法［M］. 长沙：湖南美术出版社，2003.

［48］顾音海. 名家书信［M］. 上海：上海科学普及出版社，1998.

［49］沈江. 昆仑堂读画丛稿［M］. 苏州：苏州大学出版社，2018.

［50］梁思成. 梁［M］. 林洙，编. 北京：中国青年出版社，2013.

［51］吴荔明. 梁启超和他的儿女们［M］. 第 2 版. 北京：北京大学出版社，2013.

［52］丁文江，赵丰田. 梁任公先生年谱长编（初稿）［M］. 欧阳哲生，整理. 北京：中华书局，2010.

［53］辛弃疾. 梁启超手批稼轩词［M］. 影印本. 梁启超，手批. 北京：中华书局，2010.

［54］中国社会科学院近代史研究所. 民国名人书札墨迹［M］. 北京：社会科学文献出版社，2012.

［55］梁启超. 梁启超手稿精粹：1 函 2 册［M］. 北京：国家图书馆出版社，2018.

［56］王金声. 金声长物［M］. 杭州：浙江人民美术出版社，2019.

［57］雷树德. 辛亥风云人物墨迹楹联精粹［M］. 长沙：湖南文艺出版社，2011.

［58］梁启超. 梁启超全集［M］. 北京：北京出版社，1999.

［59］梁从诫. 薪火四代［M］. 天津：百花文艺出版社，2003.

［60］新文新民新世界：梁启超家族［M］. 太原：北岳文艺出版社，2018.

［61］梁思成. 凝动的音乐［M］. 天津：百花文艺出版社，1998.

［62］林徽因. 林徽因讲建筑［M］. 西安：陕西师范大学出版社，2004.

［63］梁启超. 梁启超题跋墨迹书法集［M］. 冀亚平，贾双喜，等编. 北京：荣宝斋出版社，1995.

［64］汤志钧，汤仁泽. 梁启超家书：南长街 54 号梁氏函札［M］. 北京：中国人民大学出版社，2016.

［65］汤志钧，汤仁泽. 饮冰室遗珍：未收入结集的梁启超文稿及函札［M］. 北京：中国人民大学出版社，2016.

［66］管继平. 民国文人书法性情［M］. 上海：汉语大词典出版社，2006.

［67］王晓清．学者的师承与家派［M］．武汉：湖北人民出版社，2007．
［68］余婉卉．冯永轩文存［M］．南京：江苏人民出版社，2014．
［69］马忠文．晚清人物与史事［M］．北京：北京师范大学出版社，2015．
［70］夏晓虹．追忆梁启超［M］．增订本．北京：生活·读书·新知三联书店，2009．
［71］刘海粟．齐鲁谈艺录［M］．济南：山东美术出版社，1985．
［72］陈永正．岭南书法史［M］．广州：广东人民出版社，1994．
［73］朱万章．岭南书法［M］．广州：广东人民出版社，2004．
［74］余绍宋．书画书录解题［M］．戴家妙，石连坤，点校．北京：北京图书馆出版社，2003．
［75］梁启超．《饮冰室合集》集外文［M］．夏晓虹，辑．北京：北京大学出版社，2005．
［76］梁启超．《饮冰室文集》点校：1—6集［M］．吴松，等点校．昆明：云南教育出版社，2001．
［77］汪康年．汪康年文集：全二册［M］．汪林茂，编校．杭州：浙江古籍出版社，2011．
［78］姜亮夫．姜亮夫文录［M］．姜昆武，选编．昆明：云南人民出版社，1999．
［79］俞祖华，余梦晨．像梁启超那样做父亲［M］．济南：山东画报出版社，2013．
［80］梁启超．中国现代美学名家文丛·梁启超卷［M］．金雅，选编．杭州：浙江大学出版社，2009．
［81］陈传席．中国历代书画题跋注释集成：全四十卷［M］．北京：中国书籍出版社，2019．
［82］吴其昌．梁启超传［M］．天津：百花文艺出版社，2004．
［83］国立北平图书馆．梁氏饮冰室藏书目录［M］．北京：北京图书馆出版社，2005．
［84］夏晓虹．阅读梁启超［M］．北京：生活·读书·新知三联书店，2006．
［85］夏晓虹．梁启超：在政治与学术之间［M］．北京：东方出版社，2014．
［86］齐家莹．清华人文学科年谱［M］．北京：清华大学出版社，1999．
［87］杭间，张丽娉．清华艺术讲堂［M］．北京：中央编译出版社，2007．
［88］李喜所．梁启超与近代中国社会文化［M］．天津：天津古籍出版社，2005．
［89］蒋广学．梁启超和中国古代学术的终结［M］．南京：江苏教育出版社，2001．
［90］方红梅．梁启超趣味论研究［M］．北京：人民出版社，2009．
［91］金玉甫．梁启超与中国书法［M］．郑州：河南美术出版社，2010．
［92］陈鹏鸣．梁启超学术思想评传［M］．北京：北京图书馆出版社，1999．
［93］汤志钧．乘桴新获：从戊戌到辛亥［M］．南京：江苏古籍出版社，1990．

［94］刘廷銮，钟永诚，鲁文生．清代书法选［M］．济南：山东美术出版社，2007.
［95］陈振濂．民国书法：全 3 册［M］．郑州：河南美术出版社，2016.
［96］吴大澂．愙斋集古录［M］．郑州：河南美术出版社，2018.
［97］浙江省博物馆．金石书画：第 1 卷［M］．杭州：西泠印社出版社，2016.
［98］平湖博物馆．平湖博物馆文物精品选［M］．上海：上海人民美术出版社，2002.

二、期刊类

［1］书法丛刊，2000（3）.
［2］书法丛刊，2004（2）.
［3］中国书法，2008（2）.
［4］中国书法，2013（7）.
［5］中国书法，2015（5）.
［6］中国书法，2015（9）.
［7］中国书法，2021（8）.
［8］书法，2021（3）.
［9］书法，2024（3）.
［10］中国书画，2011（8）.
［11］中国书画，2011（12）.
［12］中华书画家，2017（8）.
［13］中华书画家，2018（11）.
［14］收藏家，2003（9）.

三、会展资料类

［1］日本东京中央拍卖会．2011 年中国近代书法专场图录［C］．东京：日本东京 2011 年中央拍卖会展会资料，2011.

［2］太平洋国际拍卖有限公司．近现代书画专场图录［C］．北京：太平洋国际拍卖有限公司 2011 年金秋艺术品拍卖会展会资料，2011.

［3］中国嘉德国际拍卖有限公司．重要私人珍藏（一）：仁妙轩藏中国书法集珍图录［C］．北京：中国嘉德国际拍卖有限公司 2014 年春季拍卖会展会资料，2014.

［4］上海中福拍卖有限公司．抱朴含真：中国书画精品专场目录［C］．上海：上海中福拍卖有限公司 2016 年春季艺术品拍卖会展会资料，2016.

［5］北京泰和嘉成拍卖有限公司．影像 · 手迹 · 版画专场图录［C］．北京：北京泰和嘉成拍卖有限公司 2016 年春季艺术品拍卖会展会资料，2016

［6］正道：近现代书画夜场图录［C］. 上海：上海匡时国际拍卖有限公司首拍暨2017年秋季拍卖会展会资料，2017.

［7］何创时书法艺术基金会. 大器磅礴：于右任碑派书法与民国风华［C］. 台北：何创时书法艺术文教基金会展会资料，2017.

［8］中国嘉德国际拍卖有限公司. 大观：中国书画珍品之夜 · 近现代专场图录. 中国嘉德国际拍卖有限公司2018年秋季拍卖会展会资料，2018.

［9］笔墨文章：信札写本专场图录［C］. 北京：中国嘉德国际拍卖有限公司2018年秋季拍卖会展会资料，2018.

［10］北京匡时国际拍卖有限公司. 澄道：近现代书画夜场图录［C］. 北京：北京匡时国际拍卖有限公司. 2018年秋季拍卖会展会资料，2018.

［11］北京匡时国际拍卖有限公司. 百年遗墨：近代名家书法专场图录［C］. 北京：北京匡时国际拍卖有限公司2018年秋季拍卖会展会资料，2018.

后记

1926年，梁启超在清华学校教职员书法研究会所做题为“书法指导”的讲演中说道：“写字有线的美，光的美，力的美，表现个性的美，在美术上，价值很大。或者因为我喜欢写字，有这种偏好，所以说各种美术之中，以写字为最高。”毫无疑问，作为通人的梁启超确实富有远见卓识，在不到一个世纪后的今天，书法艺术得到迅猛发展，并成为一级学科。在高扬文化自信、文化自觉和文化自强的新时代，中国书法越来越受到人们的青睐。

我特别欣慰，三十年前因在江苏省新苏师范学校执教书法课有幸接触到了梁启超书法，未承想兴趣使然，日后我竟一直关注饮冰室主人的翰墨因缘。再后来我因工作变动回到三尺杏坛，教学之余得以做些科研课题方面的思考。而拙稿便是苏州市姑苏宣传文化人才资助项目的阶段性汇报。限于学识，“研究”尚称不上，但这些年来我对梁启超及其书法、书学等的关注热度未减。凡有机会出差，我都会寻访其当年的足迹，到当地的书店查找相关图书或到当地博物馆、艺术馆欣赏其墨宝。正像其宏富的学术阅历、成果一样，梁启超在短暂的人生中为后人留下了极其丰富的翰墨华章，在世时已洛阳纸贵，更遑论百年后的今天！——他的书法越来越受到人们的钟爱。收在本书中的梁启超书迹，有临古，也有创作，更多的则是其作为文人日常书写的题跋、手稿、信札等，书写时心无挂碍，自由挥洒，神采焕然，字里行间透露出其对中华文化深沉博大之爱！借此机会要特别感谢这些年来向我慷慨提供相关图文资料的各家单位、各位朋友，限于篇幅，恕不一一写明。其间不少因联系方式有了变动，一时对接不上，唯待小书印出后再设法逐一奉上，以表谢忱。

最后，衷心感谢中共苏州市委宣传部对本项目的大力支持，感谢工作单位苏州科技大学为我创造宽松的环境，感谢苏州大学出版社的相关领导特别是责任编辑刘海、装帧设计吴钰为本书出版的辛勤付出，令我深受感动。

甲辰中秋于古胥门